Eva Herman

Blutgericht Europa

Karl der Große als Ursache des Untergangs von Deutschland und Europa

EDITION EVA HERMAN

Originalausgabe

1. Auflage

Cover:
Idee & Gestaltung: Robert A. Lau
BRAINGENCY Design + Werbung GmbH
www.braingency.de

Verlag:
Edition Eva Herman
P.O. Box 66
Cleveland, Nova Scotia B0E 1J0, Canada
info@eva-herman.net
www.eva-herman.net

Herstellung und Vertrieb:
Amazon Media EU S.à r.l.
5 Rue Plaetis, L-2338, Luxembourg

ISBN: 978-1-9990215-0-4

Die Impulse für die in diesem Buch gestellten Fragen und Überlegungen erhielt ich aus dem dreibändigen Werk *Im Lichte der Wahrheit*, das von dem Autor ABD-RU-SHIN verfasst wurde. Man könnte dieses Buch als die Urquelle des schöpferischen Wissens bezeichnen.

Inhalt

Kapitel III

Einleitung

Mit Deutschland und Europa, mit unserer alten Welt, wie wir sie bisher kannten, geht es zu Ende. Sämtliche Systeme, die die Gesellschaft einst zusammenhielten, brechen auseinander. Ethik, Werte, Moral, Sittlichkeit, Verantwortung und Nächstenliebe, die wichtigsten Überlebensgrundsäulen einer funktionierenden Gesellschaft, sind ausgehöhlt. Die leeren Fetzen verblichener Größe liegen verstreut herum, vertrocknend und verdorrend. Einstmaliges Dichter- und Denkertum sind längst verblasst, mühselig will mancher noch vom viel gepriesenen Ruhm berühmter Großen zehren, immer noch nicht erkennend, dass das Spiel längst aus ist. Goethe ist Vergangenheit.

Europas beste Zeit ist zu Ende, der Kontinent ist nicht mehr in der Lage, sich selbst zu erhalten, das christliche Abendland stirbt aus. Doch als hätte man nicht schon genug mit den eigenen Problemen zu tun, wird dieser Erdteil nun mit Millionen Fremden geflutet. Sie kommen von weit her, vorwiegend aus Afrika und Arabien. Sie bringen ihre fremde Kultur mit in unsere Länder, die durch für uns unbekannte Lebensgewohnheiten geprägt ist, mit einer starken Religion, von der wir zu wenig wissen. Sie kommen nicht nur aus Freundschaft. Sie fordern, manche bedingungslos; nur wenige sind bereit, auch zu geben. Sie verlangen bessere Lebensbedingungen als jene, die sie zu Hause vorfanden. Sie setzen voraus, dass Europa ihnen hilft.

Abgesehen von der Frage, ob es überhaupt möglich ist, den Millionen Einwanderern nachhaltig Unterstützung zu bieten, ohne selbst dabei kaputtzugehen, darf man bei allem natürlich nicht die irdisch erklärbaren Ursachen für diese Völkerwanderungen aus den Augen verlieren: Es ist die Jahrhunderte währende Zerstörung Afrikas und Arabiens durch die westlichen Gesellschaften, die den heutigen Entwicklungen voranschritt, durch rücksichtslose Kolonialisierung, durch Ausbeutung, Bemächtigung von Rohstoffen und Menschen. Es war die sogenannte weiße Herrenrasse, die zurückliegend weltweite Dramen auslöste, im Zuge eines unstillbaren Imperialismus. Dies alles ist in den geistigen Genen der Menschen und Völker verankert, das begangene Unrecht beschwert seit Jahrhunderten Milliarden von Seelen, so wie auch das morphogenetische Feld dieser Welt damit schwer belastet wurde. Ungesühntes Karma fordert jetzt seine Ablösung. Ist es ein Wunder, dass der Deckel des lange schon brodelnden Dampfkessels eines Tages mit lautem Getöse fortfliegen wird, nachdem man ihn über viele Generationen hinweg mit aller Gewalt herunterzudrücken versucht hatte?

Gewiss gibt es mächtige Handlanger der Neuen Weltordnung, die die Büchse der Pandora vor einigen Jahren unangekündigt öffneten. Der böse Geist ist entwichen und mit keiner Macht der Welt wieder einzufangen. Noch einmal: Es gab also durchaus vorsätzliche, gewollte Weichenstellungen für dieses unbeschreibliche Szenario der derzeitigen Völkerwanderungen beziehungsweise Umsiedlungen. Man wusste genau, was man tat, als man die Karawane spätestens 2015 ganz offiziell in Gang setzte, so wie man auch – strategisch geplant – die einseitigen UN-Migrations- und Flüchtlingspakte formulierte, wissend um die Folgen. So, wie man in den 1960er-Jahren schon begonnen hatte, die Zuwanderung – vornehmlich nach Deutschland – ganz gezielt vorzunehmen.

Unsere Welt bricht zusammen, Europa kollabiert. Warum? Es gibt triftige Gründe dafür, es sind jedoch andere als jene auf rein irdischer Basis erklärbaren, die derzeit öffentlich diskutiert werden. Um die heute noch verborgenen Ursachen wird es in diesem Buch gehen. Ebenso um einen der mächtigsten Handlanger der

Macht, der mit unserem ganzen Dilemma ursächlich in Zusammenhang gebracht werden muss und der Europa mit auf dem Gewissen hat: um Karl den Großen. Das Erkennen der wahren Zusammenhänge wird kommen, der Mensch wird in naher Zeit schon dazu gezwungen werden. Ein gewaltiger Wandel steht bevor. Wohl dem, der sich dafür rüstet.

Die Spuren heutiger Verwerfungen führen in eine lange verwehte Zeit zurück, in der die Grenzlinien unseres Kontinents mit übermächtigem Einfluss gewaltsam gezogen wurden: Europa nahm seine ersten Formen im frühen Mittelalter an, genauer: im achten Jahrhundert. Eine schicksalhafte Epoche begann in jenen Tagen, die Dutzende Generationen der Menschheit in Unruhe stürzen sollten. Die Endauslösungen dieser Entwicklungen rollen nun mit aller Kraft auf uns zu. Wie heißt eines der wichtigsten Gesetze dieser Erde: *Was der Mensch sät, das wird er vielfach ernten*. Wohlgemerkt: vielfach!

Was geschah? Geleugnet wird bis heute vor allem ein ganz entscheidendes Faktum, das jedoch verantwortlich ist für jeglichen weiteren Verlauf aller Menschenschicksale. Hier muss die Ursachenforschung beginnen, um an die Wurzel der drängenden Probleme unserer Zeit zu gelangen. Es ist indes fraglich, ob es mit dem heutigen, »modernen« und weitgehend auf Materialismus ausgerichteten Zeitempfinden der Menschheit überhaupt möglich ist, diese entscheidende Wendung als maßgeblichen Grund für das Unglück noch erkennen zu können. Einen Versuch ist es allemal wert, denn es geht um nicht weniger als um *alles*.

Zur Geburtszeit Europas wurde den Menschen gewaltsam die Grundlage ihres natürlichen Urwissens über die überlebenswichtigen Schöpfungszusammenhänge geraubt: vorsätzlich, skrupellos. Das alles geschah auch noch »im Namen Gottes«. Es ist heute kaum möglich, diese Tatsache ohne erheblichen Gegenwind zu besprechen, um endlich mit der Nachforschung zu beginnen. Dies fällt den Menschen unendlich schwer, denn die dereinst eingeleiteten zerstörerischen Mechanismen wirken bis heute allumfassend und mächtig: Wir haben das innere Wissen verloren, den Anschluss nach oben verpasst, wir wissen nichts mehr von der wunderbaren Kraft des Himmels, von dessen Wesen, den unsichtbaren Helfern, die wir für unser geistiges Überleben doch so bitter nötig haben. Der Mensch von heute ist einsam, allein auf seinen Verstand fokussiert. Er ist innerlich verelendet, seine Seele ringt um das Überleben.

Wie ein unwissender Sklave taumelt die menschliche Kreatur heute auf dem Globus umher, vom Kopf gesteuert, technisch zwar bis an die Zähne hochgerüstet, im Herzen jedoch arm und notdürftig. Immer verzweifelter werden die Bewegungen und Verrenkungen an Körper und Verstand; wie einst der nackte Kaiser im Märchen stehen selbst global angesehene Wissenschaftler vor dem Phänomen des menschlichen Geistes, den sie einfach nicht zur wahren Höchstleistung ankurbeln können, weil unter diesem doch etwas völlig anderes verstanden werden muss als derzeit bekannt. Und weil sie, ohnmächtig in ihrem materialistischen Verstandesdenken, dessen lebendige Empfindungen nicht wahrnehmen können, weil sie ihn und seine ihm vom Schöpfer verliehene Zielrichtung überhaupt nicht mehr kennen. Der Menschen Geist ist verkümmert, behindert, und die meisten wissen es nicht einmal.

Man kann es auch so sagen: Der gegenwärtige Mensch ist ein Fremder im eigenen Land. Die für ihn überlebenswichtige Wahrheit der universellen, ewigen Gesetze wurde bis zum heutigen Tag unter dem Mantel der Manipulation, schwerster Denkverbote, schließlich wachsendem Unwissen und todbringender Bequemlichkeit erstickt. Die Wahrheit gänzlich zu töten, wird den globalen Machthabern aus Politik und Medien zwar niemals gelingen, doch reichte die jahrtausendelange Unterdrückung und Umerziehung vollends aus, um diesen Erdball fast gänzlich zerstört zu haben durch das Geschöpf Mensch, durch dessen freien Willen. So stehen wir heute da.

Was war damals geschehen? Wer griff gewaltsam in die Entwicklungsgeschichte der Menschheit ein und warf das Ruder der Geschichte auf tragische Weise herum? Man muss sich Mühe geben, in die vergangene Zeit von einst einzutauchen. Für eine erfolgreiche Analyse dürfen nicht heutige Verhaltensmaßstäbe und aktuelle Denkmuster gelten, diese müssen bei der Betrachtung vorübergehend außer Kraft gesetzt werden, um die Zusammenhänge wirklich begreifen zu können.

Wir wollen den Blick auf den einstigen Herrscher und bis heute weltberühmten Kaiser Karl den Großen richten, der in der Zeit des achten und neunten Jahrhunderts seinen schicksalhaften Einfluss auf Europa mit roher Gewalt und blutigem Schwert geltend machte. Im unseligen Zusammenwirken mit der Kirche in Rom setzte der Monarch mit diesem Beginn bereits den Eckstein zur Bestimmung des europäischen Niedergangs. Auch wenn Historiker und sogenannte Geschichtsexperten uns seit Jahrhunderten anderes lehren und uns bis heute den europäischen Geschichtsverlauf als grandiosen Fortschritt verkaufen wollen, so ist und bleibt dies nur ein Bruchteil der Wahrheit. Blutigste Kriege und Kämpfe zogen damals tiefrote Grenzlinien eines Großreiches. Angst, Unterdrückung und Tod waren das tägliche Brot, das man dem Volk von Beginn an zu essen gab. Auch wenn unsere Kinder heute in der Schule davon kaum etwas erfahren und auch frühere Generationen vornehmlich lediglich die »vielen Erfolge« Karls des Großen gelehrt wurden, so ändert dies an den brutalen und grauenvollen Tatsachen nicht einen Deut. Die Welt im achten Jahrhundert, zur offiziellen Gründungszeit Europas, war eine völlig andere als heute. Der Entwicklungsstand des menschlichen Geistes wie auch des Verstandes glich eher noch dem unserer Kinder der Jetztzeit. Man wusste noch nichts von Flugzeugen, Eisenbahnen, Autos und moderner Kommunikationstechnologie. Und das, was wir heute als Naivität und kindlichen Glauben bezeichnen, gehörte damals in weiten Teilen wie selbstverständlich zur natürlichen Existenz des Erwachsenengeistes. Natürlich hatte es im Laufe der Epochen mannigfaltige Weiterentwicklungen gegeben; schon in der Antike waren, vor allem in den großen Städten, Zivilisationen entstanden. Doch die sogenannten Hochkulturen des Alten Roms und des antiken Griechenlands waren längst wieder niedergegangen, gefallen, viele Errungenschaften existierten nicht mehr, Kriege, Völkerwanderungen und immerwährende, zermürbende Grenzauseinandersetzungen und Eroberungsgefechte hatten die Menschen umgewandelt, die strengen staatlichen Herrschaftsstrukturen waren weitflächig zusammengebrochen. Ihr Naturglaube war den Menschen damals noch geblieben, der nicht viel mit den christianisierten Kirchenlehren zu tun hatte, sondern der noch das Wissen um zahlreiche Geheimnisse des unsichtbaren Webens zwischen Himmel und Erde barg.

Doch dann setzte ein jähes Ende dieser schöpfungsgemäß wichtigen Entwicklungsstufe ein, die die Menschen damals in ihrem natürlichen Sein stark beeinflusste und entfalten ließ: Das herrliche Wissen um das Zusammenwirken der Menschen und der Himmelswesen, zu denen auch die sogenannten Götter gehörten, wurde von der Kirche in Rom als Hauptstörenfried ins Visier genommen, da er die mächtige Institution augenscheinlich an ihrer wachsenden Machtausübung behinderte. Denn welcher Mensch auch heute um diese Geheimnisse weiß, der lebt in seiner Verantwortung vor der Schöpfung weitaus selbstständiger und pflichtbewusster als jener, der auf konkrete Anweisungen irdischer Organisationen wartet in der absurden Annahme, diese seien die höchsten Institutionen, praktisch eine Vertretung Gottes auf Erden. Ein fataler Irrtum, der durch das hartnäckige Festhalten der Kirche wie auch des Staatenkonstruktes an irdischer Macht und den selbst geschaffenen Dogmen bis in die Jetztzeit hinein immer noch flächendeckend verbreitet ist.

Auf diesem Wege wurde der wichtige Naturglaube als ungebetenes *Heidentum* abgestempelt und in die Verdammung abgeurteilt, im Laufe der Jahrhunderte wurde altes, wertvolles und überlebenswichtiges Wissen flächendeckend ausradiert. Dazu gehört ebenso die Karmalehre, das Wissen um die Reinkarnation, die Rom bereits im sechsten Jahrhundert nachweislich aus den Lehrbüchern gestrichen hatte, um die Kreatur Mensch noch unmündiger und abhängiger zu machen. Machtvolle Schützenhilfe für all diese dunklen Pläne erhielt die Kirche dabei stets und zu allen Zeiten vonseiten der jeweils herrschenden, einflussreichen Regierungen, durch Machthaber, Diktatoren, das König- und Kaisertum.

Heute ist es praktisch unmöglich geworden, dass der Mensch seine eigentliche Aufgabe im Schöpfungsgeschehen noch zu erkennen vermag. Einstiges Urwissen wurde ins Reich der Legenden und Märchen verbannt, die treuen unsichtbaren Helfer, bis heute in Wahrheit existent und anwesend, wurden zu Erfindungen, zu Fantasiegebilden degradiert. Den Zugang zu ihnen kennt der moderne Mensch nicht mehr.

Seitdem befindet sich der Menschengeist in engen Fesseln, er wurde betäubt, lahmgelegt, das eigene Denken in bemitleidenswertes Mitläufertum umgewandelt, in eilfertige Anpassung und anmaßende Kleingeistigkeit. Er weiß nichts mehr von früherem, eigenem Erleben, glaubt, mit dem irdischen Ende sei auch seine Seele gestorben, er versteht nicht die Sprache der Natur, der Tiere, der Pflanzen und der Meere, und auch die Jahreszeiten sind für ihn nur noch als Bade- oder Skiferienzeiten relevant. Unwissend geht der Zivilisierte an den strengen Gesetzen des Schöpfers vorüber, beachtet sie nicht, verlacht sie sogar lieber, obwohl er sich stattdessen unterzuordnen hätte, weil er in sie hineingeboren wurde, weil er abhängig von ihnen ist. Und weil er sich in seiner Unfähigkeit täglich neu dagegen erhebt, nicht ahnend, was die Folgen für ihn sind und sein werden, belastet er fortwährend sein eigenes Karma, immer wieder aufs Neue, wie auch das jenes Volkes, in das er gerade hineingeboren wurde.

Heute herrscht die landläufige Meinung auf diesem Kontinent, dass die Kirche gleichzusetzen sei mit Gott. Diese grundfalsche Sicht sorgt dafür, dass immer mehr Menschen sich enttäuscht abwenden von ihrem Schöpfer, ihn verantwortlich zu machen suchen für all die grausamen Menschenentscheidungen.

Angesichts des inzwischen unvorstellbaren Leids auf der ganzen Erde hört man immer wieder die Frage: »Warum lässt Gott all das Furchtbare nur zu?« Doch es ist einzig der Mensch, der zu all diesen unbeschreiblichen, grausamen Handlungen fähig ist: Gott stattete einen jeden mit dem freien Willen aus. Dieser Verantwortung kann sich niemand entziehen, wohlgemerkt: niemand. Die Kirche braucht Gott, aber Gott braucht die Kirche nicht. Gott braucht auch die Menschen nicht.

Auf diesem traurigen Weg in das absolute Nichtwissen verlöschte auch einstiges Heldentum, zu gewaltig waren Richterstrafe und Staatsvergeltung von Beginn an für eine Gegenwehr gegen Kirche und Staat, für eigenbestimmtes, tapferes Handeln in

Treue und Wahrhaftigkeit vor dem Schöpfer und für die Heimat. Vereinzelte Fackeln der Freiheit, die hier und da noch auflodern wollten, wurden schließlich ebenso gewaltsam erstickt, die Wurzeln der Wahrheit in Gift getränkt, bis sie nahezu vertrockneten. Heute sind Courage, Persönlichkeit und Charakterfähigkeit der Lächerlichkeit zum Fraße gereicht, überheblich mitleidig wird jener betrachtet, dessen Auge weiter reicht als nur bis zur kümmerlichen Grenze des vorgeschriebenen, schmalen Erdenspektrums. Heimatliebe wurde degradiert zu politischem Fundamentalismus, wer sich zu ihr bekennt, läuft Gefahr, als rechtsextremistisch verfolgt zu werden.

Und so muss der Blick auf heutiges Geschehen stets tragisch enden. Ohne Zukunft ist der Mensch geworden, zu tief ist er jetzt verstrickt in all die falschen Fesseln und Ungeheuerlichkeiten globaler Politik und Machtherrschaft, in die sogenannten Wissenschaften, in das völlig zerstörte Familienleben und das hoffnungslose gesellschaftliche Durcheinander von Gleichmacherei und Totalitarismus. Die inzwischen tiefe Wunde, die dem Menschen geschlagen wurde und die ihn nun zur Bestie machte, kann niemals mehr zuheilen, solange der Keimherd, in dem der Lebenssaft kontinuierlich vernichtet wird, nicht ausgemacht wurde. Wie soll man den Weg aus diesem hoffnungslosen Labyrinth jetzt noch finden?

»Wer Wind sät, wird Sturm ernten«, heißt es beim Propheten Hosea im Alten Testament, es ist das Gesetz von Ursache und Wirkung, von Saat und Ernte. Das Frühmittelalter, die Gründungszeit Europas, spielt die entscheidende und damit von Beginn an verhängnisvollste Rolle für den gesamten Verlauf unserer europäischen Geschichte. Die Christianisierung, die »mit Schwert und Feuer« erbarmungslos durchgeführt wurde, hatte nur in wenigen Fällen etwas mit einer echten und wahren Mission der Liebe und Nächstenliebe zu tun. Nicht Fürsorge war es, die Kirche und Herrscher im Schulterschluss einsetzten gegen die Menschen, sondern allein der unstillbare Anspruch nach Macht und Einfluss: Sie wollten die Weltherrschaft. Daran hat sich bis heute nichts geändert.

Das bevorstehende, düstere Schicksal Deutschlands und Europas, ja, letztlich der gesamten Welt, hat sich die Menschheit selbst gezimmert. Nur im Erkennen dieser Tatsache liegt der Schlüssel für eine mögliche Genesung. Jeder Einzelne ist nun gefordert, seinen persönlichen Weg in die Rettung zu finden. Doch es wird kein Parteiensystem mehr sein, keine Regierung, keine sogenannte Demokratie oder Diktatur, die ihm noch helfen kann, denn all diese Institutionen stehen doch selbst vor dem totalen Zusammensturz, wie jeder Mensch offenen Geistes es schon erkennt. Auch nicht das Gemeinwesen ist es, die Gesellschaft etwa, die im Kollektiv noch genesen kann, sondern einzig und allein der einzelne Mensch ist noch in der Lage, einen Weg aus der todbringenden Misere herauszufinden. Doch es werden nur jene sich noch retten können, die ihre Sinne, ihren Geist öffnen, um die hohe und reine Wahrheit, die starke Stimme der ewigen Natur, empfangen und verstehen zu können. Lichtsehnsucht ist es, die ihn diesen engen Pfad der Selbstverantwortung nach oben hin führen kann. Ohne Lichtsehnsucht ist heute jeder Mensch verloren.

Vor 2000 Jahren, mit der Ermordung Christi, begann der mühsame, steinige Weg; seitdem gelingt es der Menschheit nicht mehr, Glück zu verbreiten, es zu manifestieren, ja, Glück zur Lebensform zu erheben. Die Jagd des Menschen nach dem Glück hat nie aufgehört, doch waren es nur wenige, denen der Zugang zu wirklichem Glück erlaubt war. Die Sehnsucht nach Licht und Wahrheit leitete diese, öffnete ihren Geist, ließ die innere Stimme wieder erklingen und schuf die Verbindung mit den heilenden Kräften des Himmels, die wir so bitter nötig haben in all dem Elend, in das wir uns hineinmanövrierten. Die innere Stimme funktioniert bei den meisten nicht mehr, also jene Komponente, in der auch das Gewissen verankert ist, das die Menschen mahnen und warnen soll vor Fehlern und Verwerfungen.

Das Schicksal Europas ist das Schicksal des Kaisers Karl des Großen, schrieb ein Historiker in einer Biografie über diesen Herrscher. Es waren durchaus relevante Entscheidungen gewesen, die schon im frühen Mittelalter den ersten Hauch von Blut und Leid über den europäischen Kontinent legten und den hier lebenden Völkern ein düsteres Karma aufbürdeten. Jedes Karma kommt einmal zur Auslösung, es *muss* ganz unabänderlich zur Auslösung kommen nach den Gesetzen; und während manche dieser Entwicklungen in verhältnismäßig kurzer Zeit vonstattengehen, zum Beispiel durch persönliche Einsicht eines begangenen Fehlers, durch Abbitte, Reue und Sühne dann schließlich herbeigeführt werden können, so dauern andere Vorgänge, die von großer Bedeutung und immensen Ausmaßen sind, zuweilen lange, lange Zeit, bis sie wieder getilgt werden können. Vor allem, wenn die einstigen Ursachen des Unrechts nicht erkannt und aufgearbeitet werden und damit auch kein selbst entschiedener Veränderungsprozess in Gang gesetzt wird.

Genauso wird es sich mit Europas Geschichte verhalten, einer Geschichte, die von Beginn an durch Unrecht und Leid geprägt und manifestiert wurde. Vielen Menschen ist dies aus rein historischen Gründen durchaus klar. Doch wo bleiben Aufarbeitung und Bewältigung? Ist es wirklich damit getan, zu sagen, dass die alten Zeiten längst vorbei seien und sich heute niemand mehr für diese Vorgänge interessiere?

Wer die Welt nicht nur durch die vom Verstand geprägte materialistische Brille sieht, sondern wer sich öffnet auch für die unsichtbaren Vorgänge, für das Diesseits wie für das Jenseits, wer auch eine höhere Macht für möglich hält, nennt man sie nun »Schöpfer« oder »Naturgesetze«, der wird in der Lage sein, die herannahenden Ereignisse zu übersehen und zu überstehen. Der Mensch von morgen muss und wird anders sein als der von heute, er muss und wird wissend sein über die Unterschiede zwischen Seele und Körper, über die Dualität des eigenen Selbst, über das Dies- wie auch das Jenseits, über all die zahllosen unsichtbaren Einflüsse, die wir zwar nicht sehen können, denen wir jedoch ganz real ausgesetzt sind. Er muss und wird wissend sein, oder er wird überhaupt nicht mehr sein.

Es ist kein Zufall, dass der Haupturheber des todbringenden Karmas Europas gerade in der heutigen Zeit wieder äußerst verehrt und anerkannt ist: Karl der Große, einstiger Kaiser des Heiligen Römischen Reiches Deutscher Nation. Kein Zufall auch, dass der Karlspreis zu Aachen direkt nach dem Zweiten Weltkrieg aus der Taufe gehoben wurde, mit dem bis heute »große Persönlichkeiten« geehrt werden, die sich positiv um die Geschicke Europas verdient gemacht haben, wie es heißt. Und es dürfte ebenso wenig eine Zufälligkeit gewesen sein, dass es ausgerechnet Adolf Hitler höchstpersönlich gewesen war, der Karl den Großen von einem Tag auf den anderen plötzlich aus einer uralten Mottenkiste gezaubert hatte, wo Letzterer über Jahrhunderte als »Sachsenschlächter« abgelegt und zuweilen fast vergessen worden war. Mit dem Hitler'schen Ritterschlag Mitte der 1930er-Jahre avancierte Karl der Große dann schnell und unvermittelt zum »Vater Europas«, den man seinerzeit offenbar als schillernde Paradefigur für das Zukunftsbild der Vereinigten Staaten von Europa installieren musste, das man in den dunklen Jahren des Nationalsozialismus bereits zu zimmern begonnen hatte und das bis zum heutigen Tag fast schon gänzlich durchgesetzt worden ist. Zu diesen historisch höchst relevanten, bislang jedoch weitgehend unbeleuchteten Vorgängen später mehr.

Karl der Große, dieser einst mächtige König und Kaiser des frühen Mittelalters, hatte durch trickreiche Kriegszüge im achten und neunten Jahrhundert die Grenzen seines Imperiums ständig erweitert und somit die groben Umrisse des heutigen Europas geschaffen. Hand in Hand ging er, Schulter an Schulter kämpfte er mit seiner engsten Verbündeten, der Kirche Roms: Ein gar ausgeklügeltes Eroberungsgespann stellte diese fragwürdige Allianz dar, der es vor allem um die Erlangung von Geld, Macht und Einfluss ging. Das System war einfach und brutal, es hieß Christianisierung. Den damaligen Naturglauben der Menschen zerschlugen die Soldaten Karls mit scharfen Schwertern, im vorsätzlichen Auftrag der Kirche. Den Allerhöchsten, den die Naturvölker einst auf heiligen Plätzen in Wald, Flur und Hainen anbeteten, zwangen sie unter lateinischem Leiergesang in dunkle, enge Kirchen, forderten von den Menschen Gehorsam und Gefolgschaft. Wer nicht mitmachte, wurde vertrieben oder getötet.

Tausende und Abertausende Menschen waren es, die so dahingingen. Die Bewohner des frühen Europas wurden gegen ihren Willen in die bereits durch Dogmen und Denkverbote belastete Kirche christianisiert, es flossen massenweise Ströme von Tränen und Blut. Krisen und Gewalt, Tod und Teufel bildeten einst das Fundament für das christliche Abendland.

Wollen wir uns heute ernsthaft noch darüber wundern, dass das Pendel nun zurückschlägt? Gottes Mühlen mahlen langsam, aber gerecht, heißt es nicht ohne Grund. Und exakt so ist es: Das Gesetz der Wechselwirkung tritt heute in seine volle Entfaltung, die Saat geht auf und trägt ihre Früchte – es sind hässliche, blutige

Früchte. Wie heißt es so richtig? Wer Hafer sät, kann keinen Weizen ernten. Wer Leid sät, der muss auch Leid ernten. Europa steht im Gericht!

Karl der Große ist eine der wichtigsten Figuren für Europas Schicksal, damals wie heute. Wir wollen in diesem Buch den Bogen spannen zwischen der frühen Geschichte Europas und dem heutigen Niedergang. Aber nicht aus bislang üblicher Sicht wollen wir die Zusammenhänge betrachten, wie sie in den Bewertungen der Historiker, Politiker und Theologen zu finden sind und wie es bis heute in Schulen und Universitäten gelehrt wird. Sondern in demutsvollem Blick wollen wir nach oben schauen, die Zusammenhänge zwischen Himmel und Erde erkennend, die Beweiskette der Schöpfungsgesetze führend, Fehler und Fehltritte schmerzlich begreifend.

Wer an das Gesetz des Karmas glaubt, wer die Reinkarnationslehre anerkennen kann, dem wird dieses Buch helfen, auch die globalen Zusammenhänge zu erfassen. Denn die Naturgesetze gleichen sich stets, im Kleinen wie im Großen. Derjenige wird auch nicht schockiert und gelähmt vor den weiteren Entwicklungen stehen, die Europa und Deutschland noch bevorstehen, sondern er wird begreifen, dass er selbst es ist, der sein persönliches Schicksal nun in die eigenen Hände nehmen und endlich Verantwortung im Sinne der Schöpfungsgesetze übernehmen muss.

Mit diesem Buch sollen längst verschlossene Kanäle unseres Gehirns auf der geistigen und sachlichen Ebene geöffnet werden. Die Menschheit existiert seit Tausenden Jahren und weiß bis heute nicht, wozu. Durch die Erschließung des Sinnes des Lebens lassen sich natürliche Wege finden zur Vorbereitung auf den großen Umbruch, der vor uns liegt. Diese Arbeit soll auch eine Hilfestellung für diesen Weg sein.

Kapitel I

Europas Niedergang – eine Bestandsaufnahme

Bevor wir uns mit der historischen und doch bis heute so real in ihren Auswirkungen formenden Gestalt Karls des Großen sowie dessen Machtpartnerin, der christlichen Kirche in Rom, beschäftigen, lohnt in diesem Kapitel ein Blick auf die vielschichtigen Verwerfungen unserer heutigen, modernen Zeit. Die Probleme, mit denen die Menschheit zu tun hat, sind mittlerweile derart gewaltig, dass niemand mehr einen wirklichen Ausweg aus dem globalen Dilemma kennt. Sie kennzeichnen die Handschrift einer »Neuen Weltordnung«, die offenbar nur ein einziges Ziel kennt: die völlige Demontage alles Gesunden und Richtigen.

Eine der nachhaltig destruktivsten Maßnahmen dürfte die Zerstörung der Familie sein, die seit jeher die kleinste, jedoch wichtigste Zelle einer jeden Menschengemeinschaft darstellte. Durch den politisch wie auch medial gesteuerten Feminismus, beginnend in den 60er-Jahren des vergangenen Jahrhunderts, der in der Folge dann in das irrwitzige System von Gender Mainstreaming geführt wurde, wurde die westliche Welt auf den Kopf gestellt. Das Ergebnis: Männer und Frauen stehen sich heute vielfach aufgrund der permanenten Veränderung der Rollenzuteilung orientierungslos gegenüber. Die Männer wurden von einem politischen Feminismus zu Weicheiern degradiert, das männliche Prinzip wurde systematisch entwertet. Mittels der dadurch entstandenen, inzwischen weltweit beschlossenen Programme, wie etwa die Frauenquote (wie überhaupt alle Gender-Gesetze sich *für* das angebliche Wohl von Frauen einsetzen, während Männer vorsätzlich benachteiligt werden), bricht das natürliche Geschlechterbild und damit auch das klassische Familienkonstrukt auseinander. Frauen erzogen sich selbst unter der Ägide eines politisch-medialen Ermutigungsterrors zu wandelnden Hosenanzügen, die heute im Stechschritt durch ihr unruhiges Leben hasten. Die meisten Kinder, wenn sie überhaupt noch geboren werden, leiden von Lebensbeginn an unter einer Art Bindungslosigkeit durch die wachsende Beziehungsunfähigkeit der größtenteils erwerbstätigen Mütter und der häufig im Abseits weilenden Väter. Das schlechte Gewissen vieler Frauen, angeregt durch die innere Stimme, die durchaus weiß, was alles falsch läuft, macht viele krank: Burn-outs, Depressionen, Panikattacken, Nervenzusammenbrüche und Gemütskrankheiten wuchern wie Unkraut in unserer Gesellschaft.

Das demografische Problem der westlichen Welt, ausgelöst durch den in den 1960ern beginnenden aggressiven, vom globalen Medienkartell befeuerten Feminismus, der den Frauen seither Unabhängigkeit daherbetet, also Unabhängigkeit von den Männern wie auch von ihren eigenen Kindern, wird zum suizidalen Pendel, das derzeit auf dem Rückschwung ist. Alle Seiten der Beiteiligten leiden: Männer, Frauen, Kinder. Sie sind ausgelaugt, verzehrt, müde. Die täglichen Anstrengungen übersteigen das Menschenmögliche. Der Menschheit in den Industrieländern, der hochgelobten Zivilgesellschaft, fehlt Freude und Kraft, Freude am Leben, Kraft für das eigene Überleben.

Die beschriebenen Symptome werden heutzutage noch forsch als »modern« bezeichnet, während man sich doch bereits in der Auflösung befindet und sich beim eigenen Untergang zuschaut. Der globale Druck auf die einzelnen, einst noch souveränen Nationen wächst ebenso, die Anpassungs- beziehungsweise Gleichmachungsmanöver der Zentralregierung in Brüssel steigern sich währenddessen in eine irreale Ekstase; einstige stolze Identitäten, geprägt durch eigene Kulturen, alte Traditionen und individuelle Werte wie natürlich auch die Währungen, mithin also die Existenzgrundlagen aller Völker, schwinden dahin und sterben unter dem gefährlichen Zepter von Irrsinn und revolutionär gesinnter, radikaler Politik. Was aus der Brüsseler Regierung immer noch dreist zum »Wohle der Menschen« verkündet wird, stiftet bei diesen in Wahrheit Verwirrung und Verunsicherung; Zukunftsangst, Misstrauen und Unzufriedenheit stellen die Stimmungspfeiler der Gesellschaften von heute und morgen dar. Den Kern dieser Ideologie bilden, nicht zum ersten Mal in der Geschichte, Theorien und politische Programme mit dem Ziel der Eroberung politischer Macht. Eine sogenannte klassenbewusste, kämpferische Elite von Berufsrevolutionären ist nun wieder dabei, eine neue Diktatur des Proletariats zu errichten. Nicht zuletzt geht es jetzt auch um die Beseitigung der »weißen, alten Männer«, was als Schlagwort bereits salonfähig geworden ist und in TV-Talkshows zur besten Sendezeit am Abend ungestraft sowohl von Top-Moderatoren als auch von anwesenden Journalisten und Spitzenpolitikern verwendet werden darf.

Anschwellende Bürgerkriege und die Destabilisierung ganzer Länder und Regionen bauen jetzt die nächste Stufe unserer europäischen Zukunft. Millionen meist muslimische Einwanderer streben nach Europa, vor allem nach Deutschland, um sich vielfach, wieder durch den ideologischen Gleichmachungswahn angesteckt, von den jeweiligen Ländern bedingungslos, also ohne jegliche Gegenleistung, unterstützen und aushalten zu lassen. Das Motto lautet: Alle Menschen sind gleich, jeder hat dieselben Rechte, jedermann darf auch gehen, wohin er will. Migration wird zum weltweiten Menschenrecht erklärt. Verbunden damit ist die absehbare, totale Vernichtung des alten Europas, des christlichen Abendlandes. Denn dieses ist das Wunschziel der allermeisten Reisenden fremder Kontinente; vornehmlich übrigens Deutschland.

Und während die einen hilflos die Gefahren direkt auf sich zusteuern sehen, während sie warnend nach Brüssel deuten wollen, wagen die anderen noch gar nicht, das Unfassbare, den Zusammenbruch, zu denken; solange ihr Lebensunterhalt noch gewährleistet ist, solange die Fernsehprogramme sie allabendlich mit bunten Bildern und bizarren Geschichten für einige Stunden aus dem Elend herausführen und das vergessen lassen, was bereits vor ihren eigenen Haustüren zu wüten beginnt, so lange reicht die oberflächliche Unterhaltung noch aus, um verdrängen zu können, was immer deutlicher schmerzt. Es wird in diesen letzten Tagen der alten Zeit auf Teufel komm raus gefeiert und getanzt, ausufernde Genusswelten bieten Abwechslung und Zerstreuung, vor allem auch für unsere Jugend, meist leider auf unterstem Niveau. Aber wie lange geht das noch so?

Weil die Menschen hier in der alten Welt jetzt mehr und länger arbeiten müssen als noch vor kurzer Zeit, weil der Kampf um den Arbeitsplatz zum täglichen Leidensgenossen geworden ist, weil die Parole eines jeden neuen Tages »Kampf!« heißt, ist es meist nur noch Atemlosigkeit und Stress, die die Menschen nun fest im Griff halten. Der innerliche Schock über das allmähliche Erkennen-Müssen der enormen Veränderung unserer ganzen Gesellschaft erzeugt dabei Starre und Lähmung der Gefühle, hinterlässt in den Seelen der Menschen tiefe Spuren.

Und gerade auch die öffentliche Sprachlosigkeit, mit der das herannahende Ungetüm verschwiegen wird, erzeugt weiteren Verdruss im Innenleben der Bürger; in den gleichgeschalteten Medien, die von Politik, Wirtschaft und Geldadel beherrscht werden, wird der Niedergang standhaft geleugnet. Die öffentliche Sprachregelung lautet ganz penetrant sogar gegenteilig: Europa befinde sich auf Erfolgskurs, Multikulti sei segenbringend für Wirtschaft und Gesellschaft, der Euro sei sicher, und die zentralistische Regierung in Brüssel wolle nur das Beste für die Menschen. Welch ein Wahnsinn! Ist es da verwunderlich, dass Millionen Bürger glauben, sie seien vielleicht die Einzigen, die den bedrohlichen Wandel der Welt spüren? Zutiefst frustriert kapseln sie ihr Empfinden vom laufenden Alltag ab und schwimmen – offiziell angepasst – weiter im Strom der Massen, während sie in Wahrheit jedoch leiden und zutiefst beunruhigt sind.

Damit steht der Kontinent jedoch vor neuen, schier unüberwindbaren Schwierigkeiten: Die Probleme durch die unterschiedlichen Religionen und Gebräuche der Kulturen bringen neue schwere Belastungen für nahezu alle Bürger. Von den Politikern werden diese damit völlig alleine gelassen, denn der Kurs Europas ist festgelegt, der Wechsel beziehungsweise die Vermischung ist geplant und gewollt. Die für die Bürger immer unverständlichere Integrationspolitik, direkt aus Brüssel diktiert, spaltet die Nationen dramatisch, eine friedliche Zusammenführung des Großen und Ganzen scheint immer weniger möglich. Wer darüber öffentlich diskutiert, wird politisch korrekt an die Wand genagelt. Das Aussprechen der wahren Sorgen unserer Bürger wird mit Ausschluss aus der Gesellschaft bestraft. So schweigen die meisten, erdulden und leiden, so lange, bis, ja, bis was eigentlich passiert?

Doch nicht nur gesellschaftspolitisch, auch wirtschaftlich und finanzpolitisch wurde der letzte Gong bereits geschlagen: Wer sich das Konstrukt des modernen Europas näher betrachtet, wendet sich schnell wieder ab: Korruption, Lobbyismus, Betrug, Maßlosigkeit, Machtgebaren und geistige Beschränktheit bilden den Sockel der politischen und finanzwirtschaftlichen Regierungen. Das Vertrauen der Menschen in die Parteien liegt am Boden, Politiker fallen in ihrer Gunst noch tiefer, längst spüren die meisten, dass die Entscheidungen im Hauptquartier Brüssel und auch in Berlin nur selten zum Wohle des Volkes getroffen werden. Auch der Euro, die sogenannte Gemeinschaftswährung, wird durch immer neue riskante Finanzmanöver, die nachhaltig die Lebensgrundlage aller nachfolgenden Generationen zerstören, nur noch künstlich am Leben gehalten, auch hier ist der baldige Absturz programmiert und vorhersehbar. Ein globaler Crash scheint zum Greifen nah, Finanzexperten, Banker und Währungshüter sind zum Schrecken der Nationen geworden.

Wer sich den derzeitigen Zustand dieses Erdteils anschaut, gibt bald die Hoffnung auf. Denn es gibt praktisch keinen Lebensbereich mehr, der noch gesund dasteht. Der Patient Europa ist schwer krank. Und überall fehlt der Wille zu Veränderung und Gesundung.

Doch kein noch so erfolgreicher Arzt dieser Welt kann einen Klienten wirklich heilen, wenn er sich nicht die Ursachen dessen Krankheit genauer anschaut. Um wirklich Abhilfe zu schaffen, um endlich herauszukommen aus dem Dickicht des wachsenden Elends, muss er gemeinsam mit seinem Schützling bestimmte Lebenspunkte in dessen Biografie, wichtige Eckpfeiler, durchschreiten, durchleuchten, er geht in die Tiefe, um sich zunächst einen Gesamteindruck zu verschaffen: Eine umfassende und klärende Bestandsaufnahme ist vonnöten. Nach einer eingehenden Diagnose wird der Arzt dem Leidenden ans Herz legen, bestimmte schlechte Angewohnheiten künftig zu unterlassen und sein Leben auf ein gesünderes, bewussteres Fundament zu stellen. Er wird dem Patienten auch empfehlen, seine innere Einstellung zu überdenken, die, geprägt durch dessen frühe Kindheit, eventuell schweren Schaden genommen haben mag: Ist sie wirklich positiv, lebensbejahend? Ist der Patient anderen Menschen gegenüber aufgeschlossen? Der Arzt beschäftigt sich mit den Auswirkungen, den Einflüssen und Eindrücken seines Gegenübers, die in der frühester Kindheit über ihn gekommen sein und eventuell tiefe Spuren hinterlassen haben mochten, um dies dem Suchenden dann sichtbar zu machen. Wird die Ursache für manche stets wiederkehrenden Probleme endlich gefunden und eine gewisse Aufarbeitung vorgenommen, so besteht durchaus die Chance auf Genesung. Doch ist dafür der feste Wille, das Ziel zu erreichen, vonseiten des zu Behandelnden unabdingbar wichtig, es ist dies die allerwichtigste Voraussetzung.

Viele Menschen, die heute unerwartet erkranken, hinterfragen in diesem Prozess auf einmal ihr gesamtes Leben. Wer vor die Endgültigkeit seines eigenen irdischen Seins gestellt wird, wer mit dem drohenden Tod konfrontiert wird, der wird nicht selten bewusster im Geist, auch demütiger im Erkennen: Das Schicksal zwingt ihn auf die Knie. In einem solchen Entwicklungsgang finden sich nicht selten große Chancen, um vielleicht noch gerade rechtzeitig umkehren und fortan besser und gesünder leben zu können.

Und was ist mit unserem Patienten Europa? Wo finden wir die Ursachen seiner inzwischen ausufernden, schweren Krankheit? Auch hier müssen wir, um die richtigen Antworten zu finden, die Wurzeln des Fundamentes genau untersuchen, die weit zurück in die frühe Zeitrechnung reichen, für viele längst vergessen. Wir müssen den Krankheitsherd suchen, die Ursache für alle Gebrechen, die Saat, einst von den Erbauern des Kontinents in unsere europäische Erde gegeben. Wer Blut sät, wird kein Glück ernten.

An dem historisch einmaligen Beispiel Karls des Großen soll erläutert werden, wie ein auf falschem Fundament aufgebautes System eines Tages wieder zusammenbrechen muss, da niemals Segen liegen kann auf durch Machtgier entstandenes Morden, Leid und Elend zahlloser Völker. Das schreibt die kosmische, ewige Ordnung vor, woran kein Mensch auf der ganzen Welt auch nur um Haaresbreite etwas zu verändern vermag. Wer heute einen anderen Menschen ermordet, vorsätzlich, wissentlich, der wird fortan ein Gejagter sein. Er kann kein Glück mehr finden, bis diese Tat einst gesühnt worden ist. Jahrhunderte, Jahrtausende kann ein solcher Prozess nach den karmischen Gesetzen währen.

Die Ereignisse heute gleichen verblüffend dem einstigen Beginn. Wenn wir endlich die vom Verstand gesteuerten Wissenschaften zur Seite schieben und stattdessen die Naturgesetze beachten lernen, so liegen die logischen Erklärungen zum Greifen nahe. Plötzlich ergibt alles einen Sinn. Und so ist die derzeitige Situation von weitverbreiteter Verelendungsangst und schockierenden Untergangsszenarien nur die natürliche Folge aller früheren, falschen Entscheidungen und Ereignisse, womit man den Grundstein einst legte für das Schicksal und Karma des christlichen Abendlandes. Nun denn, die Zeit der Abrechnung ist gekommen.

Der letzte Vernichtungszug

Die heute schon als historisch zu bezeichnende Entscheidung der deutschen Bundeskanzlerin Angela Merkel, im Jahre 2015 die Landesgrenzen für eine bedingungslose Einwanderung aus Arabien, Afrika und Südosteuropa zu öffnen, trägt zum beschleunigten Verfall des Abendlandes in seiner bisherigen Bedeutung bei. In kurzer Zeit kam es hier zu einem stark veränderten Glaubens- und Religionsbild zugunsten des Islam. Wenn hier weitere Ausführungen folgen, so sollen diese übrigens keine Wertung darstellen, sondern lediglich die derzeitige Ist-Situation beschreiben.

Nicht erst seit 2015 ist eine Verschiebung beziehungsweise Auflösung des abendländischen Charakters sichtbar. Schon Jahrzehnte zuvor begann die Veränderung in Deutschland, Konturen zu erhalten: einerseits durch eine stetige Zuwanderung von Gastarbeitern aus großteils muslimischen Kulturen seit den 1960ern, andererseits durch die Abwendung der Christen von den eigenen, abendländischen Wurzeln, verursacht durch politisch gesteuerte Umerziehungsprogramme, die von den Mainstream-Medien sinngemäß begleitet, verarbeitet und veröffentlicht wurden.

Über Jahrhunderte hinweg gewachsene Traditionen verloren sich zunehmend, machten Platz für fremde Einflüsse, die auf andersartigen Kulturen basierten. Multikulti war geboren. Eine langsame Entwicklung war es zunächst, durchaus wahrnehmbar, jedoch in zeitlich abgestimmten Abständen. Man ging immer seltener in die Kirche zum Beten, doch das eigentliche Problem war ein ganz anderes: Immer mehr Menschen verloren die Verbindung zu Gott, da sie diesen mit der Institution Kirche gleichsetzten. Ein fataler Irrtum. Wie bereits erwähnt: Die Kirche braucht zwar Gott als ihr eigentliches »Geschäftsmodell«, aber Gott braucht die Kirche nicht. Durch jahrhundertelange Irrtumsverbreitung, Gott selbst sei verantwortlich für die Christianisierung der halben Erde, können viele Menschen den Unterschied nicht mehr erkennen. Das Fazit: Vertrauensverlust der Kirche ist gleich Vertrauensverlust in den Schöpfer.

Das Christentum erfuhr also im vergangenen Jahrhundert eine extreme Schwächung, die sich auch im neuen Jahrtausend fortentwickelt. Die Zahl der christlichen Kirchenmitglieder, welcher Konfession sie auch angehören mögen, schrumpft seit Jahrzehnten auf dramatische Weise.

Unsere alte Welt zerfällt, und inzwischen sind es immer mehr Menschen, die dies nicht nur in der Empfindung spüren, sondern die längst auch handfeste Beweise dafür ins Feld führen können.

Und doch ist es nicht der Feind von außen, der zur Überlebensgefahr für die Gesellschaft wird, wie manche meinen, sondern letztendlich ist es nur die eigene Schwäche, die Deutschland und auch Europa selbst zum Todeskandidaten erklärt. Man schaut sich ruhig beim eigenen Untergang zu, unfähig offenbar, diesen noch zu verhindern. Eine eigenartige Haltung, ein unerklärliches Selbstmordkommando. Ein weiteres übles Karma …

Zwar ist die Einsicht des nahenden Zusammenbruchs für viele Menschen so schwer verdaulich, dass sie sich mit dem Gedanken lieber nicht beschäftigen wollen; doch wird das beharrliche Schrillen der Alarmglocken, das in immer kürzeren Abständen unseren Raum durchdringt, wohl nicht mehr lange zu ignorieren sein. So mancher Zweckoptimist sieht darin vielleicht eine notwendige Richtungsänderung: Denn egal, wie es ausgehen mag, so wie jetzt kann es keinesfalls weitergehen. Die vermeintlich heile Welt – sie war es natürlich nie – ist erschüttert in all ihren Grundfesten. Wie man es auch dreht und wendet, jede derzeitige Bestandsaufnahme, gleichgültig, welches Thema sie aus welchem Blickwinkel auch beleuchtet, bringt düstere Ergebnisse ans Licht: Ob in der finanz- und gesellschaftspolitischen Welt, ob in der sogenannten Flüchtlingspolitik, in Kultur, Bildung und Wissenschaft, ob hinsichtlich der Zukunft der gesamten europäischen, meist schon früh arbeitslosen Jugendgenerationen in Sachen Erziehung und Bildung, ob in Bezug auf das Zusammenwirken der europäischen Staaten, inklusive der sogenannten Gemeinschaftswährung Euro – nichts funktioniert mehr richtig, überall blockieren gewaltige Probleme eine gesunde Entwicklung, die natürlicherweise notwendig ist für den Bau der Zukunft. Selbst das für eine gesunde Mittelschicht notwendige Handwerk stirbt aus, ohne reelle Chancen auf geeigneten Nachwuchs. Ein düsteres Bild. Was ist hier los? Warum geht es zielbewusst zum Abhang hin, ohne Bremsen und ohne die Möglichkeit, noch anzuhalten, den Albtraum irgendwie zu stoppen? Handelt es sich hierbei etwa um eine strategische Zerstörung der traditionellen, europäischen Völker durch Herbeiführung ganz bestimmter Krisen? Gehört es zu einem möglichen, unsichtbaren Plan, die »westliche Welt der weißen, europäischen Abstammung«, zu der Europa und die USA gezählt werden müssen, zu zerstören, ihre bisherige Vorherrschaft zu beenden? Doch warum?

Ist es auch Vorsatz, zuvor die Vielfalt der Völker zu vernichten, ihren individuellen Reichtum von Sprache, Kultur und Tradition auszulöschen? Handelt es sich etwa um eine planmäßige Zuwanderung von Millionen Fremden, die das abendländische Leben Schritt für Schritt aushebelt, abschafft, was in Wahrheit doch einer Landnahme gleichkommt?

Wer sich mit diesem Thema näher beschäftigt, wünscht sich, niemals damit angefangen zu haben. Denn er muss an unsichtbare Mauern prallen, die er nicht wird überwinden können. Wer logische Fragen stellt, wer auch überlebensgerecht argumentiert, wird keine Zuhörer haben, die etwas verändern wollen. Das Gegenteil ist viel eher der Fall: Er wird angegriffen und diskriminiert werden, sobald er seine Stimme erhebt und vermeintliche alte Rechte einzufordern versucht. Wo auch immer die Gründe für den herbeigeführten Verfall liegen mögen, auf die später noch eingegangen wird, ist und bleibt die einstige Feststellung des Historikers und Philosophen Oswald Spengler trauriger Fakt: Vor uns liegt der *Untergang des Abendlandes*, oder besser: Wir befinden uns mitten in dieser letzten Entwicklung. Und klar ist auch: In der westlichen Welt, das heißt: in Europa, wird es schon in absehbarer Zeit insgesamt zu einer Beendigung der bisher bestehenden Vorherrschaft der »weißen europäischen Abstammung« kommen.

Ein Volk verabschiedet sich

Zu den eindeutigen Untergangszeichen einer Gesellschaft gehören seit Menschengedenken immer dieselben, wiederkehrenden Faktoren, die man im guten, alten Europa denn auch schon lange beobachten muss: ein bereits erwähntes, seit Jahrzehnten kontinuierliches Geburtendefizit, allen voran in Deutschland. Hier entwickelt sich inzwischen nur noch die Zahl der Alten nach oben, während die Geburten zahlenmäßig seit Jahrzehnten dramatisch eingebrochen sind. Wenn eine Gesellschaft vergreist, dann wird das Augenmerk, dann werden die Zukunftspläne der politischen Programme, natürlich in erster Linie auf eine besitzstandwahrende Grundhaltung gerichtet sein, und es wird nicht etwa, wie bei wachsenden, prosperierenden Völkern, auf Innovation, Investition und Weiterentwicklung gebaut. Stillstand und Rückgang statt Entwicklung und Aufbau. Damit verbunden: zunehmender Hedonismus statt gesellschaftlicher Verantwortung.

Doch es gibt weitere deutliche Alarmzeichen, die den Untergang markieren: Wenn in zahlreichen Ländern Europas die Arbeitslosenquote junger Leute heutzutage zwischen 20 und 60 Prozent liegt, so kann sich jeder für sich selbst ausrechnen, was dies für die Zukunft des gesamten Abendlandes bedeutet. Wie sollen die nachfolgenden Generationen, die jetzt schon um ihre Zukunft beitrogen sind, diese Welt je weiterführen? Welche Überlebensmechanismen stehen ihnen zur Verfügung, die sie selbst ja von Beginn ihrer Berufszeit an in Existenzängsten und Überlebensproblemen steckten? Wie sollen dabei Überlegenheit wie Souveränität sich entfalten können, um ein Land, einen Kontinent, zu führen?

Das ist bereits unmöglich geworden. Der einst blühende Kontinent Europa in seiner ganzen Vielfalt geht nieder, an seinem

Fortbestehen, an seinem Weiterleben zeigt sich unterdessen offenbar immer noch kaum jemand in den Entscheidungsriegen interessiert, denn nachhaltige Generationenprojekte, die es durchaus gibt, werden von schnellen politischen Siegen und kurzen Erfolgen im maximalen Vierjahres-Wahltaktprogramm verdrängt. Viel zu sehr sind die vom Volk gewählten Politiker auch mit den weltweiten Finanztransaktionen beschäftigt, mit Bankenrettungen und Geldpaketen für strauchelnde Einzelländer, mit öffentlichen Vernebelungsdiskussionen über Flüchtlingsströme, vor allem aber mit dem großzügigen Geld-Austeilen an die fremden Gäste, das ungeahnte Formen angenommen hat. Indes steigern sich Kriminalität, sexuelle Übergriffe und Terror. Sicherheit und Ordnung sind längst ausgehebelt, so wie auch geltende Gesetze, beispielsweise in Deutschland, in eklatanter Weise ungesühnt gebrochen werden können. Während nun also auch die Sozialsysteme in ganz Europa kollabieren, während Städte und Gemeinden kaum noch Geld für die Reparatur ihrer Straßen und Gebäude oder für den Erhalt sozialer und öffentlicher Einrichtungen, Schulen und Universitäten aufbringen können, während Burn-outs und Depressionen in den Menschenseelen explodieren, weil kaum jemand die täglichen Belastungen noch verarbeiten kann, wird in den allabendlichen Hauptnachrichtensendungen weiterhin kühn behauptet, alles sei prima in Ordnung.

Es müssen schon bemerkenswerte Todessehnsüchte sein, die das europäische Regierungsruder jetzt führen: Unbeirrt und unbeeindruckt von all den Mahnzeichen schreitet man strammen Schrittes dem Sterben entgegen, ohne über wahre Rettungsmaßnahmen, über wirkliche Überlebenskonzepte überhaupt sprechen zu wollen. Niemand greift ein, niemand *soll* offenbar eingreifen. Denn auch Meinungsmanipulation und Politikpropaganda durch Presse und Medien leisten ganze Arbeit: Zunehmender Gesinnungsterror sorgt für nur EINE Meinung, die da lautet: Unser

Kurs ist richtig! Mögliche Warner zu allen möglichen Themen werden als Verschwörungstheoretiker abgestempelt, als verrückt, verwirrt und krude – und als rechtspopulistisch. Flimmernde Abendunterhaltungs-Shows der Fernsehsender geben sich indes alle erdenkliche Mühe, eventuelle Sorgen, Ahnungen oder sogar Einsichten im Volk zu zerschunkeln und zu zerstreuen. Mit staatstragender Miene werden die Nachrichten vorgelesen, die gefilterte und zensierte Informationen als »das Neueste und Wichtigste vom Tage« verkaufen wollen. Die vermehrten Kriegseinsätze der NATO-Verbündeten in afrikanischen, arabischen, asiatischen Ländern, der Einsatz des Westens in der Ukraine – sie morden in unser aller Namen auf kolonialherrschaftliche Weise, brandschatzen, werden als »notwendige Interventionen« gegen vermeintliche Terrorregimes interpretiert. Und doch zeugen sie nur vom uralten Lied der Menschheit: Wenn nichts mehr geht, so wird das Volk eben mit Säbelrasseln und Kriegsgeschrei abgelenkt. Der Frieden bringt kein Geld, nur Krieg füllt die Kassen der Mächtigen. Erträglicher Nebeneffekt: Das vermeintliche Recht auf Rohstoffe der fremden und fernen Länder wird im Bündnis, Seite an Seite, offiziell und »legal«, erkämpft. Europäisches Militär übernimmt schrittweise die Abriegelung afrikanischer Außengrenzen. Die Kolonialkriege von heute heißen: Eingreiftruppen in Afrika, also zum Beispiel in Mali, im Sudan, in Liberia und im Kongo. Tausende NATO-Soldaten üben auf den Kapverden, wie man sich in einem afrikanischen Rohstoffkrieg am günstigsten verhält. NATO-Einsätze auch in Afghanistan, Kosovo, Libyen, Syrien, Irak, in der Ukraine …

Grundsätzliche Gedanken zum Gesetz der Wechselwirkung

Das Gesetz der Wechselwirkung ist das Gesetz von Saat und Ernte, vom Geben und Nehmen. Sämtliche Vorgänge und Ereignisse unserer dies- und jenseitigen Welt unterliegen dieser Naturbestimmung, sie dienen notwendigerweise dem natürlichen Ausgleich. Wir durchleben es Dutzende Male täglich, ohne überhaupt darüber nachzudenken.

Der Gründer der Wissensmanufaktur, Andreas Popp, formulierte für einen bemerkenswerten Vortrag zu diesem bedeutenden Gesetz der Wechselwirkung seine außergewöhnlichen Gedanken, die ich im Folgenden fast ungekürzt wiedergeben möchte. Denn er fasst hier die wichtigsten Grundlagen zusammen, die nötig sind, damit sie von uns verstanden und endlich umgesetzt werden.

Wer einatmet, muss ausatmen, wer nimmt, muss geben, wer arbeitet, erhält seinen Lohn. Ständig sind wir bemüht, einen »gerechten Ausgleich« zu schaffen, es ist anders gar nicht möglich, denn unser Innerstes drängt uns dazu. Wir wissen intuitiv: Der dauernde Ausgleich zwischen Geben und Nehmen schafft gesunde Bewegung, eine lebendige Wechselwirkung, die eine harmonische Grundlage für alles bereitet und erhält. Deswegen muss dieser Ausgleich auch stets im Fließen bleiben, muss schwingen, niemals darf dieses Wollen und Wirken ins Stocken geraten: Denn sonst gerät schnell Ungesundes in den Ablauf, es werden disharmonische Kräfte freigesetzt, die schon bald aus dem Ruder laufen und die Weichen in die falsche Richtung, die am Ende Zerstörung heißt, stellen könnten.

Was der Mensch sät, das wird er vielfach ernten. Dieses Prinzip ist Bestandteil der Wechselwirkung, es gilt für das ganze Sein, für sämtliche irdischen wie auch für die geistigen Vorgänge. Doch was wissen wir Menschen noch davon? Durch die einseitige Verwendung der universellen Kräfte haben wir unsere innere und äußere Balance verloren. Und wir haben die schöne Erde, auf der wir leben dürfen, gleich mitgerissen, haben auch ihr

Gleichgewicht ausgehebelt. Ohne darüber nachzudenken, dass die ehernen Gesetze unser aller Schicksal bestimmen, haben wir immer nur genommen. Wir nahmen und raubten, plünderten den herrlichen Planeten aus, wir mordeten und unterwarfen, ohne an die Folgen dieser gewaltigen Ungerechtigkeit zu denken. Doch es bleibt dabei: Was die Menschheit sät, das wird sie vielfach ernten.

Popp erläutert unmissverständlich, wie eng wir Menschen in diese von der Natur vorgegebenen Strukturen eingewoben sind, ohne uns dieser für uns wichtigen Tatsache bewusst zu sein. Er mahnt, dass die mächtige Unruhe, der wachsende Druck in unseren Ländern doch heute schon Seele und Gewissen eines jeden, der sich auch nur ansatzweise seiner inneren Stimme zu öffnen vermag, mahnen und warnen müsse:

Nun wird offenbar: Der Mensch hat versagt, zu lange hat er maßlos gewütet, zu sehr sich erhoben über alles, was ihm gnadenvoll von der Natur zur Verfügung gestellt wurde.

Wir sollten uns einmal ein Beispiel vornehmen, und zwar die von den Menschen verursachte Umweltzerstörung, und hierbei den Fokus auf das Thema Wasser richten. Unser Wasser ist nahezu weltweit verseucht, durchsetzt mit Giftstoffen, Hormonen und Pestiziden. Auch wenn die gefährlichen Negativwerte noch nicht das katastrophale Ausmaß der Wasserverschmutzung Indiens oder Chinas erreicht haben, so befinden wir uns doch auch hier in Europa schon vielfach kurz vor einem Kollaps. Hilflos steht der Bürger vor dieser Wahrheit, er kann nichts ausrichten. Dabei gäbe es längst ausgefeilte Technologien, die das Problem in den Griff bekämen. Doch einflussreiche Machtkartelle verhindern die Gesundung und Erneuerung unserer natürlichen Systeme. Ihre eigenmächtig aufgestellten Richtlinien sehen andere, allein eigennützige, Ziele vor. Wer seinen Blick noch deutlicher hierher, vor allem aber auch in die sogenannten Dritte-Welt- und Schwellenländer wendet, erkennt noch weitaus korruptere Methoden: Global agierende, zumeist westliche Konzerne ergaunern sich nach wie vor und Schritt für Schritt die natürlichen Wasserrechte der einheimischen Bürger. Sie plündern die Ressourcen, rauben den Menschen ihren Besitz, unterdrücken die Wahrheit, stellen neue Regeln auf, die mit diktatorischem Druck die Verhältnisse von Eigentum und Anspruch umdrehen und sie zu einer neuen, jedoch falschen »Wahrheit« machen. Das alles geschieht aus reiner Gier, Gier nach Geld und Macht. Diese Leute fragen nicht nach Gerechtigkeit, nach Wahrheit, nach dem Wohl von Mensch und Natur. Selbstsüchtig verleiben sie sich ein, was sie nur kriegen können, so lange, bis … ja, so lange, bis es nicht mehr geht. – Und nun sind wir offenbar an der obersten Grenze alles Machbaren angekommen. Andreas Popp weiter:

Dies ist vor allem auch erkennbar an dem wachsenden Widerstand der Menschen gegen die herrschende Machtelite von Politikern und Medien, welche jedoch letztlich auch nur die Handlanger einiger weniger Herrschenden sind. Immer klarer wird den Bürgern, dass dieses unselige Kartell gesteuert wird von riesigen Konzernen und Banken, welche, wie gigantische Puppenspieler, die Fäden überall dort ziehen, wo es ihnen nur nutzt.

Popp schlüsselt das Kartell auf, das rücksichtslos seine eigenen Interessen verfolgt und sich nicht mehr schert um Mensch und Globus:

Regierungsoberhäupter, Minister, Staatssekretäre und eine riesige Armada von Verlagen, TV-Sendern, Journalisten und Redakteuren hängen an diesen Strippen. Sie müssen erfüllen, was gefordert wird. Die Kluft zwischen richtig und falsch, zwischen gesund und ungesund, klafft immer deutlicher auseinander. Und so treffen unsere Politiker immer häufiger die irrwitzigsten Entscheidungen, weil sie sie treffen müssen, und die Journalisten spielen mit, weil sie ebenfalls mitspielen müssen: Sie verbreiten die übelsten Lügen als neue Wahrheit und schaffen damit in Wirklichkeit Freiheit und Wahrheit ab. Verwirrung und Verirrung der Welt sind die Folgen.

Doch langsam wird es bemerkt. Die Menschen spüren immer deutlicher, dass etwas faul ist. Der Schein trügt, der Kaiser trägt gar keine Kleider, er ist vielmehr splitternackt. Wie ein Lauffeuer macht sich diese Gewissheit nun breit – durch das Internet, welches trotz des neu eingerichteten Fake-News-Ministeriums noch recht unkontrolliert genutzt werden kann für den privaten und halbprivaten Austausch unter den Bürgern. Europas Straßen füllen sich nun mit einer immer größeren Zahl von Menschen, diese protestieren gegen Misswirtschaft, Fehlentscheidungen und Ungerechtigkeit. Sie erkennen allmählich das Unrecht, das ihnen angetan wird, sichtbar wird ihnen ihre Rolle als Spielball willkürlicher Strategien, die alleine gegen sie selbst gerichtet sind.

Noch ist es eine vergleichsweise kleine Schar, die von der Mehrheit, welche durch die Massenmedien gesteuert wird, belächelt wird, doch zunehmend besorgter fällt dieses Lächeln aus. Jeder spürt, da ist etwas faul. Wie ein gewaltiges Erwachen fühlt es sich an, ausgelöst durch das Licht der Wahrheit, welches alles zu durchdringen scheint: In Frankreich, Spanien, Italien, Belgien, Großbritannien, in den osteuropäischen Staaten ebenso wie auch in Skandinavien macht sich wachsender Widerstand bemerkbar.

Und selbst Deutschland erhebt sich allmählich aus bleiernem Schlaf: Jenes Land, dessen Bürger zu den geduldigsten, untertä-

nigsten, gutgläubigsten und belastbarsten Menschen Europas gezählt werden dürfen, verzeichnet spätestens seit dem Jahre 2013 ebenso wachsende Widerstandsbewegungen, die in Form von Protesten, Petitionen, Unterschriftenaktionen im Internet und außerhalb desselben stattfinden. Vor allem wachsende Massen, die sich in Protestbewegungen und regelmäßigen Demonstrationen wiederfinden, um gegen Gleichmachung und Landnahme aufzubegehren, verleihen dem Unmut der Menschen im Land jetzt deutlichen Ausdruck.

Unsere derzeitige Situation wird hier von Andreas Popp sehr treffend beschrieben. Er betont, dass jeder Mensch, direkt oder indirekt, seinen persönlichen Teil dazu beigetragen hat, dass unser Globus zunehmend aus dem Gleichgewicht gerät:

Wer sich jede noch so kleine Einzelheit dazu näher betrachtet, und diese aus dem Blickwinkel des Gesetzes von Saat und Ernte bewerten will, kommt schnell zu der Einsicht, dass unsere Lage ziemlich verfahren ist. Denn es bleibt dabei: Nur wer gibt, kann auch nehmen. Wir alle haben bislang jedoch letztlich nur genommen, haben drauflos gelebt, ohne nach unserer Berechtigung zu fragen.

Auch wenn nicht jeder Mensch in gleichem Maße und Umfang an der Ausbeutung und Zerstörung unseres Planeten beteiligt ist und war, weil schon alleine die Verantwortungsebenen der verschiedenen Hierarchien große Unterschiede aufweisen, so genügt doch schon das gehorsame Sicheinfügen in die widrigen Umstände, um an dem großen Fehler tatkräftig mitzuweben. Denn damit lässt ein jeder das Unrecht zu, ohne dagegen aufzubegehren, er akzeptiert es! Er akzeptiert das Falsche! Für sich selbst, vor allem aber auch für alle nachfolgenden Generationen, für die Welt.

Gehört es nicht zur vornehmlichen Verantwortung eines jedes Menschen, seine Arbeit und sein Wirken pflichtbewusst und gewissenhaft in das Wohl der Allgemeinheit und der Zukunft zu stellen? Ja, es ist sogar seine höchste Aufgabe, das ihm für eine bestimmte Zeit anvertraute Gut gerecht und sorgfältig zu verwalten. Nur so kann das Leben auf der Erde auf lange Sicht hin funktionieren und fortbestehen: Im Respekt vor jedem Leben, in angemessener Sittlichkeit und in der Verantwortung für das eigene Denken und Handeln, um niemandem zu schaden.

Selbst wenn viele Menschen die politischen und wirtschaftlichen Verwirrungen und Hintergrundfakten in all ihren hässlichen Einzelheiten gar nicht kennen, so können sie von einer Mitschuld doch niemals gänzlich freigesprochen werden: Denn Unwissenheit schützt vor Strafe nicht. Nicht dumpfes Hinnehmen aller widrigen Umstände ist richtig, mit der Begründung, man könne als Einzelner ja ohnehin nichts ausrichten, sondern ständiges Überprüfen, ein in Bewegung bleibender Prozess muss es sein, den wir selbst in Gang bringen und halten müssen.

Wer Missstände wahrnimmt, muss nach den Ursachen suchen, und alle Kräfte aufwenden, um die Wurzeln des Übels herauszureißen. Das ist das wahre Menschsein. Jeder Einzelne zählt in diesem Prozess, die Kraft, die durch das gute und richtige Wollen freigesetzt werden kann, ist in der Summe dazu in der Lage, die ganze Welt zu verändern. Zu groß gedacht? Auf keinen Fall.

An dieser Stelle wird deutlich, dass viele Missstände durchaus seit Langem bekannt sind. Dass vielen Menschen das falsche Prinzip bewusst ist. Und dass dies dennoch bislang nur wenig zu einer Besserung beziehungsweise einem wahren Erkennen des Einzelnen beigetragen hat.

Damit sind wir an einem der wichtigsten Punkte angelangt: Auch wenn sich derzeit viele Menschen weltweit auf den Weg machen, um gegen Ungerechtigkeit und Zerstörung zu protestieren, so ist doch deutlich zu beobachten, dass dadurch bislang keine grundlegende Änderung im Sichtbaren herbeigeführt werden konnte. Oder haben die Anti-Atom-Bewegungen der 1960er-Jahre auch nur einen Deut daran ändern können, dass inzwischen nahezu die ganze Welt von dem gefährlichen und von Menschenhand letztlich überhaupt nicht steuerbaren Atomstrom abhängt?

Oder nehmen wir die Friedensdemonstrationen, die heute überall gerade wieder entstehen: Es gab sie schon vor Jahrzehnten. Doch haben sie an der Kriegshetze und der vorsätzlichen Zerstörung zahlreicher Länder, wie etwa Jugoslawien, dem Irak, Afghanistan, Libyen, Syrien, Afrikas Staaten, der Ukraine usw., an denen unsere europäischen Länder durch NATO-Einsätze direkt beteiligt sind und waren, irgendetwas ausrichten, verbessern, ändern können?

Nein, natürlich nicht. Millionen Menschen wurden in den zurückliegenden Jahren brutal getötet, riesige Länder mitsamt all ihren wichtigen Infrastrukturen – wie Nahrungs- und Wasserversorgung – bis zur Unkenntlichkeit zerstört und ausgebeutet. Wohlgemerkt, unsere europäischen Länder beteiligen sich, durch engen Schulterschluss und ergebene Unterordnung in Bezug auf die angelsächsische Macht, bis heute direkt an diesen barbarischen Willkürakten, denn die von uns gewählten Politiker treffen die verhängnisvollen Entscheidungen mit! Unsere Rüstungstechnik baut Panzer und Bomben, unsere Generäle entwickeln Kriegstaktiken und gefährliche Strategien gegen fremde Völker, die in den Tod geschickt werden. Welch ein Karma, das wir uns gerade jetzt, in diesem entscheidenden Augenblick der Menschheits-Ära, sehend und wissentlich erneut aufbürden!

Nein, bislang waren es nur Lippenbekenntnisse, jedoch keine wirklich zum Guten verändernden Taten, die unser Schicksal in jene Richtung formten, welcher bis heute jegliches wirklich gute Fundament fehlt. Auch wenn in den Herzen vieler Menschen der Vorsatz besten Wollens herrschen mag: Das ganz Wesentliche, welches zu den wahren Veränderungen führen kann, fehlt bis zum heutigen Tag. Es ist die Kraft der Gedanken und Empfindungen, die in der Endauswirkung als unser Wille wirkt.

Der freie Wille ist ein großes Geschenk für jeden Menschen, damit er sein Schicksal selbst in die Hand nehmen lernt, im besten Fall durch stets vorrangig gutes Wollen. Der Wille zeigt sich in unseren Taten, an unseren Früchten werden wir erkannt, wie es so schön heißt. Der Wille entsteht durch die Kraft des Geistes, wird durch diese zur Auswirkung gelenkt, unter der stets mahnenden Stimme des Gewissens. Letztere fällt natürlich ganz unterschiedlich aus, je nach der Charaktereigenschaft der betreffenden Persönlichkeit.

All dies sind zwar nicht sichtbare Entwicklungsvorgänge, und doch sind sie genau so real wie jede Regierungserklärung oder Kriegsunterschrift, die ein Politiker tätigt und damit folgenschwere Entwicklungen in Gang setzt. Auch hier ging schließlich, wie in allen anderen Dingen, stets der geistige Prozess voraus, welcher zu den jeweiligen Entscheidungen führte.

Mit anderen Worten: Jeder Tat, jedem Wort, welches man spricht, geht eine meist stille Bestimmung des eigenen freien Willens voraus. Dieser Punkt ist deswegen so wichtig, weil genau an dieser Stelle Glück oder Leid, Schönes oder Schlechtes, Licht oder Dunkel zu den Entscheidungsträgern der Zukunft gemacht werden: von uns selbst! Damit haben wir alles selbst in der Hand!

Auch wenn unsere Wissenschaft es bislang ablehnte, sich mit der feinstofflichen Welt, in welcher die Geistesvorgänge ablaufen, näher zu beschäftigen, so heißt das noch lange nicht, dass diese deswegen nicht bestehen würde. Doch es ist altbekannt: Wenn bestimmte Tatbestände von den großen Administrationen unterdrückt werden, dann geschieht dies natürlich vor allem deswegen, weil sie gefährlich werden könnten: gefährlich für die Mächtigen, die Herrschenden.

Glücklicherweise waren es nicht nur berühmte Philosophen, Dichter und Denker gewesen, die sich zu allen Zeiten mit den unsichtbaren Vorgängen und vor allem den Auswirkungen unserer Willens- und Gedankenwelt befassten, wie zum Beispiel Platon, Aristoteles, Johann Wolfgang von Goethe oder Friedrich Schiller und natürlich viele andere mehr. Auch namhafte Naturforscher und Geisteswissenschaftler wie Albert Einstein, Werner Heisenberg, Fritz Albert Popp, Carl-Friedrich von Weizsäcker oder Hans-Peter Dürr, wussten von den ganz realen Strukturen und Gesetzen, die die unsichtbare Welt stets und seit ewigen Zeiten durchziehen und dadurch letztlich bis heute auch die sichtbaren Auswirkungen mit formen. Meist erforschten diese Ausnahmeexperten die Zusammenhänge still und geheim, aus Sorge um ihre wissenschaftliche Reputation, was bis heute so geblieben ist.

Denn zu keiner Zeit war die Suche nach höheren Erkenntnissen des Schöpfungswirkens, überhaupt jegliches Wissen über feinstoffliche Gesetzmäßigkeiten, von der herrschenden Kaste je wirklich belohnt worden: Diktatoren, Regierungen, Parteien, Medien – sie alle sorgen bis heute, gezielt gelenkt von einer verschwindenden und für die Bürger meist unsichtbaren Machtelite, für Schweigen und Stillstand.

Allenfalls für ihr eigenes Schicksal ließen frühere Kaiser und Könige den Blick der Kundigen in diese geheimnisvollen Welten zu, doch meist nur deswegen, um persönlichen Nutzen daraus zu ziehen. Heute werden die auch nur geringsten Einsichten über das Wirken unsichtbarer Schöpfungskräfte so manchen obskuren, okkulten Zirkeln unterstellt, es wird Missbrauch damit getrieben, sowohl an Inhalt als auch an der Begrifflichkeit.

Dem Volk war der Vorzug tieferer Einsicht oder höheren Erkennens der Gesetze als flächendeckende Bildungsnotwendigkeit jedoch zu keiner Zeit erlaubt worden: Dafür hatte die Kirche schon gesorgt, die geistiges Wissen als Teufelszeug abkanzelte und all jene Menschen, deren Zugang zu der feinstofflichen Welt ihnen hätte gefährlich werden können, verfolgte, verunglimpfte, vernichtete.

So wurde die geistige Seite im Menschen, das Erkennenkönnen des Höheren, der Himmelsmächte, Schritt für Schritt als »esoterischer Quatsch«, als »Verschwörungstheorie«, als »wissenschaftlich unhaltbar« gebrandmarkt. Es wurde systematisch aus unserem Wissen entfernt, ausgelöscht, die Menschheit wurde geistig amputiert.

Das Wissen über das wichtige Gesetz der Wechselwirkung, welches sowohl in der sichtbaren als auch in der unsichtbaren Welt nachhaltig und verbindlich für jedermann und für jede Sache wirkt, wurde den Menschen somit nur noch als Krücke geliefert, ein Gleichgewicht zwischen Verstand und Geist damit unmöglich gemacht. Ist der derzeitige Zustand unserer Welt noch ein Wunder?

Doch nun bricht eine neue Zeit an, die Zeit der Wahrheit. Überall ist dies zu beobachten, seien es die vielen Enthüllungen über die gewaltigen Abhöraktionen der Geheimdienste, sei es das wachsende Erkennen der Menschen über die teilweise verlogenen Strukturen in Politik, Gesellschaft, Finanzmarkt und Medien, oder nimmt man die sich stets steigernde Sehnsucht der Menschen weltweit nach Frieden, Freiheit und Wahrheit.

Wir haben viel zu lernen in der kommenden Zeit. Um zu verstehen, worum es jetzt für jeden Einzelnen geht, sollen die Ereignisse der Vergangenheit beleuchtet werden, welche die Missstände der Jetztzeit schufen.

Von Beginn an sind die riesigen Lücken über das Schöpfungswissen erkennbar, welche der Mensch bislang nicht zu schließen in der Lage war: Völkerschlachten, Kriege, Leid und Schmerz, das ist die Bilanz des Menschen auf dieser Erde. An seinem wahren Ziel, welches vor allem aus dem Stoff von Glück, Zufriedenheit, Schönheit und Liebe gewebt wird, ging der Mensch in den zurückliegenden Jahrtausenden stumpf vorüber.

Letztendlich ist es vor allem die richtige Anwendung des Nehmens und Gebens, welches eines Tages die Grundlage für eine wirkliche Völkerverständigung bilden wird. Es ist die Zeit, in der die Völker nicht gegeneinander-, sondern nebeneinanderstehen werden, sich gegenseitig achtend, helfend und fördernd, wertschätzend in ihren jeweiligen Kulturen und unterschiedlichen Eigenarten, nicht Krieg führend, sondern Frieden und Liebe stiftend. Weil jeder von der Erkenntnis getragen wird, dass alle Völker dieses Etwas besitzen, was unbedingt zur Vollendung des Ganzen gehört. Es sind die irdischen, vor allem aber auch geistigen Werte, die dann das »Volksvermögen« ausmachen.

Dieser Vortrag von Andreas Popp, der hier mit seiner freundlichen Genehmigung zum Abdruck kommt, zeigt auf klare Weise den einzigen Weg, den wir Menschen zu gehen haben, um unser Schicksal endlich in die richtigen Bahnen zu lenken. Mit dieser neuen Erkenntnis wird dann auch deutlich, wie verhängnisvoll die Zwangschristianisierung Karls des Großen sich bis heute auswirken muss.

Heute liegt Europa in der Agonie. Es ist ein letzter Todeskampf, ein Sich-Aufbäumen vor dem Niedergang. Wir können die verheerende Ernte heute nur überstehen, wenn wir ausreichend Kenntnis von Ursache und Wirkung haben, wenn wir wissen, warum die Zeiten so schwer geworden sind. Und wir können nur weiterleben, wenn wir selbst das Steuer gewaltsam herumreißen, in der sicheren Erkenntnis und dem dringenden Wollen ausschließlich zum Guten.

Der Untergang des Abendlandes

Schon einmal wurde die westliche Menschengemeinschaft mit einem möglichen bevorstehenden Endszenario Europas konfrontiert, und zwar zu Beginn des vergangenen Jahrhunderts: Oswald Spenglers Buch *Untergang des Abendlandes* war ein gewaltiger Weckruf. Damals begann man hier und da, grauselig entflammt, dennoch nur zögerlich, das Unglaubliche in Erwägung zu ziehen: den Untergang des Abendlandes. Zum ersten Male wurde durch die aufrüttelnden Thesen des mutigen Kulturhistorikers greifbar erörtert, dass der gelobte Fortschritt nicht ewig halten und auch unsere Zivilisation – einstigen Hochkulturen wie dem Alten Rom, dem antiken Griechenland oder dem Alten Ägypten gleich – zusammenbrechen und einfach untergehen könnte.

Spengler zeigte die Ursachen für den uns drohenden Absturz auf, die er als »stetig wiederkehrend im europäischen Spiegel der Weltgeschichte, als in der Sache naturgemäße Wiederholung des

Laufs der Dinge«, als also folgerichtig und notwendig ausgemacht hatte: Nicht weniger als eine ganz bestimmte Charaktereigenschaft des typischen Europäers sei an der bevorstehenden Eskalation schuld: »der unzerstörbare Hang zum Gutsherrentum«. Der anmaßende und dominierende Wunsch, die Weltherrschaft zu erobern, sei eine europäische Charaktereigenschaft, die langfristig ins Verhängnis führe. Denn weitere wichtige Dispositionen für eine solche Vorherrschaft fehlten dieser Gattung dabei fatalerweise völlig: Neben seinem Drang des Herrschen-Wollens mangele es dem Europäer an »strategischer Weisheit, an geordnetem Überblick, an charakterlicher Souveränität« – Eigenschaften, die für eine autonome Führerschaft und ein langfristiges Überleben dringend erforderlich sind.

Er lag nicht so falsch, der Historiker. Wer sich mit dem imperialistischen Gen im europäischen Blut befassen will, muss nicht lange suchen und wird schon an der Wurzel fündig, beim Urvater des europäischen Kontinents, Karl dem Großen: Seine umfassenden Eroberungs- und Beutezüge verhalfen ihm schließlich im Jahre 800 n. Chr. zum Titel »Kaiser des Heiligen Römischen Reiches Deutscher Nation«. Diese Krönung galt als irdisch relevante Anerkennung vonseiten der Kirche Roms, um Macht und Einfluss noch weiter auszubauen. Eine Kaiserkrone, getränkt in Kubikmetern unschuldigen Blutes, war der feudale Höhepunkt der unruhigen Lebenslaufbahn Karls des Großen. Das hier favorisierte Regierungsmodell des ständigen Eroberns, Sich-Einverleibens und des flächendeckenden Zwangschristianisierens währte etwa tausend Jahre und mündete dann fast nahtlos in die grausamen Kolonialkriege auf der ganzen Welt: Europa wollte die Weltherrschaft, wer immer diese auch geplant haben mochte. Zahllose brutale, kriegerische Auseinandersetzungen in Afrika, Asien, Amerika und Australien folgten, zogen sich wieder über Jahrzehnte und Jahrhunderte hin, entwurzelten Stämme und Völker, beraubten, vertrieben und töteten Millionen und Abermillionen Menschen, das alles stets »im Namen des Herrn«, und stellten unter unrühmlichsten Beweis, wozu der Europäer fähig ist.

Ja, es war ein lauter Knall, mit dem der Historiker Oswald Spengler im Jahre 1918 seine Mitmenschen zu wecken, zu warnen suchte, ein Donnerschlag, der dennoch zunächst wieder verhallte, da einflussreiche Kräfte das drohende Fiasko aus dem Bewusstsein der Menschen schnell zu entfernen suchten, indem es im öffentlichen, im publizistischen Raum kaum Niederschlag finden durfte. Doch ungeachtet dieser sinnlosen Versuche sind die Jahrzehnte einfach weitergegangen, die desaströse Entwicklung nahm kontinuierlich ihren vorgezeichneten Lauf, immer geradezu dem angekündigten Ende entgegen. Und nun? Spengler hatte recht! Hundert Jahre später ist sie da, die Zeit der Abrechnung. Es geht uns an den Kragen. Übertrieben? Theatralisch? Zu viel Drama? Wohl eher nicht.

Wer sich angesichts der zahlreichen Krisen, die wir Europäer gerade im Laufe des zurückliegenden Jahrhunderts einstecken mussten, heute fragt, wie viel Schrecken und Not die Völker noch aushalten können nach zwei katastrophalen Weltkriegen mit all ihren grauenvollen Tragödien und Schrecken, auch angesichts einer zwar überwundenen, doch für Jahrzehnte höchst anstrengenden und folgenschweren Teilung von Ost- und Westeuropa und nun eines nicht enden wollenden Einwanderungschaos, der steht fassungslos vor der nächsten Tragödie: Nach nur wenigen lebendigen Wirtschaftswunderjahren, die später in das Ende der kommunistischen Herrschaft im Osten mündeten und die von vielen Menschen ersehnte Wiedervereinigung durch den Fall des Eisernen Vorhangs einleiteten, erleben wir jetzt, nicht einmal 25 Jahre später, den bereits sichtbaren Zusammenbruch der etablierten Strukturen des ganzen Kontinents.

Europas aktueller Leidensweg

Die Menschen in Europa leiden schwer unter wachsendem Druck, doch Denkverbote und Maulkörbe erlauben keine sachliche Auseinandersetzung: Strenge Kontrolleure, politisch korrekt ausgebildet, von Medien und Parteipolitik eingesetzt, melden inzwischen jeden, der sich nicht linientreu äußert. Die Formen von Überwachung und Kontrolle wachsen sich immer weiter aus, die Freiheit des Einzelnen wird zunehmend beschnitten, die Folgen sind Verunglimpfung, Diffamierung und Ausschluss aus der Gemeinschaft. Auch wenn es diese Parteisoldaten bereits zur Genüge in dem sozialistischen System des Kalten Krieges gegeben hatte, und auch zuvor, in und vor der Nazizeit, wo durch autoritäre beziehungsweise totalitäre Regierungsformen die Bürger dazu verurteilt wurden, den Mund zu halten und nicht mehr aufzumachen, so gibt es doch kaum noch Unterschiede zur Jetztzeit: In Brüssel und Straßburg werden, wie erwähnt, seit Jahren strenge Kontrollsysteme entwickelt, um die Medien, die Verlage und Rundfunksender zu Umschulungszwecken zu verpflichten. Sie müssen auf Brüsseler Parteiprogrammlinie sein, die auf den Grundsätzen der transatlantischen Bündnispartner fußen, Gegenpositionen sind nicht erlaubt. Diese tägliche Gehirnwäsche in Zeitungen und Fernsehnachrichten ist nichts anderes als gezielte Propaganda und Meinungsmache.

Doch warum begehren die Menschen nicht auf? Weshalb machen sie immer wieder dieselben Fehler? Wieso gibt es keinen Aufschrei, keine Gegenbewegungen, keinen Protest gegen so viel unzulässige Bevormundung? Es leben doch heute noch genügend Vertreter der DDR-Generationen, und auch aus der Zeit des Dritten Reiches sind noch letzte Überlebende hier, die warnen könnten, warnen müssten. Wie heißt das Gen, das den Menschen zum Schaf in der Schafherde macht, obwohl er die Gefahr, zum Abgrund getrieben zu werden, doch schon lange wittert? Fürchtet er sich vor Gegenwind? Hat er Angst vor Verfolgung, vor der Nazi-Keule, die ja bei Widerstand gerne schnell herausgeholt wird, weil sie ein perfektes Totschlaginstrument ist? Doch sie hätte längst ihre Wirkung als Waffe verloren, wenn man sich doch nur einig wäre in Europa; dann könnte man sie ohne Not durch gemeinschaftlichen Bürgerbeschluss einfach neutralisieren.

Wo sind denn Freiheit und Wahrheit geblieben, für die es sich zu allen Zeiten zu kämpfen lohnte? Wogegen haben wir sie eingetauscht? Gegen Duckmäusertum und Engstirnigkeit. Wo bleiben Courage und kühne Angriffslust, um das Gute und Gesunde zu verteidigen, um einen fruchtbaren Widerstand ermöglichen und die verkrusteten Dogmen und Ideologien sprengen zu können? Alles vorbei? Aber: Hat es sie überhaupt jemals wirklich gegeben, diese Sehnsucht nach dem Richtigen, Guten, hier in Europa?

Den Club of Rome nennt man eine Vereinigung von Experten verschiedener Disziplinen aus über 30 Ländern. Diese bereits 1968 gegründete gemeinnützige Organisation setzt sich seitdem für eine nachhaltige Zukunft der Menschheit ein. Weltbekannt wurde dieser Expertenzusammenschluss im Jahre 1972, als er ein Gutachten zur Lage der ökonomisch geprägten Welt veröffentlichte, das in der Fachwelt, aber auch bei interessierten Bürgern blankes Entsetzen verursachte. Dieses von der Volkswagenstiftung maßgeblich finanzierte Gutachten mit dem Titel *Die Grenzen des Wachstums* basierte auf einer Untersuchung der Industrialisierung, des Bevölkerungswachstums, der immer deutlicher werdenden Unterernährung ganzer Völker, der Ausbeutung von Rohstoffen sowie der Zerstörung der Lebensräume dieser Erde. Die wohlgemerkt 1972 prognostizierte Zukunft kann man kurz mit dem Niedergang der Menschheit beschreiben, wenn man die Grundparadigmen der modernen Wirtschaftswelt nicht radikal verändert. Mehr als 30 Millionen Exemplare dieses Gutachtens wurden bis heute verkauft, das bereits ein Jahr nach seinem Erscheinen mit dem Friedenspreis des Deutschen Buchhandels gekürt wurde. Die Schussfolgerungen des Berichtes lauten zusammengefasst:

»Unsere gegenwärtige Situation ist so verwickelt und so sehr Ergebnis vielfältiger menschlicher Bestrebungen, dass keine Kombination rein technischer, wirtschaftlicher oder gesetzlicher Maßnahmen eine wesentliche Besserung bewirken kann. Ganz neue Vorgehensweisen sind erforderlich, um die Menschheit auf Ziele auszurichten, die anstelle weiteren Wachstums auf Gleichgewichtszustände führen. Sie erfordern ein außergewöhnliches Maß von Verständnis, Vorstellungskraft und politischem und moralischem Mut. Wir glauben aber, dass diese Anstrengungen geleistet werden können, und hoffen, dass diese Veröffentlichung dazu beiträgt, die hierfür notwendigen Kräfte zu mobilisieren.«

Seit nunmehr fast 50 Jahren sind die Probleme unserer modernen Welt also bekannt, doch was ist bis heute passiert? Nichts. Die Hoffnung stirbt zuletzt …, aber sie stirbt. Speziell das gegen jedwede Naturgesetze agierende Finanzsystem, in dem ein exponentiell steigendes bedingungsloses Spitzeneinkommen den immer mächtiger werdenden Architekten der bestehenden Ordnung zufließt, liegt völlig offen vor uns.

Eine radikale Umkehr der menschen- und naturverachtenden Ordnung ist nicht in Sicht. Stattdessen nehmen die exzessiven Fehlentwicklungen weiter zu. Ein Beispiel: Allein der Finanzkonzern BlackRock verwaltete im Jahre 2018 circa 6,37 Billionen US-Dollar Fondsvermögen, während das Bruttoinlandsprodukt der Bundesrepublik gerade einmal 3,67 Billionen US-Dollar ausmacht, also etwas mehr als die Hälfte. Deutschland ist übrigens die viertgrößte Volkswirtschaft der Welt.

Wie sich das auf die Machtverhältnisse auswirkt, ist leicht vorstellbar. Willkommen im Neoliberalismus! Ehemalige Lobbyfunktionäre finden wir mittlerweile in allen führenden Positionen der Politik. Natürlich möchten sich diese ehemaligen Profitmanager nun für das Gemeinwohl der Menschen einsetzen … Dieser Sinneswandel erscheint fraglich. Aber selbst wenn man den Menschen in der Gesamtheit tatsächlich helfen wollte, so verhindert dies schon das parlamentarische Parteiensystem. Die Partei leitet sich von *pars populi* ab und beschreibt letztlich die skrupellose Teilung des Volkes. Das Gemeinwohl ist aber grundsätzlich unparteiisch.

Alle diese Zusammenhänge sind bekannt oder könnten zumindest großflächig bekannt sein. Doch selbst wenn dieses ganze Wissen bis in die letzten Winkel der Welt ankommen würde, ist zu befürchten, dass nichts gegen die Ordnungsstrukturen unternommen wird. Man kann dieser fehlentwickelten Menschheit offenbar alles verkaufen, selbst wenn man auf ein Mindestmaß an Logik bei der Argumentation verzichtet. Auf dem Niveau dieser niedrigsten Argumentationsqualität entstand wohl auch der angeblich menschenverursachte Klimawandel, um die Völker davon abzulenken, die wirklichen dramatischen Umweltverschmutzungen zu benennen, die durch unser naturverachtendes ökonomisches Gesamtsystem entstehen. Der Profit gibt halt die Themen vor, somit auch die Ablenkungsmanöver. Gefälligkeitswissenschaftler spielen dann gern mit und werden mithilfe der Medien populär gemacht. Sachverständige Kritiker jedoch haben keine Chance, ihre Darstellungen klar zu artikulieren.

Würde man jedoch annehmen, dass es eine kohlendioxidbasierte Klimaveränderung tatsächlich gibt, stört deren Anhänger nicht einmal, dass die 15 umweltschädlichsten Schiffe auf den Weltmeeren ebenso viele Schadstoffe produzieren wie alle Autos in der Bundesrepublik in einem Jahr. Eine Diskussion über die gigantischen Zuwächse von Kreuzfahrten hört man zudem übrigens kaum, schließlich stören logische Hinterfragungen ja nur. Obwohl all diese Dinge mit einem Mindestmaß an Bildung zu durchschauen wären, formiert sich kaum Widerstand.

Es passiert … nichts. Im Gegenteil: Gut ausgebildete Personen (Experten) sind oft die Träger dieser propagandistischen Maßnahmen. Mit logischem oder gesundem Menschenverstand und sachlich sauberen Argumenten lassen sich offenbar keine positiven Veränderungen einleiten, obwohl die Menschheit weiß, dass sie am Abgrund steht und lediglich zu verdrängen versucht, in welche Richtung der nächste Schritt führen wird.

Die Gegenwart und die Vergangenheit Europas haben schwere, mühevolle und aufreibende Zeiten gesehen, blutig, barbarisch, ungerecht, schmerzvoll. Und wie sieht die Zukunft unseres Abendlandes aus? Sie hält sich in engen Grenzen. Auch Oswald Spengler äußerte vor fast hundert Jahren mit prophetischer Klarheit, dass sie »nicht ein uferloses Hinauf und Vorwärts in der Richtung unserer augenblicklichen Ideale und mit fantastischen Zeiträumen«, sondern »ein in Hinsicht auf Form und Dauer streng begrenztes und unausweichlich bestimmtes Einzelereignis der Historie vom Umfange weniger Jahrhunderte ist, das aus den vorliegenden Beispielen übersehen und in wesentlichen Zügen berechnet werden kann«.

Von Beginn an war die Bahn der Menschheit im irdischen Stoffe ein beeindruckendes Abenteuer, das kein Ende fand, voller Irrtümer und Versuchungen. Kriege wurden geführt, Schlachten geschlagen um das ewige Streben nach Freiheit, Frieden und Wahrheit und gegen die Machtgier der Herrschenden, gegen die Grausamkeit des Imperialismus, gegen Diktaturen, zerstörerische Ideologien und die Vernichtung des freien Willens.

Seit der Mensch sich erinnern kann, stehen sie sich gegenüber und ringen um die Vorherrschaft: Licht gegen Dunkel, Gut gegen Böse. Seit er existiert, kämpft der Mensch gegen andere, vor allem gegen die Mächtigen, für und um seine freiheitlichen Ideale. Der Bürger hatte nie eine wirkliche Chance, stets wurden grauenvollste Szenarien verursacht: Kriege, Krisen und Katastrophen. Wir sind, seit wir denken können, Leid gewöhnt, Elend und Not. Vertreibungen, Entwurzelungen, Enteignungen heißen die Begleiter der Vergangenheit. Gibt es heute irgendwo auf unserem Planeten einen Ort, an dem Licht und Harmonie herrschen? Störungsfrei? Ohne Einflüsse des Bösen, des Dunkels? Man muss kein Hellseher sein, um die Zeichen der Zeit zu erkennen; die Alarmsignale sind schon jetzt mit bloßem Auge sichtbar: Das, was einst als Zusammenschluss vieler unterschiedlicher Staaten forsch zu dem einen großen »Vereinigten Europa« geplant war, zerfällt zunehmend in seine Einzelteile. Hatte man gerade erst die »geeinten« EU-Staaten erkoren, suchen die Betroffenen jetzt schon wieder den Weg zu eigener Identität und Kultur zurück. Sie beginnen zu kämpfen, weil sie erkennen: Es ist dies eine letzte Flucht, um zu überleben, um noch weiterbestehen zu können. Doch sie sind schon in der Falle, soll und darf dies doch nicht gelingen, denn eisern ist der Griff aus Brüssels Zentrale, fest hält er umklammert, was US-Administratoren streng geboten, was auf Dauer jedoch unhaltbar geworden ist. Gewiss: Unser Kontinent heißt Europa, und dieser Erdteil mit seinen zusammengehörenden Nationen spielt auf der Welt derzeit noch eine wichtige Rolle. Doch wie lange noch?

Europas Geschichte des jahrhundertelangen Gesinnungsterrors

Zahlreiche Indizien sprechen für einen mehr als unsicheren Ausgang. Wohin führt uns der Zwangsgeist Europas? In die Apokalypse? Ins Jüngste Gericht? Ohne Frage befinden wir uns auf abschüssigem Wege. Offenbar unter dem Einfluss einer unerklärlichen Todessehnsucht wurden in der Vergangenheit unzählige politische Entscheidungen gegen uns, gegen das Wohl der Völker, getroffen. Doch welche sind die Ursachen für diese beispiellose Irrationalität, für eine ausgesprochene Zerstörungswut?

Vernunftwidrige, abstruse Generalentscheidungen sind es, die gegen den Willen der meisten Menschen getroffen werden. Für den offenen Vorsatz zum Sterben ganzer Kulturen? Warum? Ist der erkennbare Tatbestand von nahendem Zusammenbruch und Verfall ein im Laufe der Jahrhunderte aus zahlreichen Zufälligkeiten und Mängeln erwachsenes Ungeheuer, ohne fremdes Zutun? Oder welche Gründe sind ausschlaggebend für diese schon aussichtslose Situation?

Wieder kommen wir zum Protagonisten des vorliegenden Buches, zu Karl dem Großen, wurde die Grundlage für die Auflösung unseres Erdteils doch in genau jener Ära gelegt, in der dieser Kontinent einst errichtet, in der er zum christlichen Abendland wurde, indem die Bevölkerung Europas christianisiert wurde, und das, auch dies sei immer wiederholt, mit Feuer und Schwert. Das, was wir heute erleben müssen, sind doch nur noch die letzten Auswirkungen eines langen, vorherbestimmten Prozesses, der sich leider weiter zuspitzen wird.

Wenn ein Haus unerwartet zusammenfällt, so untersucht man Fundament und Statik, und man wird den Fehler bald finden.

Doch aus welchem Material wurde der Grundstock des europäischen Hauses einst gebaut?

Das frühe Mittelalter, unsere Gründungszeit, spielt die entscheidende und damit von Beginn an verhängnisvollste Rolle für den gesamten Verlauf unserer europäischen Geschichte. Hier müssen wir nach den Ursachen forschen, hier werden wir fündig. Doch noch eine andere Kraft, nämlich die engste Verbündete und wichtigste Ratgeberin Karls des Großen und fast aller seiner Nachfolger, ist von absolut zentraler Bedeutung, ist sie doch mit Abstand Europas verhängnisvollste Unheilbringerin: die Kirche in Rom. Unter dem Tarnmantel, den geschickte Hände über die zurückliegenden Jahrhunderte deckten, spielte sich ein beispielloses Desaster ab; wer ihn zu lüften sucht, prallt entsetzt zurück. Noch bleibt er weitgehend zugeknöpft, dieser Tarnmantel, und noch hält das bereits arg zerschlissene Gewebe, aber nicht mehr lange: An allen Seiten beginnen Kräfte, an einzelnen Fäden des längst brüchigen Materials zu zupfen und zu ziehen, der Tarnmantel muss fallen, wird sich auflösen, damit Unrecht und Ungerechtigkeit endlich offenbar werden, die diese Welt nachhaltig mit zerstörten.

Bis zur Zeit der Erfindung der Buchdruckerkunst im 15. Jahrhundert waren die Aufzeichnungen über unsere Geschichte, über das Auf und Nieder der Völker, über die verhängnisvollen Kreuzzüge und die grauenhafte Zeit der Inquisition ausschließlich Aufgabe der Kirchen: Mönche, Priester und Nonnen hatten das Schreibmonopol, sie allein fertigten nahezu sämtliche Chroniken in den Jahrhunderten zuvor, um sie stets von der klerikalen Führung Roms zur Veröffentlichung absegnen und freigeben zu lassen. Diese als Jahrbücher, als Annalen, bekannten Überlieferungen bilden heute die Hauptgrundlage unseres Geschichtsbewusstseins. Das muss man sich nur einmal vorstellen.

Nein, es gibt keine objektive Geschichtsschreibung Europas, vielen Schilderungen weiter Zeitabschnitte müssen wir deswegen mit äußerster Vorsicht begegnen. Erschütternde Zeugnisse aus verklungenen Jahrtausenden auferstehen vor dem geistigen Auge: Was wurde im Laufe der Menschheit nicht alles »im Namen des Herrn« zerstört? Glaubenskriege gab es immer, doch als die Christianisierung anhob, die alles andere als christlich verlief, als das Christentum zur Grundlage einer neuen Weltanschauung zementiert wurde, eventuell durchaus mit bestem Vorsatz einzelner Akteure, begann eine intensive und über viele Jahrhunderte hinweg dauernde Phase der Eskalation und des Blutkampfes, wie sie die Welt nie zuvor erlebt hatte: Ganze Völker und Kulturen wurden in dem Glaubenskampf entwurzelt und vernichtet, nur um diesem neuen Weltbild zum Durchbruch zu verhelfen.

Dabei war die wahre Lehre des Gottessohnes Jesus Christus doch eine völlig andere, lauter und rein und vollkommen, sie sollte der Menschheit zum Glück gereichen. Doch viel blieb davon nicht übrig, schnell waren die Gebote des Herrn von amtierenden Machtmenschen für eigene Zwecke umgeformt und – je nach persönlichem Gutdünken – instrumentalisiert worden.

Dass die allermeisten Geschichtslügen bis heute noch der Aufarbeitung harren, dass der offizielle Wille zur Wahrheitsfindung immer noch wie gelähmt bleibt, muss angesichts einer angeblich aufgeklärten, modernen Gesellschaft mehr als verwundern. Da gibt es kein amtliches, kein behördliches Interesse auch nur einer einzigen führenden öffentlichen Institution, die Licht in die dunklen Hergänge bringen wollte, während das Volk doch schon zunehmend erkennt, dass etwas gewaltig faul ist im Staate Vatikan: Die zahllosen Kirchenaustritte der vergangenen Jahrzehnte sprechen ihre eigene Sprache. Der römische Tarnmantel wurde zwar einst aus derbem Stoffe gewebt, aber unzerstörbar ist auf lange Sicht kein Gewebe dieser Erde: Verschleiß und Auflösung ereilen eines Tages jede Substanz. Die gute Nachricht: Es ist bald so weit!

So mag es in diesem Zusammenhang auch niemanden verwundern, dass ausgerechnet in den jetzigen unruhigen Zeiten, die unseren europäischen Kontinent zunehmend im Griff halten, zeitgleich auch am Hauptstandbein des »Heiligen Stuhls« gesägt wird, so wie es offiziell noch nie zuvor geschah. Die Tage des Vatikans, der großen Weltzentrale sämtlicher Katholiken, die Tage der römischen Kirche, so Experten, sind nicht erst seit dem überraschenden Rücktritt des deutschen Papstes Benedikt XVI. im Frühjahr 2013 gezählt. Neben echten Existenzproblemen durch die unzähligen Kirchenaustritte häufen sich die mehr als berechtigten Angriffe gerade in letzter Zeit auf bemerkenswerte Weise: Korruption, Kriminalität, Geldwäsche in der Vatikanbank, Missbrauch, Verschleierung, mangelnder Aufklärungswille hinter hohen Klostermauern sind nur einige Vorwürfe, die in diesem Zusammenhang nun auch ganz öffentlich ertönen; manche Beobachter rechnen bereits fest mit dem zeitnahen Totalzusammenbruch Roms. Daran hat auch die Wahl des aktuellen Papstes, des Argentiniers Franziskus I., nichts geändert, im Gegenteil: Die Ernennung des Geistlichen aus Lateinamerika, der auch die italienische Staatsbürgerschaft besitzt, bestätigt nur den seit Urzeiten gekündeten Untergang Roms, der ebenso in zahlreichen Prophezeiungen [1] der Vergangenheit geweissagt wurde. Ebenso bringen neueste Entwicklungen zum Thema Massenmigration muslimischer Einwanderer das alte christliche Denkmal ins Wanken: So, wie einst zwangschristianisiert wurde, steht Europa jetzt eine flächendeckende Muslimisierung bevor.

Nennt man das die Duplizität der Ereignisse: Europas Ende fest verkettet mit dem Sturze Roms? Oder handelt es sich vielmehr um die schöpfungsgesetzmäßige, seit Urzeiten stets verlässlich eintreffende Wechselwirkung, die nun, im Endgeschehen, zur völligen Entfaltung beziehungsweise zu ihrer Auflösung gelangt?

Europas Weg zum weltweiten Imperialismus

Wer sich die Geschichte Europas genau besieht, die ihren offiziell erklärten Anfang zwar erst im achten Jahrhundert nahm, jedoch von Beginn der frühmittelalterlichen Geschichtsschreibung an durch die machtherrschaftlichen Ansprüche sämtlicher römischer Potentaten geprägt war, der stößt auf unendlich viel schweres Leid, auf stets und immer wiederkehrende Zeiten tiefster Not, auf Mord und Totschlag, Sklaverei und systematische Vergewaltigungen, die, nach zahlreichen Eroberungskriegen, bis in unsere jüngste Gegenwart reichen.

Zu keinem Zeitpunkt während der vergangenen 2000 Jahre standen die Zeichen für Europa je auf Frieden oder ein gedeihliches, respektvolles Neben- und Miteinander, sondern immer herrschten, von der Machtzentrale Roms aus mit gesteuert, Krieg, Eroberung, Unterwerfung.

Als eins der zahllosen Beispiele für die ersten gemeinsamen europäischen Imperialismusbestrebungen von Staat und Kirche können die vernichtenden Feldzüge Karls des Großen gegen die Langobarden genannt werden, die der römische Feldherr auf Geheiß des damaligen Bischofs von Rom, Hadrian, anzettelte. Der berühmte Biograf Karls des Großen, Einhard, schilderte mehrere Dutzend weitere Unternehmungen, die Karl mit seinem Heer im öffentlichen Auftrag der Kirche ausführte und die sich unter anderem gegen den König Haistulf, gegen Desiderius und gegen den Herzog Hruodgaus richteten, die schließlich in der

Übergabe des gesamten Italiens nicht etwa an das Römische Reich endeten, sondern in der direkten Überschreibung an die Kirche, namentlich an Papst Adrian.

Auch der nach Einhard »langwierigste, grausamste und für das Frankenvolk anstrengendste Krieg gegen die Sachsen« stand ganz im Zeichen des brutalen und mörderischen Christianisierungsauftrags der römischen Kirche. Er forderte Hunderttausende Menschenleben, deren tiefer Naturglaube blutig aus ihnen herausgerissen wurde. Auf die Einlassungen Einhards werde ich später noch eingehen. [2]

So sah die Gründungszeit Europas aus. Und auch wenn bereits in den Zeiten *vor* dem verhängnisvollen offiziellen Beginn unseres Kontinents (achtes Jahrhundert) die zuvor herrschenden Kaiser und Könige Roms ihrerseits ebenso fremde Länder gewaltsam eingenommen und besetzt hatten, um das eigene Reich und ihren Einfluss immer weiter auszudehnen, wie zum Beispiel Alexander der Große, der seinen starken Beinamen durch die enormen militärischen Erfolge bis nach Ägypten und Persien hin erzielte, so sei es nochmals betont, dass es namentlich Karl der Große ist, der bis zum heutigen Tage als »Vater Europas« bezeichnet wird. Mit seiner Person begann das Schicksal des christlichen Abendlandes.

An dieser Stelle ist festzuhalten, dass mit der Herrschaft Karls des Großen der imperialistische Gedanke schließlich in die legale Form einer anerkannten Regierungsart gegossen wurde und, damit ganz offensichtlich als »legitim« verankert, fortan ungestört wuchern konnte wie ein böses Virus: Der vorsätzliche Unterwerfungsplan fremder Völker galt jetzt als eine Art übergeordnete Ermächtigung, als unantastbarer und selbstverständlicher Beschluss, von den mächtigen Bischöfen und Päpsten in

Rom abgesegnet, der nicht mehr diskutiert werden musste, sondern als selbstverständlich gesichert wurde, vergleichbar mit jenem Konstrukt, das unsere derzeitigen Bauherren der global geprägten EU-Politik zu den »Vereinigten Staaten Europas« errichten wollen.

Welche Folgen hatte diese beispiellose Schicksalswendung für Europa wohl mit sich geführt? Wie prägten diese entsetzlichen Einflüsse über Jahrhunderte hinweg das Charakter- und Persönlichkeitsbild der europäischen Bevölkerung? Ist ein Volk, das aus Zwang, Unterdrückung, Mord und Gewalt emporging, dem auch sein tief verwurzelter Urglaube gewaltsam genommen wurde, ohne innere und äußere Aufarbeitung dieses Erlittenen überhaupt jemals noch zu Frieden, Freiheit und Wahrheit imstande? Oder setzt sich das blutige Gen in den folgenden Generationen nun wie selbstverständlich fort? Auge um Auge, Zahn um Zahn?

Ist es nicht eine spannende Beobachtung, dass in allen darauffolgenden Zeiten, nach jeglichen grausamen Niederschlagungen und Entrechtungen zahlreicher europäischer Völker durch Karls karolingische Herrschaft, es fast ausnahmslos die Europäer gewesen sind, die fortan in die übrige Welt hinauszogen, um sich auf dieselbe Weise, wie einst ihr »Vater Europas« sie erobert und unterworfen hatte, ähnliche »Rechte« anzumaßen? Rechte, die jedoch gegen jegliche Menschlichkeit, gegen Freiheit, Wahrheit und Frieden verstießen: Stets stellten nun die Europäer ihren Willen nach Einfluss und Macht unter blutigen Beweis, vor allem aber auch ihren Vorsatz, die christlich ausgerichteten Glaubensgrundsätze weltweit geltend zu machen. Alle Kräfte machten sie dafür mobil, die zum Aufbau und zur Erhaltung von größtmöglicher Befehlsgewalt über andere Länder, ja, zum Erwerb der Weltherrschaft hätten beitragen können und sollen: Und so waren es ausschließlich Europäer, also Niederländer,

Belgier, Schweden, Briten, Franzosen, Italiener, Spanier, Portugiesen und auch Deutsche, die sämtliche Kontinente heimsuchten, um ihre weiße »Herrenrasse« dort gewaltsam und buchstäblich mit aller Macht zu etablieren.

Amerikas Besetzung

Vor allem den amerikanischen Kontinent erwischte es schwer. Die friedlichen Ureinwohner Nord- und Südamerikas, die Indios und Indianer, wurden auf barbarische Weise nahezu komplett ausradiert. So heißt es in den offiziellen Beschreibungen [3]:

»Ab 1492 wurde der Doppelkontinent nach und nach von europäischen Staaten in Besitz genommen. Die unterschiedlichen Kolonisierungs- und Besiedlungsformen hatten gravierende Auswirkungen auf die dort angetroffenen Kulturen. Während im Norden ein Jahrhundert lang der Handel vorherrschte, und erst nach 1600 dauerhafte Kolonien an der Ostküste entstanden, eroberten Spanier binnen weniger Jahrzehnte die Großreiche Lateinamerikas. Während im spanischen Bereich mehr als drei Viertel der Indianer lebten, erhielten Portugal mit Brasilien und Frankreich und England mit dem Norden die dünner besiedelten Regionen.«

Spanier, Portugiesen, Franzosen, Engländer und viele andere teilten sich die Länder also einfach untereinander auf. Auf seiner zweiten Reise 1493 kehrte der berühmte Amerika-Entdecker, der Italiener Christoph Kolumbus, mit 17 Schiffen und einer Besatzung von 1500 Mann in die Neue Welt zurück. Nach Goldlagerstätten suchend, errichtete er sein erstes Lager auf der Insel Hispaniola (heutiges Haiti und Dominikanische Republik). Damit begannen die grausame Unterdrückung und die brutalen Massenermordungen der indianischen Bevölkerung dort.

Wie bestialisch die Spanier in den Jahrzehnten nach Kolumbus mit den Indianern umgingen, ist in den Aufzeichnungen des Dominikanermönchs Bartolomé de Las Casas beschrieben, der von 1512 bis 1547 in Spanisch-Amerika lebte. Von Massenmorden, Verbrennungen, Vergewaltigungen und Zerstückelungen spricht Las Casas, wobei auch Kinder, Schwangere oder Alte nicht verschont worden sein sollen. Der Dominikanermönch wird wörtlich [4] zitiert, als er die anwesenden spanischen Kolonisatoren fragte: »Mit welchem Recht und welcher Gerechtigkeit haltet ihr diese Indios in einer so grausamen und schrecklichen Knechtschaft? Mit welcher Befugnis habt ihr diese Völker blutig bekriegt, die ruhig und friedlich in ihren Ländern lebten, habt sie in ungezählter Menge gemartert und gemordet? Ihr unterdrückt sie und plagt sie, ohne ihnen zu essen zu geben und sie in ihren Krankheiten zu heilen, die über sie kommen durch die maßlose Arbeit, die ihr ihnen auferlegt, und sie sterben – oder besser gesagt: Ihr tötet sie, um Tag für Tag Gold zu gewinnen.«

Auch Franzosen und Engländer fanden sich alsbald, gierig nach Gold- und Bodenschätzen, in Hispaniola ein. Dieses Land soll in den Beschreibungen dieses Kapitels als ein stetig wiederkehrendes Muster, stellvertretend jedoch für zahlreiche weitere Urvölker und ehemalige Indianerländer, stehen. Die europäischen Kolonialherren hatten zu allen Zeiten nur zwei Ziele im Blick: Sie wollten erstens möglichst große Gewinne aus den Rohstoffen des riesigen Landes erzielen, zweitens sollten die einheimischen Ureinwohner, die zunehmend als Sklaven für die Schwerstarbeit eingesetzt wurden, dem christlichen Glauben unterworfen werden, obwohl sie ihren eigenen Naturglauben besaßen.

Und so hatte Kolumbus auf seiner dritten Reise (1498–1500) eigenmächtig mit der Verteilung von Pflanzland und der Zuteilung von Indios an einzelne spanische Siedler begonnen. Letztere erhielten mit diesem sogenannten Encomienda-System die Auflage, die Indios zum Christentum zu bekehren und für ihren Schutz zu sorgen; im Gegenzug durften sie von den Indios Abgaben verlangen, die diese jedoch kaum aufzubringen in der Lage waren. In den offiziellen Beschreibungen [5] heißt es unter anderem dazu:

»Systematischer Missbrauch war die Folge, und das Encomienda-System verkam alsbald zu einer Form der leiblichen Unfreiheit der Indios, die von Sklaverei kaum zu unterscheiden war. Zwangsarbeit und schlechte Lebensbedingungen führten bei den Indios zum Verlust des sozialen Gefüges, als Folge davon zu Unfruchtbarkeit und Selbstmorden. Ein großer Teil der Bevölkerung starb nicht durch direkte Gewalt, sondern infolge von Landraub, unmenschlicher Behandlung und eingeschleppten Krankheiten.«

Die Bevölkerungszahl Hispaniolas sank, wie es heißt [6], von geschätzten 400.000 bis 1.000.000 zur Zeit der ersten Entdeckungsfahrt auf circa 100.000 im Jahre 1504. Bis 1514 ging ihre Zahl nach offiziellen Angaben auf 22.000 zurück, und 1542 waren es laut dem Dominikanermönch Las Casas »kaum noch 200«, die am Leben waren. Die Zahl der Einwohner des karibischen Raumes vor dem Eintreffen von Kolumbus soll bis zu 15 Millionen betragen haben.

Viel zu selten wurde über diese grauenvollen Geschehnisse in den zurückliegenden Jahrhunderten diskutiert. Zusammenfassend heißt es hierzu [7]:

»Welchen Anteil dabei wirtschaftliche Ausbeutung und desolate Sozialverhältnisse, Vernachlässigung und Genozidversuche an dieser demografischen Katastrophe tatsächlich hatten – der Tiefpunkt wurde erst in den ersten Jahrzehnten des 20. Jahrhunderts durchschritten – und in welchem Verhältnis sie zueinanderstanden, wird kaum genau geklärt werden können. Fest steht nur, dass zahlreiche Völker mitsamt ihrer Kultur und Sprache vernichtet worden sind – die, gemessen an der Zahl der Opfer, größte demografische und wohl auch kulturelle Katastrophe in der Geschichte der Menschheit.«

Auch hier bahnen sich derzeit schwere Umwälzungen an. Die Gräueltaten werden niemals vergessen werden, sondern die Rückwirkungen der Wechselwirkung erfolgen sicher. So werden die heutigen Entwicklungen zwischen Südamerika und dem angloamerikanischen Norden zunehmend schwieriger.
Während dem selbst ernannten Welt-Polizei-Führer Nordamerika aufgrund anstrengender, jüngst zurückliegender (Kolonial)-Kriegseinsätze unter NATO-Kommando, also im Schulterschluss mit den wichtigsten europäischen Staaten, allmählich die wirtschaftliche und finanzielle Puste ausgeht, während das ganze westliche System, zu dem eng auch Europa gehört, zu kollabieren beginnt, scheinen sich die südamerikanischen Länder zunehmend wirtschaftlich zu festigen, alte Grabenkämpfe untereinander werden mit Blick auf gemeinsame Ziele Schritt für Schritt beigelegt, und die Staatschefs Südamerikas treten mit wachsendem Selbstbewusstsein gegenüber der Welt auf. Einen deutlichen Trend setzt hier Bolivien, das derzeit noch einzige Land, in dem die Mehrheit aus Indios besteht. Seit 2005 regiert hier ein indianischer Präsident. Evo Morales [8], der die absolute Mehrheit besitzt, ließ sich 2008 mit 67 Prozent der Stimmen bestätigen. 2014 wurde Morales abermals mit großer Mehrheit von 61 Prozent wiedergewählt.

Wie ernst es den Südamerikanern im Kampf gegen die westliche Welt geworden war, zeigte eine kurze Zeitungsmeldung vom 15.

Juli 2013. Das dahintersteckende Ereignis war offenbar der berühmte Tropfen, der das Fass zum Überlaufen brachte. Anhand dieses international hochbrisanten Falls wurde die Nachdrücklichkeit der gemeinsamen Haltung aller südamerikanischen Länder gegenüber Europa und auch den USA deutlich gemacht, indem kurzweg die diplomatischen Beziehungen zwischen den Parteien abgebrochen wurden, und zwar vonseiten der Südamerikaner. Anlass war ein Vorfall, der im Sommer 2013 für weltweites Aufsehen im Zusammenhang mit der Spionageaffäre des ehemaligen CIA-Mitarbeiters Edward Snowden sorgte. Und so lautete die Meldung [11]:

»Zum Abschluss des 45. Mercosur-Gipfels in Uruguay (Mercosur ist die Bezeichnung für den Gemeinsamen Markt Südamerikas) haben Argentinien, Brasilien, Uruguay, Venezuela sowie die Länder Bolivien, Ecuador und Nicaragua am 12. Juli entschieden, ihre Botschafter aus Spanien, Frankreich, Italien und Portugal abzuberufen. Damit reagieren die südamerikanischen Staaten auf die am 2. Juli getroffene Entscheidung Frankreichs, Spaniens, Italiens und Portugals, ihren Luftraum für die Maschine des bolivianischen Präsidenten Evo Morales zu sperren [9], erklärt *Trouw* [10]. Morales wurde verdächtigt, den ehemaligen CIA-Mitarbeiter Edward Snowden mit an Bord genommen zu haben, der das geheimdienstliche Überwachungs- und Abhörprogramm der USA enthüllt hatte. Die Entscheidung der Europäer, den Luftraum zu sperren, hat die südamerikanischen Länder ›wütend‹ gemacht, erinnert die Tageszeitung und zitiert die Worte der argentinischen Staatspräsidentin Cristina Kirchner: ›Diese neokolonialen Praktiken dürfen nicht ungestraft bleiben.‹«

Schon länger formieren sich die lateinamerikanischen Länder gegen die weltpolitischen Machtfantasien des nördlichen Amerika. Ein erklärter Gegner des westlichen Imperialismus war der

2013 verstorbene Präsident Venezuelas, Hugo Chavez, dessen ganzer Lebenseinsatz vor allem einem vereinten Südamerika gegolten hatte. Da die USA nach wie vor rund 15 Prozent ihres Öls aus Venezuela beziehen, existiert zwischen den Ländern eine gewisse Abhängigkeit. Putschversuche gegen den selbstbewussten Chávez, die ganz offensichtlich durch den ehemaligen US-Präsidenten George W. Bush unterstützt worden waren, sorgten nicht gerade für eine vertrauensbildende Grundlage. Chavez, der die Privatisierung des staatlichen Erdölkonzerns verhinderte und somit den Zugriff der westlichen Welt auf heimisches Öl abwehrte, hatte wiederholt damit gedroht, dass er im Fall einer Invasion oder Blockade die Öllieferungen an die USA einstellen werde. Es ist bekannt, dass die USA die Oppositionsparteien Venezuelas sowohl materiell als auch organisatorisch unterstützen. Im Sommer 2018 lautete eine Meldung von *Russia Today* [12] folgendermaßen:

»Die USA und deren Mainstream-Medien setzen einen Sturz der sozialistischen Regierung in Venezuela mittlerweile ganz offen auf ihre Tagesordnung. Denn die Erdölreserven des lateinamerikanischen Landes sind riesig – und nationalisiert.«

Immer noch und immer wieder werden die imperialistischen Bestrebungen der westlichen Welt vonseiten Lateinamerikas als größtes Problem, als ewiger Stachel im Fleisch, als Ursache allen Übels und sämtlicher Probleme zwischen den Parteien hervorgehoben.

An dieser Stelle sollen die Berichte über die jahrhundertelange Zwangsknechtschaft der vor allem südamerikanischen Ureinwohner vorerst beendet werden, wenngleich es noch unzählige zu nennen gäbe. Der Blick soll jetzt auf weitere blutige Ereignisse in der Welt gelenkt werden, deren Ursachen und Wirkungen wenige Jahrhunderte später, im 18. und 19. Jahrhundert, auf ähnliche Weise manifestiert wurden.

Die weißen Kolonialherren Europas und der Rest der Welt

So waren es ebenso herrschsüchtige Einwanderer aus unserem europäischen Kontinent gewesen, die in dem noch ferner Australien mit derselben Unmenschlichkeit gegen die dortigen Urvölker, die Aborigines, vorgingen: Mit der Ankunft der Europäer Ende des 18. Jahrhunderts sank die Zahl der Aborigines [13] von geschätzten 300.000 bis 1.000.000 Einwohnern auf 60.000 im Jahre 1920.

Europäer waren es, die in den vergangenen Jahrhunderten fast die ganze Welt kolonialisierten: Zahlreiche Staaten in Afrika, Asien, Australien, Amerika verleibte man sich ein, man zerstörte Urkulturen und Traditionen, es wurde gemordet und gebrandschatzt, man beugte und brach fremde Kulturen und trieb ihnen ihr »Heidentum«, ihren in Wirklichkeit natürlichen Glauben, aus, um sinnlos zu christianisieren. Nichts, kein Mensch auf der ganzen Welt war noch vor den Europäern sicher: Das unendliche Leid, das über all diese Kulturen gebracht wurde, wird wohl niemals in Worte zu fassen sein.

Noch bis zum heutigen Tage sind große Teile fremder Kontinente okkupiert durch europäische Besatzer, bis heute ringen ihre wahren Besitzer um ihr Recht und ihren Besitz. Nehmen wir als ein Beispiel von vielen die über 200 Falklandinseln, die der argentinischen Küste circa 400 Kilometer östlich vorgelagert liegen: Geografisch gesehen, gehören sie eindeutig zu Südamerika, doch seit das britische Königreich die Inseln beanspruchte und dort im Jahre 1837 seine Kolonialverwaltung gründete, schwelt ein Dauerstreit, gab es Unruhen und gar Kriege um dieses zuvor auch schon von Frankreich und Spanien umkämpfte Land. Natürlich erhebt Argentinien bis zum heutigen Tage seinen Ur-Anspruch auf die Falklandinseln, doch das, was jedem logisch denkenden Menschen nicht zu erkennen schwerfallen dürfte, bleibt bis heute Streit- und Kriegsgrund: Die Falklandinseln werden politisch nach wie vor als britisches Überseegebiet betrachtet, daran hat sich auch seit den neuesten Volksabstimmungen nichts geändert. Wer will schon freiwillig hergeben, was er sich einst mühsam unter den Nagel riss?

Die vorletzte Zuspitzung der Weltlage, vor allem entfacht durch den ausufernden Herrendünkel der europäischen Rasse, liegt nicht einmal 200 Jahre zurück. Zu dieser Zeit erklang der letzte Schlag der Weltenuhr. Mit dem Kolonialisierungswillen verschiedener europäischer Länder nahte, für das Auge des Beobachters noch nicht sichtbar, die Stunde des Endes für unseren Kontinent: Eine beispiellose weitere Wechselwirkung begann mit dieser Saat, die nun in der Welt in die Erde gebracht werden sollte.

Eine herausragende Rolle von diesem Zeitpunkt an spielten die Invasoren der britischen Inseln; Letztere waren im Laufe der zurückliegenden Geschichte des Mittelalters zunächst ebenso unter römische Herrschaft und unter zwanghafte und brutale Christianisierungsmaßnahmen geraten. Auch Frankreich, das zeitweise enger mit dem Schicksal Britanniens verwoben war, nimmt eine außerordentliche Stellung im Zuge der weltweiten Kolonialbesetzungen der zurückliegenden Jahrhunderte ein.

Als »ersten Mann einer neuen Zeit« bezeichnete der weitsichtige Geschichtsphilosoph und Kulturhistoriker Oswald Spengler den 1853 geborenen britischen Unternehmer und Politiker Cecil Rhodes. Dieser verkörperte in vollem Umfang die genannten zielorientierten Charaktereigenschaften des Herrenmenschentums; unter erfolgreicher Politik verstand er »einzig den territorialen und finanziellen Erfolg«. Rhodes bezeichnende Vorgehensweise soll hier als ein markantes Beispiel der abscheulichen Entwicklungen näher beleuchtet werden. So war der Freimaurer und Diamantenminenbesitzer Rhodes in der Hochphase eines neuen Imperialismus einer der führenden Akteure des »Wettlaufs um Afrika«. Im Namen des britischen Weltreichs erwarb er mehrere Kolonien, die nach seinem Namen benannt wurden, wie Nordrhodesien und Südrhodesien (heutiges Sambia und Simbabwe). Rhodes sah die Briten, wie es offiziell heißt [14], als »erste Rasse der Welt« an und träumte »von einer Wiedervereinigung der angloamerikanischen Welt unter einer gemeinsamen, imperialen Regierung«.

Für Spengler erscheint Rhodes wohl zu Recht als der erste Vorläufer eines abendländischen Cäsarentypus, als ein Tatsachenmensch »von ungeheurem Verstande«, der den Anfang des Untergangs des Abendlandes deutlich kennzeichnet. In diesem Zusammenhang verweist der Kulturhistoriker auf das blutige Fundament Europas, das im Mittelalter durch das Römische Reich entstand – der absolute Wille zur Ausdehnung und Macht sei das Römische auch an Rhodes gewesen, dessen er sich sehr bewusst gewesen sei: »In dieser Energie und Reinheit hatte sich die westeuropäische Zivilisation noch nicht verkörpert. Nur vor seinen Landkarten konnte er in eine Art dichterische Ekstase geraten, er, der als Sohn eines puritanischen Pfarrhauses mittellos nach Südafrika gekommen war und ein Riesenvermögen als Machtmittel für seine politischen Ziele erworben hatte.«

Spengler sieht in der streng kalkulierten Art der Machtausübung, die über alle Leichen geht und keine Freunde zu kennen scheint, »das Vorspiel einer uns noch vorbehaltenen Zukunft, mit der die

Geschichte des westeuropäischen Menschen endgültig *schließen* wird«. Wenn man bedenkt, dass die Schrift Oswald Spenglers *Der Untergang des Abendlandes* vor fast 100 Jahren erschien, und wenn man den Blick über das derzeitige Europa mit all seinen unlösbaren Problemen und Nöten erhebt, so braucht es nicht mehr viel zu dem von ihm prophezeiten Ende des westeuropäischen Menschen.

Wie eine gezielte Antwort des Gesetzes der Wechselwirkung erscheint es da aktuell, dass gerade im Winter 2018 immer häufiger die Rede davon ist, die »weißen, alten Männer« aus Politik und Macht nach vielen Jahrhunderten endlich aus den Machtpositionen herauszudrängen. Ein neuer Rassismus, diesmal gegen Weiße – wie übrigens auch gegen Männer – ist deutlich im Aufkommen, eine neue Ära nimmt ihren Anfang. So wird der derzeit amtierende US-Präsident Donald Trump immer häufiger von den Medien als »alter, weißer Mann« diffamiert, dessen blondes Haar ein politisches Statement sei. In einem Artikel des Online-Portals der *Welt* [15] fragte man in diesem Zusammenhang allen Ernstes, ob blond jetzt die Haarfarbe der Neuen Rechten sei. Wörtlich hieß es dort:

»Vielleicht ist all dieses Blond tatsächlich die Signalfarbe einer geistig-ästhetischen Wende. Man bekommt den Eindruck, als ginge es darum, eine Welt wieder in den Besitz der Macht zu bringen, die sich selbst als bedrängt empfindet und in den letzten Jahren zunehmend zur Seite geschubst worden war – jene Welt voller Weißer, die in Country-Klubs, Steakhäusern und auf Golfplätzen zusammenkommen, nicht unbedingt ausgesprochene Rassisten, aber doch sehr darauf bedacht, unter sich zu bleiben.«

Oder nehmen wir auch die bekannte ARD-Moderatorin Anne Will, die entgegen gängigem Rechtsverständnis in ihrer Talk-

Sendung am 9. Dezember 2018 gleich zweimal diskriminierende und rassistische Äußerungen von sich gab, als sie davon sprach, dass die Zeit der »alten, weißen Männer vorbei« sei. Niemand der Talk-Gäste, unter ihnen etwa die gerade frischgewählte Merkel-Nachfolgerin als CDU-Vorsitzende, Annegret Kramp-Karrenbauer, wie auch Top-Journalist Gabor Steingart oder FDP-Top-Politiker Wolfgang Kubicki, setzten dem etwas dagegen. Im Gegenteil: Die Berichterstattung in den Mainstream-Medien [16] am nächsten Tag führte die abfällige, absolut rassistische Einlassung Wills in ihren Artikel-Headlines weiter fort.

Auch die aktuellen Entwicklungen in Südafrika zeigen, dass das Pendel hier nun ebenfalls zurückschlägt: Kapstadt war schon jahrhundertelang als strategisch wichtiger Knotenpunkt für Schiffe und Handel begehrt gewesen. Und so kämpften zunächst die Niederländer und später Briten und Franzosen um diesen lukrativen Platz. Offiziell heißt es dazu [17]:

»Die Entdeckung von Diamanten im Jahr 1867 und Gold im Jahr 1886 führte zu starkem wirtschaftlichem Wachstum und zur Einwanderung vieler Europäer, was die Benachteiligung und Ausbeutung der ursprünglichen Bevölkerung weiter vorantrieb.«

Große Teile Südafrikas wurden schließlich von den Briten kolonialisiert, natürlich auch durch andere Nationen. Nach Ende des Zweiten Weltkrieges kam dann in Südafrika die Apartheid-Politik auf, Baumeister dieser Rassendiskriminierung im großen Stil waren wieder die weißen Besatzer. In diesem Zuge verbrachte man die einheimische Bevölkerung mehr und mehr in Reservate (Native Reserves), die man später Bantustans nannte. Die Schwarzen wurden von nahezu allen gesellschaftlichen und wirtschaftlichen Netzwerken ausgeschlossen, wieder waren sie Fremde im eigenen Land. Erst im Jahre 1990 wurde die Apartheid-Politik beendet, 1994 fanden die ersten freien Wahlen in Südafrika statt. Und heute? Zweifellos schlägt das Pendel zurück. Die Meldungen über Verfolgungen weißer Südafrikaner häufen sich eklatant. Weiße Farmer, die dem Land ohne Zweifel durchaus auch wirtschaftlich wertvolle Dienste erbracht hatten, werden nun in Massen vertrieben, enteignet, ermordet. Sie verlieren das, was sie einst ihre Heimat nannten. Ebenso verlieren nun *sie* den Zugang zu gesellschaftlich und wirtschaftlich relevanten Strategiepunkten, *sie* werden Schritt für Schritt aus dem herrschenden System ausgeschlossen beziehungsweise diskriminiert und benachteiligt. Das, was einst der einheimischen Bevölkerung angetan wurde, das müssen nun sie erleben.

Nur wer sich die ganze Geschichte anschaut, wird erkennen, dass es nur eine Frage der Zeit war, dass diese Geschehnisse eintreten mussten. Auch in Großbritannien werden diese Veränderungen sichtbar. In einem Bericht mit der Überschrift »Weiß, männlich, heterosexuell – deswegen verlieren fünf Briten ihren Job« [18] heißt es:

»Der Fall, den gerade Mitarbeiter einer der größten Werbeagenturen Europas initiiert haben, könnte durchaus zum Präzedenzfall werden. Es geht darum, dass fünf weiße heterosexuelle Männer, Mitarbeiter der Londoner Agentur J. Walter Thompson (JWT), entlassen wurden, weil sie weiß, männlich und heterosexuell sind.«

Weiter wird berichtet:

»Alles begann damit, dass die Kreativdirektorin der Agentur, Jo Wallace, sich auf einer Pressekonferenz zum Thema ›Vielfalt‹ im Werbegeschäft als Lesbe outete und quasi versprach, das Image ihres Unternehmens als ›Paradies für weiße, britische, privilegierte, heterosexuelle Männer‹ zu zerstören. Zuvor habe die Frau in einer Kolumne ihre Kollegen aufgerufen, nicht nur über ›Gleichheit und Vielfalt‹ zu reden, sondern auch entsprechend zu handeln. Unter anderem habe sie verlangt, das Gerede von der Notwendigkeit, ›besonders talentierte Menschen‹ anzustellen, zu stoppen und Frauen, Vertreter beziehungsweise Vertreterinnen von ethnischen und sexuellen Minderheiten voranzubringen und jedenfalls ›die Kultur der weißen männlichen Überlegenheit zu vernichten‹.«

In diesen Kontext gehört dann wohl auch der Ausspruch der unter dem Merkel-Regime amtierenden SPD-Justizministerin Katarina Barley, die im Dezember 2018 in einer Bundestagsdebatte zwar nicht gegen »alte, weiße« Männer hetzte, jedoch knallhart das männliche Geschlecht für den Brexit verantwortlich machte: »Nigel Farage hat gezündelt und sich dann vom Acker gemacht, als das Referendum überraschenderweise so ausgegangen ist, wie er es sich ja gewünscht hat«, sagte Barley über den ehemaligen UKIP-Politiker und Brexit-Befürworter. Über die britische Premierministerin sagte sie: »Theresa May muss das aufräumen.« Und dann kam Barleys diskriminierender Satz: »Wie immer: Die Männer haben den Unfug angerichtet, und die Frauen müssen aufräumen.« Nach Buh-Rufen aus dem Plenum legte Barley nach: »Oh, Aufruhr bei den Männern im Parlament. Ich bitte, das zu Protokoll zu nehmen.«

Tja, hier dürften ganz eindeutige Tendenzen sichtbar werden, mit welchen Veränderungen die Bevölkerung in kommenden öffentlichen Debatten zu rechnen hat. Diese Entwicklungen werden sich voraussichtlich weltweit durchsetzen, ob es einem nun gefällt oder nicht. Es ist »nur« der unabänderliche Verlauf der Naturgesetze, gegen welche die Menschheit seit Urzeiten verstößt. Und es waren ja nicht nur »weiße, alte Männer«, die vor Jahrhunderten begannen, sich eine neue, ihre eigene Weltordnung der Macht zu zimmern, indem sie Urvölker fremder Kontinente ihrer Traditionen beraubten und sie unterwarfen beziehungsweise große Teile der natürlichen Gesellschaften einfach mordeten und ausradierten; sondern es waren natürlich auch über lange, lange Zeit hinweg vor allem Männer gewesen, die sich die Machtmonopole der herrschenden Strukturen unter den Nagel rissen und eben auch Millionen von Frauen, von Generation zu Generation, über lange Epochen hinweg zum Teil brutal unterdrückten und ihrer natürlichen, den Schöpfungsgesetzen entsprechenden Menschenrechte wie selbstverständlich beraubten. Auch hier können wir wohl getrost vom Gesetz der Wechselwirkung sprechen, wenn wir erkennen, dass nun für Europa eine Zeit angebrochen ist, in der sich auf der einen Seite ein fast stalinistisch-militärischer Feminismus ausbreitet, während auf der anderen Seite Millionen Muslime den Kontinent stürmen, deren Frauenbild extrem abweicht von dem derzeit »modernen«, westlichen und die dies unsere Gesellschaft bitter spüren lassen.

Wir können die genannten Beispiele als einen Beginn für eine neue »Qualität« in unserer Diskussionskultur bezeichnen: In Zukunft wird es in der öffentlichen Debatte nun immer häufiger gegen die »alten, weißen Männer« beziehungsweise generell gegen die Männer gehen. Die zurückliegenden Erinnerungen der Volksseelen wie auch Millionen einzelner Menschengeister, von denen natürlich niemand zum ersten Mal hier auf Erden weilt, sondern die schon mannigfaltige Erfahrungen mit allen möglichen Unterdrückungssystemen der Menschheitsgeschichte machen und nicht selten schwer darunter leiden mussten, sind nicht mehr zu unterdrücken: Alle Seelenkörper erinnern sich an begangenes, altes Unrecht und suchen nun Ausgleich. Und immer wieder stellt sich die Frage: Hat Europa, hat die westliche Welt irgendetwas gelernt aus all den unseligen Entwicklungen? Es sieht nicht danach aus. Doch solange keine wirkliche Indiziensuche beginnt, solange kein Wille zum Umdenken, vor allem zur Aufklärung vorhanden ist und das Übel nicht direkt bei der Wurzel gepackt wird, so lange ist natürlich auch keine nachhaltige Rettung, keine Hilfe und Entspannung, keine Veränderung dieser verfahrenen Lage in Sicht. Aber genau das hat offensichtlich niemand in den internationalen Regierungs- und Entscheidungsebenen vor. Es geht immer weiter abwärts in der sich schon so lange drehenden, verhängnisvollen Spirale: Mächtige westliche Lebensmittelspekulanten, reiche europäische und amerikanische Erdölmagnaten, gewissenlose Ausbeuter von Rohstoffen und Ressourcen halten den riesigen Kontinent Afrika, zu dem auch die größte Halbinsel der Welt, Arabien, gehört, nach wie vor weiterhin beharrlich besetzt; sie berauben die immer ärmer werdenden Menschen des natürlichen Besitzes ihrer Heimat. Beispiele dafür gibt es genügend: Europäisches Militär überwacht den Rohstoffabbau in Mali, Somalia, Zentralafrika, im Kongo, in Libyen, im Irak, in Syrien, Afghanistan und anderen Ländern.

Offiziell wird laut tönend von notwendigen »Friedensmissionen« gesprochen, von »Schlichtung« und »ordnenden Kräften«. Doch wer die Spuren betrachtet, die von der NATO und den westlich geführten Eingreiftruppen hinterlassen werden, stößt auf totale Vernichtung: Kein Aufbau ist es, keine erfolgreichen Veränderungen zum Wohle der Menschen in den betroffenen Ländern, sondern totale Zerstörung, Destabilisierung auf der ganzen Linie. Unterdessen waltet die selbst ernannte Weltpolizei über fremde Staaten. Getarnt unter dem Regiment der »schlichtenden« NATO und der »Terrorismusbekämpfung« trachtet man wieder nach der Herrschaft über weite Teile der ganzen Welt. Doch wird dabei wirklich Frieden gesät, oder ist es nicht in Wahrheit gärender Zorn und rücksichtsloser Hass? Wer will sich über die gefährlichen Wechselwirkungen jetzt noch wundern, über Millionen zum Teil aufgebrachter Einwanderer aus genau diesen Ländern, die heute Europa fluten? Das, was wir jetzt erleben, ist die Auswirkung des alles umfassenden Naturgesetzes der Wechselwirkung. Zwar kümmerten sich die politisch Agierenden, die Mächtigen und Herrscher noch nie um die universellen Gesetze, wähnten sich, im Gegenteil, selbst universell. Doch Unwissenheit schützt vor Strafe nicht, und auch wenn die Mühlen Gottes langsam mahlen, so mahlen sie letztendlich gerecht. Die Zeit der totalen Abrechnung ist angebrochen, die heutigen Generationen stehen mitten im Geschehen.

Europas derzeitige Probleme sind mittels der herkömmlichen Wege nicht mehr zu lösen. Sie sind zu vielfältig verbreitet und verzweigt, zu kompliziert, zu verwickelt und verworren. Europa stirbt aus, die Geburtenrate in fast allen Ländern liegt am Boden. Gleichzeitig vergreist der Kontinent. Fremde Völker sollen dies nun ausgleichen. Damit ist der Niedergang der alten Kultur besiegelt. Die Wirtschaft der Länder, die Finanzen, die gesamte Gesellschaftspolitik erodieren allerorten. Die Sozialsysteme sind natürlich nicht in der Lage, den Einwanderern bedingungslose Hilfen zu gewähren.

Es sind in den vergangenen Jahrzehnten grandiose, nie wieder zu bereinigende Fehler ebenso vonseiten der EU-Zentralregierung in Brüssel verursacht worden, zu der auch die sogenannte Troika gehört, die wiederum aus Vertretern der Europäischen Zentralbank, des Internationalen Währungsfonds und der EU-Kommission gehören. Die als »Verhandlungen mit Mitgliedsländern der Euro-Gruppe« bezeichneten Konferenzen waren doch alles andere als Verhandlungen, denn sie gingen in den allermeisten Fällen, wie geplant, nach den Geheimplänen der Troika aus. Europäische Regierungschefs wurden gestürzt und, wie unter anderem das Beispiel Italien zeigte, durch versierte Goldman-Sachs-

Banker ersetzt, die das Volk jedoch zu keinem Zeitpunkt rechtmäßig gewählt hatte. Die nationalen Rechte der Staaten werden zunehmend aufgelöst, immer lauter wird der Ruf nach einer großen Zentrale: wirtschaftlich, politisch, militärisch. Doch so aufgeklärt die europäischen Völker sich geben, so hilflos müssen sie zuschauen bei ihrer eigenen Entmündigung. Inzwischen sind sie ja erkennbar, die Brüsseler Herrschaftspläne, doch wie paralysiert erscheint Europa, wie gelähmt wartet man auf den großen Knall.

Als der britische Freimaurer und Diamantenminenbesitzer, der Afrika-Imperator Cecil Rhodes, vor über 100 Jahren das heutige Simbabwe und Sambia kolonialisierte, waren es ähnliche unstillbare Machtfantasien und Herrschaftsgelüste, die sich in seinen Taten offenbarten. Bei Oswald Spenglers Beschreibung des Rhodes-Charakters sind deutliche Parallelen zur heutigen Brüsseler Zwangsverwaltung wie auch zum globalen Geldadel erkennbar, die allein getragen ist vom Willen zur allumfassenden Macht:

»Sein (Rhodes') Gedanke einer transafrikanischen Bahn vom Kap nach Kairo, sein Entwurf eines südafrikanischen Reiches, seine geistige Gewalt über die Minenmagnaten, eiserne Geldmenschen, die er zwang, ihr Vermögen in den Dienst seiner Ideen zu stellen, seine Hauptstadt Buluwayo, die er, der allmächtige Staatsmann ohne ein definierbares Verhältnis zum Staate, als künftige Residenz in königlichem Maßstab anlegte, seine Kriege, diplomatischen Aktionen, Straßensysteme, Syndikate, Heere, sein Begriff von der ›großen Pflicht des Gehirnmenschen gegenüber der Zivilisation‹ – alles das ist, groß und vornehm, das Vorspiel einer uns noch vorbehaltenen Zukunft, mit der die Geschichte des westeuropäischen Menschen endgültig *schließen* wird.«

An diesem Ausgang, am sicheren Ende Europas, ist nicht mehr zu zweifeln. Und das Ende ist nah, ob gewünscht oder nicht. Es sei wiederholt: Auch einstige Hochkulturen sahen sich selbst beim Untergang zu und hatten diesem Prozess nichts mehr entgegenzusetzen.

Ohne Skrupel, offenbar ohne menschliche Regungen und Mitgefühl, ohne Empathie und erst recht ohne einen Mindestanteil auch nur an Nachsicht und Barmherzigkeit verstoßen sämtliche Regierungsprogramme und Staatspläne von Urbeginn an gegen die hier auf Erden verankerten Schöpfungsgesetze: Du sollst nicht töten! Du sollst nicht stehlen! Du sollst nicht ehebrechen! Du sollst nicht falsch Zeugnis reden wider deinen Nächsten! Du sollst nicht begehren deines Nächsten Weib! Du sollst nicht begehren deines Nächsten Haus, Hof, Vieh und alles, was sein ist! Du sollst nicht den Namen des Herrn, deines Gottes, missbrauchen! Und als Allererstes: Ich bin der Herr, dein Gott, du sollst nicht andere Götter haben neben mir!

Jeder Straftäter dieser Erde, der gestohlen, betrogen oder gemordet hat, wird zu Recht verfolgt und verurteilt nach der jeweiligen Gesetzgebung seines Landes. Doch was geschieht mit den Hunderttausenden und Millionen Toten, die durch ungerechtfertigte Kriege und Landeroberungen von skrupellosen Herrschern und Imperialisten in Kauf genommen wurden? Wer sühnt das von den Opfern erlittene Unrecht? Welche Gerichtsbarkeit dieser Welt hat je wahres Recht gesprochen über die imperialistischen Verursacher? Keine. Im Gegenteil, in den Geschichtsbüchern, die den Generationen der vergangenen Jahrhunderte als Grundlage für das Verständnis historischer Zusammenhänge dienen sollten, werden all diese Gräueltaten auf verheerende Weise verharmlost, indem das Unrecht zwar am Rande erwähnt, jedoch nicht weiter besprochen wird. Es wird bagatellisiert; die jungen, von den Bildungsinstitutionen gemarterten Menschen lernen, gleichgültig zu bleiben angesichts noch so grauenvoller Entwicklungen und Zusammenhänge. Eine Aufarbeitung des erlittenen Unrechts hat zu keiner Zeit stattgefunden. Auch die berühmtesten und angesehensten Historiker dieser Welt hüllen sich angesichts der jahrhundertelangen Massaker einfach in Schweigen.

Die ganze Welt wollte sich der weiße Mann untertan machen, er beraubte die Urvölker dieser Erde ihrer Länder und Kontinente, ihrer Wurzeln, ihrer Gebräuche, ihrer Familien, ihrer Existenz, ihres Glaubens, ihres Lebens. Ist bis heute irgendjemand dafür zur Rechenschaft gezogen worden? Die Einzigen, denen das dunkelste Kapitel ihrer Geschichte täglich vor Augen geführt wird, worüber täglich auch in der ganzen Welt wieder und wieder gesprochen wird, sind die Deutschen. Ohne all das dunkle Geschehen des Zweiten Weltkrieges entschuldigen zu wollen, denn das wird niemals möglich sein, bleibt doch eine Frage offen: Wo bleibt der Schrei nach Ausgleich und Gerechtigkeit, nach der Forderung an andere Eroberer und Despoten dieser Welt, die Millionen Menschen töteten? Alle Welt weiß von den großen Unglücken der Weltgeschichte, von der Entwurzelung der indianischen Völker Nord- und Südamerikas durch eingewanderte Europäer, vom Völkermord an den australischen Ureinwohnern durch Europäer, von der Besetzung asiatischer und afrikanischer Staaten durch herrschwütige Europäer. Jeder einigermaßen Gebildete hat Kenntnis von der barbarischen Unterdrückung von Millionen Menschen auf der ganzen Welt durch die angeblich elitären, weißen Herrenmenschen im Laufe der verklungenen Jahrhunderte, in jedem Geschichtsunterricht gehören diese Themen zum gängigen Lehrstoff. Doch niemand fragt in diesem Zusammenhang wirklich nach Recht und Unrecht. Schwingt da am Ende nicht sogar eine Art Stolz, ein Klassendünkel, eine imperialistische Genugtuung über diese grausamen

Taten mit? Wir sollten eines niemals vergessen, und deswegen sei es wiederholt: Europa wurde durch das blutige Schwert Karls des Großen und der Kirche Roms begründet. Die damaligen Menschen wurden schwerst traumatisiert, Hunderttausende verloren ihre Kultur, ihre Tradition, ihr Leben. In der Psychologie verhält es sich folgendermaßen: Wenn ein Patient seine seelischen Verletzungen, die andere ihm zufügten, nicht erkennt und aufarbeitet, so wird er selbst anderen später nicht selten genau dieses Leid antun, ohne dass sein Gewissen ihn zur Umkehr mahnt. Wenn wir uns also fragen wollen, wie all dieses Unrecht, das von den weißen Kolonialherren ausging, überhaupt zugelassen werden konnte, so müssen wir uns den Beginn unserer Geschichte genau anschauen: Hier greift das Täterwiederholungsprinzip, das in der klassischen Psychologie und Forensik weltweit die wichtigste Grundlage aller Untersuchungen darstellt.

Bei Mördern und Vergewaltigern werfen die behandelnden Psychiater in aller Regel als Erstes ihren Blick auf die frühe Kindheit des Täters. Und hier wird man zu fast 100 Prozent fündig. Erlebte Gewalt und Elend in der Kindheit erzeugen Gewalt und Elend im Erwachsenenleben, solange man diese nicht offen benennt und mit aller Kraft daran arbeitet. Ein Kind, das missbraucht wurde, wird leider sehr häufig später selbst zum Täter. Oder es muss auf anderen Ebenen psychisch und körperlich leiden beziehungsweise lässt andere leiden – für sein privates Umfeld oft eine unlösbare Aufgabe. Erzeugtes Unrecht MUSS aufgelöst werden, damit es nicht wiederholt wird. Daran sollte, daran muss man mit aller Kraft arbeiten. Ansonsten kann es keine Genesung geben.

Karl der Große starb nach 47-jähriger Herrschaft am 28. Januar des Jahres 814 in Aachen. Noch am selben Tag wurde er in der von ihm errichteten Aachener Pfalz beigesetzt. Bei seinem Tod erstreckte sich sein Reich von der Nordsee bis zu den Abruzzen, von der Elbe bis zum Ebro, vom Plattensee bis zur Bretagne. Im Laufe der Zeit nannten die Menschen das Reich Heiliges Römisches Reich, später dann sogar Heiliges Römisches Reich Deutscher Nation, das erst 1806 als solches wieder aufgelöst wurde.

Was wird einst aus Europa werden, wenn diese anstrengende »Erntezeit« vorüber ist? Oswald Spengler betrachtet unsere Gegenwart als ein Durchgangsstadium, das mithin auch »ganz bestimmte *spätere* Zustände als die heutigen westeuropäischen« einschließt. Doch welche Zukunft wird das sein?

Was die Geschichte Europas angeht, so war diese von Beginn an brutal. Aus den Unterdrückten wurden später die Unterdrücker, die weißen Kolonialherren. Nun schlägt das Pendel zurück: Die Zeit der Abrechnung ist da.

Kapitel II

Die Rolle der Kirche gestern und heute

Tarnmantel bei all diesen blutigen Kriegen war stets die Christianisierung, das meist zwanghafte Bekehren-Wollen der Menschen zum Christentum. Sie ging zwar von Rom aus, wurde jedoch zum allergrößten Teil von den Soldaten der jeweiligen Machthaber, der Könige und Kaiser, strategisch konsequent und mit Gewalt durchgesetzt. Von Beginn unserer modernen Zeitrechnung an, die mit dem Jahre null (Christi Geburt) begann, spielte das stete Bestreben der römischen Regenten, durch die Eroberung fremder Länder gleichzeitig auch den christlichen Glauben flächendeckend zu verbreiten und zu verankern, *die* bedeutende Rolle.

Aufforderungen für diese Strategie ertönten bereits in der Gründungszeit der kirchlichen Institution zur Zeitenwende direkt vom Petri-Stuhl: Die religiösen Oberhäupter, die Bischöfe von Rom, proklamierten mit Beginn ihres Existenzanspruches schon das Begehren, enge Kooperationen mit den einflussreichen römischen Herrschern einzugehen, um ebenso an Einfluss zu gewinnen. Zwar dauerte es noch einige Jahrhunderte, bis Rom seine bis heute einflussreiche Position gefunden hatte, doch dann war die Macht der Bischöfe und Priester nachhaltig manifestiert. Unerlässlich ist es in diesem globalen Zusammenhang (auf praktisch jedem Kontinent dieser Erde wurden die Naturvölker ihres eigenen Glaubens beraubt), die Grundlagen dieses christlichen Glaubens, der doch besser als *weltkirchlicher* Glaube bezeichnet werden sollte, näher zu untersuchen.

Der Gottessohn Jesus kam vor über 2000 Jahren auf die Erde, um den Menschen die Wahrheit aus dem Licht zu bringen. Dies war vielen jedoch unbequem, vor allem jenen Priestern, den Pharisäern und Sadduzäern, die sich in den Tempeln schon bequem eingerichtet hatten. Der Nazarener mit seinen klaren Worten, die er zu den Menschen von Gott, seinem Vater, sprach, störte die damals gut eingenisteten Klerikalen, die sich ihre Daseinsberechtigung eben nicht nur mit lichtvollem Wollen und Wirken geschaffen hatten. Ihre berufliche Existenz wurde durch Jesus nun gefährdet, dem große Teile des Volkes willig zu folgen begannen. So hatte schon der wandernde Prophet Johannes der Täufer, der Christus vorausging, um die Menschen auf den Kommenden aufmerksam zu machen, die Pharisäer und Sadduzäer mit wüsten Beschimpfungen aus dem Tempel gejagt, in dem Christus erwartet wurde. Johannes' zornige Worte, wie »Ihr Schlangenbrut, ihr Otterngezücht«, werden bis heute zitiert. Auch Jesus hatte schnell erkannt, mit wem er es hier zu tun hatte; sein Urteil tat er offen kund [19]: »Lasset sie fahren! Sie sind blinde Blindenleiter. Wenn aber ein Blinder den andern leitet, so fallen sie beide in die Grube.« Trotz der Sendung des Gottessohnes hat sich am Gebaren der Kirchenfürsten bis heute nichts geändert.

Die Ermordung Jesu, der ein junger Mann von erst etwas über 30 Jahren war, seine brutale, blutige Kreuzigung wurde von den machthabenden Kirchenfürsten nicht nur *nicht* verhindert, sondern, im Gegenteil, einige von ihnen luden schwere Schuld auf sich, weil sie sich an dem arglistigen Mordkomplott des Jüngers Judas Ischariot beteiligt hatten. Wer von der Existenz Gottes ausgeht, vom Schöpfer aller Welten, der kann sich vorstellen, dass es keinesfalls in dessen Interesse gelegen haben kann, dass sein Sohn von den Menschen getötet wird, denen er eigentlich helfen wollte. Wer sich diese Angelegenheit genau betrachtet, der muss die ungeheuerliche Schuld spüren, die sich damit auf die Menschheit legte.

Starb Jesus wirklich für unsere Sünden am Kreuz?

Bedeutende Fehleinschätzungen der großen Kirchen dürften im Laufe der zurückliegenden Jahrhunderte zu verhängnisvollen Schlussfolgerungen geführt haben. Das Vorstellungsvermögen, vor allem das Verantwortungsbewusstsein vieler Menschen wurde dadurch in eine problematische Richtung gelenkt. In meinem Buch *Weltenwende* (2012) versuchte ich, Ursachen zu finden für diese schweren Verwerfungen der Menschheit: Die hauptsächliche Ursache dürfte eine fehlende rechte Selbsteinschätzung, eine überhöhte Sicht der Hirten sein, sowohl bei den Protestanten als auch im Katholizismus. Während im evangelischen Glauben vor allem der Bibel eine fast unfehlbare Funktion zukommt, ist es bei den Katholiken der Papst. Er ist seit Jahrhunderten für die Gläubigen unangreifbar und hat heute anstelle Christi das letzte Wort zu allen Fragen, den Glauben, die Moral, Ethik und Sitte betreffend. Der kroatische Bischof und Politiker Josip Juraj Strossmayer schrieb schon im 19. Jahrhundert [20]:

»Durch die Kathedralentscheidungen zugunsten einer Unfehlbarkeit des Papstes haben sämtliche Lehrentscheidungen der Katholischen Kirche, die im Laufe der Jahrhunderte auf den verschiedenen Konzilen getroffen wurden, nachträglich den Stempel des Unanfechtbaren erhalten. Sie wurden als göttliche Wahrheit in feierlicher Weise für alle Zeiten sanktioniert. Die Gewissen der katholischen Christen wurden somit an alle jene Dogmen gebunden und ihrer geistigen Freiheit beraubt. Sie haben der Autorität ihrer Kirche zu gehorchen und auf eigenes Urteil sowie selbstständige Entscheidung zu verzichten.«

Doch ist es wirklich das, was Christus forderte, als er sagte: »Suchet, so werdet ihr finden«? Ist es nicht vornehmliche Aufgabe des Menschen, allen Dingen auf den Grund zu gehen, um sie wirklich zu verstehen? Seinen Geist zu bewegen, um vorwärtszukommen, um das Geheimnis zu lüften, was die Welt im Innersten zusammenhält? Drückt es nicht jeden Denkenden zu Boden, wenn er akzeptieren soll, was ihm vorgegeben wird, und wenn er nicht einmal mehr nachfragen darf? Soll es wirklich die weltliche Institution Kirche sein, die bestimmt, was der Weisheit letzter Schluss ist?

Doch wie steht es überhaupt mit der Glaubwürdigkeit der päpstlichen Instanz? Wird nicht auch an ihr schon in dem Augenblick gerüttelt, wenn es um die mannigfaltigen Vorwürfe wie in den vorangegangen Abschnitten geht, die alle unmittelbar auch im Vatikan zu überprüfen sind? Zog man nicht vielmehr geistige Mauern um die irdischen »Gotteshäuser«, die für viele Gläubige jetzt unüberwindbar geworden sind und die auf der Suche nach der Wahrheit und dem Schöpfer verloren umherirren müssen? Die Notwendigkeit der Enttarnung des unrichtigen beziehungsweise verheimlichten Wissens und die unbedingte Richtungsänderung sind dringend geboten, sie gehören zum künftigen Leben und Sterben des Menschen, zum gesamten Schöpfungsgeschehen so notwendig dazu wie die Sonne, der Wind und das Meer, Nacht und Tag, wie die Luft zum Atmen. Ohne die Klarstellung ist eine künftige Welt, die Schöpfung im Großen und Ganzen, nicht mehr zu denken.

Eine der in Stein gemeißelten und seit vielen Jahrhunderten zur christlichen Religionslehre gehörenden Auslegungen ist der Tod des Gottessohnes am Kreuz. Als Sühneopfer wird er bezeichnet, der angeblich von Gott »gewollt« war, um alle Sünden der Erdenmenschen mit dem Opfer wegzuwaschen. Diese »Lehre« dient Millionen Christen bis heute als Grundlage ihres Glaubens. Sie berufen sich unter anderem auf Johannes [21]: »Siehe, das ist Gottes Lamm, welches der Welt Sünde trägt.«

Leider werden diese Worte schon lange nicht mehr im richtigen Sinne gedeutet. Denn das Lamm Gottes, das der Welt Sünde trägt, bedeutet nicht, dass es (das Lamm, also der Gottessohn) die Sünden der Menschen auf sich genommen hat, sondern, dass Christus in den Wundmalen die Sünde der Welt trägt, in ihnen wird das Verbrechen sichtbar, das an ihm als dem Gottesboten begangen wurde. Das Lamm trägt die Wahrzeichen der Sünde der Welt als dauernde Anklage. Dies stellt eine schmerzende Sicht aus dem Blickwinkel tiefster Schuld und schwersten Vergehens der Menschheit dar, die durchaus NICHT als Versöhnungszeichen zu werten ist, schon gar nicht als ein Hinweis darauf, dass dem Menschen dadurch seine Sünden etwa vergeben wären.

In der Offenbarung des Johannes wiederholt sich mehrfach die Anklage in den Worten »Das Lamm, das erwürget ist«. In seinen Sehungen beschreibt Johannes wiederholt die vorwurfsvollen Ausrufe der Ältesten vor dem Gottesthron beim Jüngsten Gericht, die alles andere als versöhnlich klingen. Es ist dies die deutliche Klage der hohen Geister und zeigt klar das begangene Verbrechen an. [22]

Entbehrt es nicht jeder Logik, dass das fünfte Gebot heißt: »Du sollst nicht töten«, doch dass Gott gleichzeitig guthieße, wenn der mordende Mob, die wütende Priesterschaft, sein Teuerstes, was er zu geben hatte, den Gottessohn, bestialisch töten ließe? Soll das wirklich der »Erlösungsplan« sein? Dies wäre nur möglich, wenn der Erlösungsplan auf schöpferischen Willkürakten aufgebaut wäre. Doch diese gibt es nicht, denn sie sind nicht mit der Vollkommenheit des Schöpfers vereinbar. Vielmehr liegt es doch auf der Hand, dass diese unlogische Darstellung, die inzwischen längst zum Dogma angewachsen ist, nur von einer berechnenden und klügelnden Menschheit erdacht worden sein kann.

Wer sich die heutigen Verdrehungen von Wahrheit zur Lüge auf der ganzen Welt anschaut, muss sich nicht mehr über diesen Irrtum wundern. Denken wir nur an das Gesetz von Saat und Ernte: Welche Auswirkungen hätte nach der unabänderlichen Bestimmung aus höchsten Höhen dieser Mordfall? Belohnung? Oder Strafe?

Für Jesus selbst hatte der Tod am Kreuz nur den einen Sinn: Er brachte die Wahrheit mit seinem Wort, sie wurde in ihrem ganzen Umfang bestätigt, bestand weiter fort und wurde verbreitet. Hätte Christus gegenüber seinen Feinden nachgegeben und seine Herkunft und Lehre widerrufen, so wäre seine göttliche Mission gescheitert. In dieser neuen Lesart wird der Unterschied recht schnell deutlich, denn auch wenn es nur wie ein kleiner, äußerlicher Unterschied anmutet, so wird damit doch das genaue Gegenteil offenbar, unbedingt das Richtige, wenn die Vollkommenheit der Schöpfungsgesetze als selbstverständliche Voraussetzung dienen soll. Kann man wirklich der Ansicht sein, dass Gott diese Wahrheitsverdrehung, die seit Jahrhunderten verbreitet wird, einfach hinnimmt?

Wir Menschen haben die Verbindung zu höherem Wissen abgeschnitten, beziehungsweise wir haben es leichtfertig gestattet, dass dieses aus unserem Bewusstsein nahezu entfernt wurde. Gab es anfangs noch eine Gegenwehr, zum Beispiel in den Kämpfen der Urvölker in den ersten Jahrhunderten nach Christi Geburt gegen die Christianisierung der römischen Kirche, so hat man sich heute längst mit den verschiedensten Dogmen abgefunden, die nicht selten durch keine Logik der Welt erklärt werden können. Träge lässt man sich mitziehen im Strome von Falschheit und Lähmung. Durch die sogenannte Sühnetod- beziehungsweise Opfertodlehre der christlichen Kirche wurde im Laufe von Jahrhunderten der überlebenswichtige innere Drang des Menschen erstickt, für begangene Missetaten selbst in voller Verantwortung geradezustehen. Der »wohlgemeinte« Hinweis, jeder könne seine Sünden vor die Füße des gekreuzigten Heiland legen, und damit seien diese auch schon so gut wie vergeben, unterscheidet sich kaum noch von den fatalen Machenschaften des Ablasshandels, die der berühmte Reformator Martin Luther schon im 16. Jahrhundert anprangerte.

Die von Rom in Umlauf gebrachten Ablassbriefe sollten dem Sünder damals gegen Bezahlung einen Platz im Himmel sichern, ohne dass dieser Buße tun und eine innere Umkehr vornehmen musste. Mit anderen Worten: Durch Bezahlung eines bestimmten Geldbetrages konnte sich jeder Mensch von seiner moralischen und sittlichen Verantwortung freikaufen. Sogar für Verwandte konnte man in dieser Zeit gegen entsprechendes Entgelt einen solchen Brief erwerben, damit deren Seelen noch rechtzeitig dem Fegefeuer entgehen konnten. Durch die beträchtlichen Geldbeträge, die mittels der ungeniert in Umlauf gebrachten Ablassbriefe in die kirchlichen Kassen flossen, scheffelte die Priesterherrschaft seinerzeit Unsummen. Es ist eine bittere, schmerzliche Lehre, der wir uns auch heute nicht verschließen dürfen, wenn Christus sagt [23]:

»Weh euch Schriftgelehrten! Denn ihr habt den Schlüssel der Erkenntnis weggenommen. Ihr kommt nicht hinein und wehret denen, die hinein wollen.«

Selbstverständlich kassieren die Kirchen heute nicht mehr direkt von den Sünder-Schafen für deren Vergehen Geld, wie es bei den Ablassbriefen einst der Fall war, indirekt jedoch schon. Durch Kirchensteuern und Extrabeiträge finanziert jeder Einzelne das System praktisch mit. Die Annahme, dass Christus, ebenso wie auch sein Vater selbst, praktisch als Sinnbild, als Gesamtziel der großen Kirchen gelten, verbindet die göttlichen Lichtbringer damit jedoch auf äußerst ungute Weise mit den irdischen Institutionen, gerade so, als wäre Gott für das Kirchengebaren sogar mitverantwortlich. Dieser Umstand sorgt bis heute dafür, dass viele Menschen Gott und Kirche schon gar nicht mehr trennen können, sondern diese zu einem Gesamtbegriff verschmelzen lassen, was den obersten Kirchenvertretern ja nur recht sein dürfte.

Dass mit den zahlreichen Vergehen der Kirche, damals wie heute, der Schöpfer selbst von den Menschen als »Mittäter« für zahlreiche Untaten betrachtet wird, ist eine schwere Tragödie und schreckt Millionen inzwischen gänzlich vom Glauben ab: Das Kind wird mit dem Bade ausgeschüttet. Vor allem die jungen Menschen finden so gut wie keinen Halt mehr in den Kirchenstrukturen. Die Austrittszahlen und die schwindende öffentliche und innerkirchliche Unterstützung sprechen Bände über den derzeitigen Zustand.

Allerdings werden hier hin und wieder Zweifel laut, gar unter den höchsten Würdenträgern der Klerikalen: In den großen Kirchen, sowohl in der katholischen als auch in der evangelischen, scheint man sich der Richtigkeit der Sühneopfertodlehre nicht mehr allzu sicher zu sein. Vor allem bei einzelnen Kirchenoberen, sogar in der Leitung der Evangelischen und Katholischen Kirche in Deutschland, regte sich vor wenigen Jahren deutlicher Widerspruch.

Es soll in diesem Buch davon abgesehen werden, fest gedeutete und nach Kirchenart ausgelegte Bibel-Begriffe wie zum Beispiel »die Rechtfertigung durch den Glauben und die Taten« oder das »Wiedergeboren-Werden in Christus« näher zu untersuchen. Das haben schon Hunderte Autoren getan, die Diskussionen über die

Kirchendeutungen dauern seit Jahrhunderten an. Sie bergen die Gefahr, dass ein nicht mit den Kirchenlehren vertrauter Leser möglicherweise nicht folgen kann, handelt es sich doch oft um verwirrende Bildungs- oder Glaubensbegriffe sowie um Diskussionen, die ein gewisses theologisch-wissenschaftliches Fundament, zumindest einen aktiven Kirchenglauben, voraussetzen. Doch dieses wichtige Thema geht uns alle an, nicht nur die studierten und durch regelmäßige Kirchenbesuche vorbereiteten Leute. Es soll hier lieber – ohne überfrachtetes Kirchenwissen – logisch und direkt an jene Punkte herangegangen werden, die bislang für so manche Missverständnisse bei Millionen Menschen sorgten.

Wie klingt sie eigentlich, diese sogenannte Sühneopfertodlehre, wie man sie in den Gottesdiensten sonntags von der Kanzel vernehmen kann? In folgendem Beispiel, in einer Internetpredigt, werden die Worte wiedergegeben, die stellvertretend für Tausende Reden gelten können, die regelmäßig gehalten werden und den Gläubigen ein leichtes und herrliches Leben weiszumachen suchen durch das blutige Opfer Christi am Kreuz. Dort heißt es unter anderem:

»Jesu Tod am Kreuz war einzigartig. Vor 2000 Jahren sandte Gott seinen einzigen Sohn, damit er sich für die Sünden der Menschheit opfere. Er starb für dich. Seine Auferstehung war einzigartig. Drei Tage nach seinem Tod fand das erstaunlichste Ereignis in der Geschichte statt: Jesus wurde von den Toten auferweckt. Seine Geburt, sein Leben, seine Kreuzigung und seine Auferstehung dienten dem einen Ziel: Menschen den Weg zu Gott zu ebnen. Und das tut Jesus Christus auch heute noch. … In der Bibel steht: Denn die Sünde wird mit dem Tod bezahlt. Die Gabe Gottes aber ist das ewige Leben in Jesus Christus. Diese Gabe Gotte kannst du heute annehmen. Jesus bezahlte mit seinem Leben für deine Sünden – und kaufte dich damit frei. Jetzt sagt er: Ich stehe vor der Tür und klopfe an. Wer meine Stimme hört und die Tür öffnet, bei dem werde ich eintreten. Wenn du glaubst, dass Jesus für deine Sünden gestorben ist, dann wirst du seine Liebe und Vergebung erfahren und das ewige Leben gewinnen. Jesus steht vor deiner Tür. Du kannst ihn jetzt einladen, indem du ein Glaubensgebet sprichst. Das Gebet könnte so lauten: Herr, Jesus, ich brauche dich. Ich danke dir, dass du am Kreuz für meine Sünden gestorben bist. Ich öffne dir die Tür zu meinem Leben und nehme dich als meinen Retter und Herren an. Bitte regiere mein Leben und hilf mir, so zu leben, wie du es geboten hast. Amen.«

Diese Sätze braucht ein logisch denkender Mensch wohl nicht zu kommentieren, doch genauso hören es die Schäfchen jeden Sonntag in den Kirchen. Und exakt so glauben es bis heute die meisten.

Die einfache und klare Lehre des Gottessohnes Jesus Christus lautet: Liebe deinen Nächsten wie dich selbst. Der berühmte Kategorische Imperativ des deutschen Philosophen Immanuel Kant meint genau dasselbe, wenn dieser die Worte zur Universalisierungsformel zusammensetzt:

»Handle nur nach derjenigen Maxime, durch die du zugleich wollen kannst, dass sie ein allgemeines Gesetz werde.«

Wir Menschen wissen, was gut oder falsch ist, das ist in jedem als »unser Gewissen« fest verankert. Dieses begleitet uns stets und klopft jedes Mal vorsichtig oder auch lauter an, sollten wir gerade eine Dummheit begehen wollen. Dieser weise Schutz, den wir alle in uns tragen, muss jedoch auch von jedem Einzelnen erhört und ernst genommen werden. Dies ist die heilige

Pflicht des Menschen, wenn er richtig auf dieser Erde gehen will. Und diese innere Stimme hat sich gewiss auch bei jenen Menschen gemeldet, die Jesus einst mordeten. Aber diese mahnende Stimme wurde übertönt vom lauten Gejohle der Masse, des mordwütigen Mobs. Wo ist der Unterschied zu heutigen Gewissensfragen? Und wenn wir von höchster irdischer Stelle praktisch die Absolution erhalten, ohne große Nachwehen stets aufs Neue sündigen zu dürfen, dann ist das mehr als gefährlich: Wir drehen uns nicht nur im Kreise, sondern wir vergrößern täglich die Menge der schlechten Saat, die wir in den Boden geben.

Die inzwischen auch in höchsten Kirchenkreisen umstrittene Sühnetodtheorie entband die Menschheit im Laufe der Zeit vielfach von ihrer wahren Verantwortung. Ungeachtet dessen bleibt das Schöpfungsgesetz der Wechselwirkung dennoch weiterhin ausnahmslos wirksam: Was der Mensch sät, das wird er *vielfach* ernten, ob mit oder ohne die Begnadigung irdischer Institutionen. Die Betonung liegt dabei auf vielfach.

Im Laufe der vergangenen Jahre hielt ich zahlreiche Vorträge in christlichen Gemeinden. Es waren zumeist sehr schöne Veranstaltungen, in denen viel Geistiges schwang und wo ich zahlreiche Menschen traf, die bewusst den Weg zum Guten eingeschlagen hatten. Vielen dieser Menschen ist klar, dass wir mit unseren weltlichen Fähigkeiten heute allgemein am Ende sind, sie haben den Weg zum Schöpfer gewählt, den sie noch als einzig gangbare Lösung in den derzeitigen Wirrnissen erkannt hatten. Es ist wohltuend, mit Menschen zu sprechen, die sich nicht selbst als oberste Instanz betrachten, sondern die eine übergeordnete Macht erkennen und demütig akzeptieren, frei nach dem Jesus-Satz: Selig sind die, die nicht sehen und doch glauben. Doch es gab auch nicht selten Enttäuschungen. Denn manchmal waren es gerade die Frommsten, die ihre kleinen und größeren Fehler zu entschuldigen wussten mit dem Hinweis, wir seien allzumal kleine Sünderlein, und die Missetaten würden uns ohnehin stets wieder vergeben werden. So manches Mal gerieten wir dann in hitzige Diskussionen, vor allem, wenn ich den unkirchlichen Standpunkt vertrat, dass harte Arbeit an sich selbst der bessere Weg sei als derartige riskante Selbstberuhigungen. Erstaunlicherweise versuchte man nicht selten, mich von meinem Bemühen gar abzubringen mit dem Hinweis, dass sich kein Mensch so viele Lasten auf die Schultern laden müsse, die er doch ohnehin nicht tragen könne. Und dann folgte öfter die Erklärung für dieses sonderbare Vorgehen: Für die Vergebung unserer Sünden sei einzig der gekreuzigte Heiland zuständig, der ja gerade deswegen ans Kreuz musste.

Es hatte eine ganze Weile gedauert, bis ich begriff, dass diese Begründung tatsächlich ein wichtiger Bestandteil des Fundamentes für den christlichen Glauben in unseren Breitengraden darstellt, was ich zuvor in dieser Ausprägung nicht für möglich gehalten hätte. Noch erstaunlicher ist der Umstand, dass vielen Gläubigen geradezu der Halt entzogen zu werden scheint, sobald man die sogenannte Sühneopfertheorie infrage stellt. Ein merkwürdiges Glaubensfundament.

Wenden wir uns der Tat vor über 2000 Jahren zu: Warum wurde der Gottessohn wirklich getötet? Weil die Täter schon damals eine sogenannte »Liebestat« Gottes darin sahen, seinen Sohn opfern zu wollen? Wohl kaum. Wäre diese Ansicht tatsächlich richtig, so würden sich eine Reihe unbeantworteter Fragen stellen: Warum hat Jesus dann vor dieser grausamen Tat im Garten Gethsemane seinen Vater angefleht, diesen Kelch an ihm vorübergehen zu lassen? Und warum betete Jesus, nachdem man ihn schon gekreuzigt hatte: Vater, vergib ihnen, denn sie wissen nicht, was sie tun? Wäre die Ermordung Jesu eine »Liebestat«

gewesen, die Gott gefordert haben soll, wo bliebe hierin die Logik? Es waren doch vielmehr Hass und Wut, mit dem Pharisäer und Schriftgelehrte den Mob aufgehetzt hatten, weil sie genau wussten, dass Christus ihren Schäfchen mehr zu geben hatte als sie.

Lehnten die Menschen mit der Kreuzigung des Gottessohnes diesen als den erwarteten Messias nicht vielmehr kategorisch ab? Es ist doch gerade das Gegenteil der bisherigen Deutungen. Der Tod am Kreuz war auch nicht ein notwendiges Opfer, sondern, es sei wiederholt, ein regelrechtes Verbrechen, nämlich Mord. Der Gottessohn kam doch nicht auf die Erde in der Absicht, sich kreuzigen zu lassen. Darin soll Erlösung ruhen für alle Zeiten?

Jesus wurde gekreuzigt um seiner Lehre willen, der Wahrheitslehre. Genauso unbeliebt, wie die Wahrheit heute ist, war sie es schon damals. Und genauso unbequem ist die Wahrheit auch heute für viele große Religionsführer, die immer noch viel dafür tun, dass diese das Licht der Welt nicht erblicken kann.

Aufstand in der Kirche gegen das Sühneopfer

Die sogenannte Sühneopferlehre gilt allerdings, wie erwähnt, bei einer wachsenden Zahl von Kirchenmitgliedern sowie vor allem bei einigen Vertretern der Kirchenführung inzwischen endlich als umstritten. Eine heftige Diskussion entbrannte im April 2009, die sich bis heute auch nicht wirklich wieder gelegt hat. So meldete die Online-Ausgabe der *Welt* 2009:

»Bei Jesus gibt es für die Sühneopfer-These kaum Belege. Theologen suchen neue Erklärungen für den Zusammenhang zwischen Golgatha und Sündenvergebung.«

Und diese Theologen wurden dann auch mit erstaunlich offenen Kommentaren zitiert. Der damalige Präses der Rheinischen Landeskirche, Nikolaus Schneider, äußerte zur Verwunderung vieler Kirchenführer und Gläubigen, Gott brauche kein Sühneopfer, »denn es muss ja nicht sein Zorn durch unschuldiges Leiden besänftigt werden«. Und der ehemalige Bonner Superintendent Burkhard Müller hatte zuvor in seiner WDR-Radioandacht für einen Eklat gesorgt:

»Ich glaube nicht, dass Jesus für unsere Sünden gestorben ist.«

Zwei Jahre zuvor kam die überraschende Meinung des Nürnberger Pfarrers Claus Petersen ans Licht der Öffentlichkeit [24]:

»Die Botschaft Jesu war unabhängig von seiner Kreuzigung, und daher glaube ich nicht, dass das Kreuz eine Heilsbedeutung hat.«

Ein Sturm der Entrüstung folgte unter den Christen, vielen von ihnen scheint es offenbar einfach nicht möglich zu sein, diese logischen Erklärungen als sachliche Diskussionsgrundlage wenigstens einmal zu nutzen, um die Argumente zumindest zu prüfen. Sie halten an ihrer Sühneopferlehre fast verzweifelt fest, bildet sie doch einen der wichtigsten Pfeiler ihres christlichen Kirchenglaubens. Es ist kaum zu glauben, doch wahr: Dieser abwegige Gedanke bildet tatsächlich das Fundament des Christentums. Ist es dann ein Wunder, dass die Kirchen heute hilflos den wachsenden Problemen wie Massenaustritten und innerkirchliche Fehden gegenüberstehen, ohne noch Lösungen finden zu können?

Protestantische Theologen haben sich in letzter Zeit immer wieder zur Opfertodtheorie zu Wort gemeldet, um der allgemeinen Kirchenlehre zu widersprechen. Zweifel kommen sogar, wie erwähnt, von höchster Stelle: Der ehemalige EKD-Ratsvorsitzende Bischof Wolfgang Huber formulierte in seinem 2008 erschienenen Buch *Der christliche Glaube* ähnliche Gedanken [25]:

»Jesu Kreuzestod ist nicht eine zwangsläufig geschuldete Sühneleistung zur Besänftigung eines zornigen Gottes, sondern eine aus Freiheit um der Liebe Gottes vollzogene Selbsthingabe.«

Der »umfassende Sinn von Kreuz und Auferstehung« dürfe nicht »auf eine rechtsförmige Satisfaktionsvorstellung reduziert werden«. In mehreren christlichen Internetforen kam es daraufhin zu einem entrüsteten Aufschrei der Gläubigen, viele von Ihnen legten Huber den Rücktritt nahe und mahnten nachdrücklich die sogenannte »Heilsbedeutung« des Kreuzes an.

Der schon erwähnte ehemalige Rundfunkpfarrer Burkhard Müller vertrat im Jahre 2010 in einem Interview mit dem evangelischen Monatsmagazin *chrismon plus rheinland* die Auffassung [26]:

»Der Tod Jesu war schrecklich und sinnlos.«

Bereits ein Jahr zuvor hatte der Pfarrer für Aufsehen gesorgt, nachdem er in mehreren Hörfunkandachten den Sühnetod Jesu abgelehnt hatte. Die Evangelische Kirche in Deutschland ließ mit einem Widerspruch nicht lange auf sich warten: Sie legte nach einer umfangreichen Debatte eine Handreichung vor, in der sie sich von der Position Müllers abgrenzte. Doch der Theologe ließ sich von seinem mächtigen Arbeitgeber nicht einschüchtern und blieb dabei. Er glaube nicht, »dass Gott seinen Sohn Jesus stellvertretend für uns Sünder am Kreuz hat sterben lassen«. Weiter unterstrich Müller, Jesus musste nicht wegen der Sünden der Menschen sterben, sondern weil andere es als Gotteslästerung betrachteten, dass er Sünden vergab. Sein Tod sei ein »Zeugnis seines Glaubens« gewesen.

Der unbequeme Theologe war in einem weiteren Interview übrigens noch deutlicher geworden. Das Gottesbild der Sühneopfertheologen sei grausam, wiederholte er in der *Welt*. [27] Es proklamiere einen extrem zornigen Gott, der seinen eigenen Sohn sterben sehen müsse, um seine Empörung zu besänftigen. »Wenn aber der eigene Gott so grausam ist, dann steigt auch die Gefahr, dass man selbst Gewalt ausübt und zum Krieger im Namen des Herrn, zum Kreuzritter wird«, unterstrich Müller. Zudem könne dieser Glaube in seelische Gewalt münden. »Denn wenn wir wirklich so schuldig sind, dass Gott deswegen seinen Sohn kreuzigen lassen musste, müssen wir auch mit einem Bewusstsein unserer Schuld gegenüber Gott herumlaufen. Und so wurde und so wird Menschen mancherorts noch immer Schuldgefühl mit der Brechstange vermittelt.«

Dass die Menschheit mit dem Mord am Gottessohn schwere Schuld auf sich geladen hat, dürfte für jeden schlüssig denkenden Menschen auf der Hand liegen. Ist es nicht vielmehr so, dass unsere Sünden nur vergeben werden können, wenn wir diese bereuen und hart daran arbeiten, dass sie auf keinen Fall wiederholt werden? Von dieser Einsicht dürfte die Menschheit im Fall der Kreuzigung Christi jedoch noch weit entfernt sein. Im Gegenteil: Solange die großen Kirchen die Sühneopferlehre weiter als einzig richtige Heilslehre verbreiten, tut sich da gar nichts. Deswegen dürfte nach wie vor davon auszugehen sein, dass Gott damit durchaus NICHT einverstanden sein könnte.

Für viele der sich Christen Nennenden ist dies ein Gedanke, der nicht auszuhalten wäre, wie ich aus zahlreichen Diskussionen erfahren habe: Ihr gesamtes Glaubensfundament wäre mit einem

Schlag dahin. Und weil der Gedanke an einen möglichen Fehler, den wir Menschen gegenüber unserem Schöpfer mit der Christus-Tötung begangen haben könnten, ebenso unerträglich für viele ist, wird er womöglich lieber beiseitegeschoben und das drängende Mahnen des Gewissens erstickt. Doch mal ehrlich: Lösen wir damit das Problem wirklich? Oder vergrößern wir nicht vielmehr unsere Schuld mit jedem weiteren Tag?

»Wer nach 200 Jahren aufgeklärten Christentums immer noch behauptet, man müsse die Bibel wörtlich nehmen und Gott habe Jesus mit dem Foltermord am Kreuz für unsere Sünden büßen lassen, um kurz darauf seine Leiche wiederzubeleben, der verdeckt die zeitlose Substanz des Glaubens«, sagte der ehemalige Rundfunkpfarrer Burkhard Müller. [28] Die Auferstehung sei ein bildlicher Ausdruck für die Erfahrung der Jünger, dass mit dem Tod Jesu und mit unser aller Tod nicht alles vorbei ist, sondern dass der Schöpfer dieser Welt größer ist als der Tod und das Nichts. Darin bestehe das Zentrum der christlichen Botschaft – nicht in der Fixierung auf einen schaurig-sinnlosen Mord am Kreuz, der angeblich erlöse. Das christliche Vertrauen auf die Tilgung der menschlichen Schuld durch Jesu Tod nannte er einen »schaurigen Blutopfer-Glaube«. »Diesen Irrglauben halte ich für unbiblisch und unzumutbar«, so Müller wörtlich. Natürlich gelte der Tod Jesu auch als Beweis seiner Hingabe, »weil er nicht vor der letzten Konsequenz wegläuft«, sagte der Theologe während einer Diskussion in der Evangelischen Akademie Rheinland in Bad Godesberg. Damit bekomme dieser Tod an sich aber noch keinen Sinn, sondern bleibe ein Verbrechen.

Diese Beispiele zeigen, dass die Kirchenlehre über den Sühneopfertod in Wahrheit nichts weiter als eine Auslegungssache ist. Eigentlich ist es gar nicht so schwer, wenn man nur die jahrhundertealte Schere aus dem Kopf entfernt: Jesus gab sein Leben als

Lösegeld hin für viele. Erstens heißt es also nicht für alle, sondern für viele. Zweitens könnte die Auslegung ebenso logisch heißen: Jesus machte ernst. Er ging bis zum Äußersten, um bei der Wahrheit zu bleiben mit all seinen Geboten, Gedanken und Gleichnissen, die er im Laufe seines kurzen Lebens vermitteln konnte und diese den Menschen damit erneut zu offenbaren und zu untermauern suchte, auch wenn ihn die Wahrheit somit das irdische Leben kostete. Wer künftig in der Lage ist, die Tatsachen und Gewissheiten, die Christus uns brachte, zu erkennen und zu übernehmen, der dürfte demnach kaum noch gefährdet sein, weiterhin schwere Sünden zu begehen, weil er den Schöpfungskodex damit anerkennt und einhält.

Deutlich wird in dieser Diskussion, dass es heute einander erbittert gegenüberstehende Fronten gibt. Kritikern der Sühneopferthese schlägt heftiger Gegenwind aus lutherischen, evangelikalen und katholischen Kreisen entgegen, wenn man sich die Kommentare im Internet ansieht. Jeder einzelne Abweichler wird wüst beschimpft und angegriffen.

Handfeste Rügen kommen aber auch von renommierten Theologen. So forderte der nordelbische Altbischof Ulrich Wilckens 2008 seine Landessynode auf [29], den Hamburger Propst Horst Gorski nicht zum Bischof von Nordelbien zu wählen, weil dieser »das Zentrum des Glaubens und des Bekenntnisses der Lutherischen Kirche« nicht erkenne. Dieser hatte in einer Predigt wörtlich gesagt: »Der Tod Jesu war nicht heilsnotwendig, damit sich Gott mit uns versöhnt und uns vergibt.«

Das Zentrum des Glaubens stellt, wie erwähnt, für viele die Sühneopfertheologie dar. Wer sich diesem Gedanken hingibt, kommt nicht umhin, damit tatsächlich die Kirchenlehre grundsätzlich infrage zu stellen. Denn wie man, neben aller Logik, an den zahlreichen Beispielen von professionellen Zweiflern erkennen kann, kann da etwas nicht stimmen. Jeglicher gesunde Menschenverstand muss diese merkwürdige Versöhnungslehre ablehnen: Warum sollte Gott das blutige Opfer seines Sohnes als Grundlage für die Vergebung der Menschen nehmen? Und dies soll das Fundament des Kirchenglaubens sein?

Auch bei den Katholiken gibt es inzwischen klare Gegenreaktionen. So sorgte der ehemalige Vorsitzende der Deutschen Bischofskonferenz, Robert Zollitsch, für erhitzte Diskussionen, als er am 11. April 2009 in der HR-Radiosendung *Horizonte* [30] den Sühnetod Jesu leugnete und behauptete, Gott habe sich beim Tod Christi lediglich mit den Menschen solidarisiert, um diesen bei Leiden und Tod beizustehen. Nach einem Medienbericht sagte der damalige Erzbischof weiter, Jesus sei nicht deswegen für die Sünden der Menschen gestorben, weil Gott ein Sündopfer, gleichsam einen Sündenbock, gebraucht hätte. Er habe sich mit uns Menschen, mit unserem Leiden und Tod, bis zuletzt solidarisiert. Auf die Rückfrage: »Sie würden es nicht mehr so formulieren, dass Gott quasi seinen eigenen Sohn hingegeben hat, weil wir Menschen so sündig waren?«, lautete die Antwort des Erzbischofs: »Nein.« Dass sich diese Meinung nicht mit der öffentlichen Haltung der Katholischen Kirche deckt, dürfte klar sein.

Selbstverständlich kann eine derart politisch unkorrekte Meinung auch in der Katholischen Kirche nicht ohne Widerhall bleiben. Das Portal *katholisches.info* stellte darauf die Frage: »Kann es sein, dass der Vorsitzende der Deutschen Bischofskonferenz eine Lehre vertritt, die eindeutig der Heiligen Schrift und der Lehre der Kirche widerspricht?« Ebenso wurde eine Protestnote der Vereinigung der Initiativkreise katholischer Laien und Priester veröffentlicht [31]:

»Mit dem Nein zum Sühnetod Jesu Christi trat Erzbischof Zollitsch in einen erklärten Gegensatz zu einer wichtigen Grundlage des katholischen Glaubens. Trotz vielfacher Kritik an seinen Äußerungen ist ein Widerruf oder auch nur eine Korrektur durch den Erzbischof nicht bekannt geworden.«

Natürlich wollte man sich mit einem solchen »Skandal« in der Katholischen Kirche nicht abfinden. Weiter hieß es auf der Website: Wer den Sühnetod Jesu leugne, widerspreche dem eindeutigen biblischen Zeugnis, dass Jesus für unsere Sünden den Kreuzestod auf sich genommen und uns losgekauft habe. Auch die Piusbruderschaft St. Pius X. kritisierte Zollitsch scharf:

»Damit hat der Vorsitzende der Deutschen Bischofskonferenz eine zentrale Wahrheit des katholischen Glaubens geleugnet, was nach dem Kirchenrecht die ipso facto eintretende Exkommunikation nach sich zieht, wenn der Betreffende auch nach Ermahnung an seiner Leugnung hartnäckig festhält.«

Dass also die Sühneopfertodlehre etwa in Stein gemeißelt ist, das kann inzwischen wohl niemand mehr behaupten. Denn die Liste der Kritiker wird immer länger. Das dürfte tatsächlich eine Chance für die Katholische wie auch die Evangelische Kirche sein. Sicher, einigen Gläubigen wird die wachsende Skepsis den Boden unter den Füßen wegziehen. Doch liegen in einem Umdenken zu diesem so wichtigen Beispiel durchaus Chancen für die Zukunft: Tausende andere Menschen, für die bei dieser bislang ziemlich eindeutigen Haltung zahlreiche kritische Fragen entstanden waren, werden erleichtert aufatmen und erkennen, dass sie doch nicht so ganz falsch gelegen haben können mit ihren Zweifeln. Fassen wir zusammen: Seit langer Zeit, seit Jahrhunderten, sorgt die Kirchenlehre vom Sühneopfertod des Gottessohnes für die Überzeugung Millionen Christen, man brauche seine Sünden nur vor den Gekreuzigten zu legen, um Vergebung zu erhalten. Diese Ansicht, welche die Verantwortung für eigene Taten im Prinzip entschuldigt und aufhebt, lenkt die Gläubigen in eine gefährliche Richtung. Sie sitzen dem Irrtum auf, sich selbst und ihre Charakterpersönlichkeit kaum in jener Weise entwickeln zu können, wie der Schöpfer es eigentlich verlangt, weswegen dieser aus ganzer Liebe zu den Menschen schließlich seinen Sohn opferte: Diese Lehre entbindet den Menschen von seiner Verantwortung der freien Willensentscheidung.

Jesus, der Gottessohn aus dem Licht, wurde vor 2000 Jahren von den Menschen ermordet. Er, der den Menschen die Wahrheit bringen wollte, wurde ans Kreuz geschlagen, verhöhnt und verspottet. Hier, an diesem bedeutenden Schicksalspunkt, begann bereits die fatale Wendung der Menschenschicksale, das Elend nahm von hier an seinen konkreten Lauf.

Durch den bis heute geleugneten Mord an Jesus und durch die falsche Auslegung der Menschen wurde die Gotteslehre von Beginn an stark verbogen. Die Pharisäer und Schriftgelehrten, die Christus selbst aus den Tempeln gejagt hatte, übernahmen das Kommando. Sie benutzten die Christus-Botschaft für sich, deuteten sie für ihre eigenen Zwecke um, entwickelten im Laufe der folgenden zwei Jahrtausende mehr und mehr eine eigene, weltliche Kirchenlehre, die mit den ewigen Schöpfungsgesetzen immer weniger zu tun hatte. Das Schicksal unserer Welt, die Christus eigentlich hatte retten wollen, nahm nach dem Kreuzesmord einen verhängnisvollen Lauf. Gott schloss hierdurch nicht etwa einen Bund mit den Menschen, wie in den Kirchenlehren fälschlicherweise behauptet wird, sondern die Verbindung wurde unterbrochen! In dem Buch *Verwehte Zeit erwacht* heißt es dazu auf Seite 165 [32]:

»Um die Stunde aber, da Jesus verschied, verfinsterte sich der Himmel, die Sonne verlor ihren Schein und die Menschen nah und fern wurden von großem Bangen erfüllt. Das war aber nur ein irdisches Zeichen der großen Kluft, die sich zwischen dem Licht um Gott und der Welt aufgetan hatte. Gott der Herr überließ die Menschheit ihren selbst gewählten Wegen; nur die, für die der göttliche Mund des Sohnes gebeten, wurden noch ferner geleitet. Und der Vorhang im Tempel zerriss von oben bis unten, damit die Menschen sehen sollten, dass Gott keine Wohnung mehr haben wollte bei ihnen!«

Das ist der wahre Sinn der berühmten Worte über den zerrissenen Vorhang. Bis heute werden sie fehlgedeutet. Von Beginn dieses zweifellos dramatischen Zeitpunktes an wurden wachsende Glaubenskriege zum beherrschenden Thema. Kann man sich eine schlimmere und dreistere Verdrehung der Tatsachen vorstellen?

Die Sühneopferlehre wird bis heute in jedem Religionsunterricht gelehrt, bei praktisch jedem Kirchgang wird diese den Christen eingehämmert, in zahlreichen Kirchenliedern singt man mit unschuldiger Stimme diese Ungeheuerlichkeiten. Selbst in einem der berühmtesten Kindergebetelieder heißt es folgendermaßen:

Müde bin ich, geh' zur Ruh',
schließe beide Äuglein zu.
Vater, lass die Augen dein
über meinem Bette sein.

Hab ich Unrecht heut getan,
sieh' es, lieber Gott, nicht an!
Deine Gnad' und Jesu Blut
machen allen Schaden gut.

Wer von dem anwesenden Schöpfer ausgeht und nur einigermaßen selbstständig denken kann, der weiß spätestens an dieser Stelle, dass diese ganze große Sache mit den Kirchen niemals gut enden kann. Schwerste Schuld bürdeten sich die meisten Anhänger der Institution mit diesem Schwindel auf. Doch genau dieses Christentum ist es gewesen, das auf der ganzen Welt mit Feuer und Schwert verbreitet, gewaltsam und brutal durchgesetzt wurde.

Die Lehren des Gottessohnes wurden im Laufe der Zeit verändert und verwässert. Die bedeutende Rolle nahm die Kirche in Rom ein. Viele dieser zum Teil verheerenden Entwicklungen erblickten nie das Licht der Öffentlichkeit. Man kann es nicht oft genug erwähnen: Im Endeffekt wurden sämtliche Chroniken und Aufzeichnungen über die Geschicke der Menschheit bis zur Erfindung der Buchdruckkunst im 15. Jahrhundert nahezu ausschließlich von Nonnen und Äbten, von den Kirchenangehörigen eben, niedergeschrieben, waren diese doch weitgehend die Einzigen, die der Sprache überhaupt in Wort *und* Schrift mächtig gewesen waren. Alle diese Niederschriften wurden jahrhundertelang in den Klöstern und Abteien, aber auch in Rom, archiviert und aufbewahrt. Je nach Sachlage wurde beschönigt oder angeklagt, je nach Art des Machtgefüges wurden die jeweiligen Herrscher, Könige und Kaiser sowie ihre Angehörigen in den Himmel gelobt, oder sie wurden heftig kritisiert oder totgeschwiegen, frei nach dem Motto: Der Gewinner eines Krieges schreibt stets die Geschichte.

Eines ist klar: Die reine Wahrheit ist in diesen Aufzeichnungen nicht zu finden. Damit kann ebenso festgestellt werden, dass die Darstellung sämtlicher historischen Ereignisse, wie sie bis heute weltweit an den Schulen und Universitäten gelehrt wird, manipuliert wurde und in Wirklichkeit nur einseitiges, wiederum nach

Machtinteressen verbogenes Lehrmaterial darstellt. Wer an die Wahrheit über die Entwicklung der vergangenen 2000 Jahre herankommen will, der darf sich den Geschichtslehren nur mit äußerster Skepsis nähern, muss die Ereignisse im Lichte der Wahrheit zu ergründen suchen, indem er vorurteilsfrei sich selbst ein Bild von den Geschehnissen verschafft.

Was kann der Mensch tun, um zur Wahrheit zu gelangen?

Allein die Hergänge durch die Kirche Roms, die grauenvollen Kreuzzüge im Mittelalter betreffend, die einst Millionen von Menschenleben kosteten, bedürfen jetzt endlich einer ideologiefreien Bestandsaufnahme: Um von eigenem Unvermögen abzulenken und um des Weiteren den herrschenden Königen und Kaisern bei ihren zumeist unrechtmäßigen Landeinnahmen unterstützend zur Seite zu stehen, wurden diese verheerenden Kriegsersatz-Einsätze losgetreten. Hunderttausende gutwillige Menschen folgten dem angeblich heiligen Ruf aus den hohen Kirchengemäuern Roms, immer in der Annahme, Gottes Ruf selbst zur Verteidigung dessen Sohnes zu vernehmen: Sie bezahlten diesen Irrtum häufig mit dem Leben.

Wer übrigens die in Bezug auf die zum Teil übelsten Manipulationen im heutigen weltweiten Mainstream-Journalismus zu Recht fehlende Objektivität und mangelnde Neutralität beklagen will, wer die politischen Propagandamethoden unserer Medien und Regierungen nicht nur in diktatorischen, sondern durchaus auch in angeblich demokratischen Ländern kritisiert, der schaue nur einmal zurück: Es war zu keiner Zeit jemals anders – überall Unwahrheit, Beeinflussung, Betrug!

Der Frevel an der Wahrheit existiert vom Beginn der Zeitrechnung, ja, vom Beginn der Menschheit an. Wer hier schulterzuckend sagen will: Es war halt immer so, und es wird niemals anders werden, der möge einfach weitergehen. Doch wer nicht aufgibt, wer an das Gute glaubt, an die Veränderung, an den Wechsel in bevorstehender Zeit, der zweifellos nicht mehr allzu lange auf sich warten lassen wird, weil es das Gesetz des Universums so vorsieht, der möge seine Sinne weiter öffnen und die Ursachen und Wirkungen genau betrachten und abwägen.

Wer eine Gruppe von Menschen vor zwei Wege hinstellt, von denen einer steil, eng und steinig aufwärtsführt, während man den anderen, der breit ist, leicht und behaglich abwärts ins grüne Tal laufen kann, wird feststellen, dass die allermeisten sich für den zweiten Weg entscheiden. Selbst wenn es einige Hinweise Gutmeinender darauf geben sollte, werden die allermeisten Menschen gar nicht erst herauszufinden suchen, ob oben an der höchsten Spitze des Berges, unter dem weiten, freien, blauen Himmel, tatsächlich etwas Besonderes auf sie wartet, was sie von unten zwar erahnen, doch nicht etwa erschauen können. Warum sollte man sich unnötig abrackern? Was sollte da oben schon sein?

Nur der wahre Sucher nach dem Höheren wird sich nicht scheuen, den steilen Pfad bergan einzuschlagen. Dazu benötigt er vor allem Ausdauer, Beharrlichkeit, Belastbarkeit und das immerwährende hohe Ziel vor Augen, denn an vielen Stellen wird er öfter angestrengt keuchend innehalten müssen und wehmütig nach unten ins grüne Tal schauen. Antreiben tut ihn alleine das Ziel, das er dabei unentwegt im Blick behält, die innere Gewissheit, dass er sich für seine Entwicklung anstrengen muss, wenn er Höheres erreichen will. Während des Aufstiegs lernt er natürlich weitaus mehr als jener, der leicht und mühelos hinabläuft und keine nennenswerten Hindernisse auf seinem Weg findet, sondern der sich in Gedanken schon wieder mit den nächsten

Vergnügungen, mit Tanz, Speise und Trank beschäftigt und den mühenden Kletterer vielleicht sogar mitleidsvoll verspottet.

Aber dieser wird inzwischen immer reicher, erhält ein neues Verständnis für die Zusammenhänge des Lebens: So lernt er unter anderem, seine Kräfte sorgfältig einzuteilen, er erkennt, dass er Wind und Wetter, Tag und Nacht, die Zeiten von Sonne und Gestirnen, genau zu bemessen hat, um sich nicht unnötig in Gefahr zu bringen; er muss sich vor gefährlichen Tieren schützen, und in manchen schwierigen Situationen erkennt er zunehmend leichter Feind oder Freund. Manchmal helfen ihm völlig fremde Menschen, die sich ebenfalls um den Aufstieg mühen und seinen Weg kreuzen, oder er reicht anderen die Hand, um sie ein Stück mit emporzuziehen. Dankbarkeit, Demut, Verantwortung und Rücksichtnahme gegenüber Mensch, Tier und Natur werden allmählich zu seinen neuen Begleitern, und so mancher fremde Bergsteiger wird vielleicht sogar ein neuer treuer Gefährte auf dem weiteren Lebensweg, der mit ihm gemeinsam für das hohe Ziel kämpft. Dieses hohe Ziel also verändert uns, der Weg dorthin ist unsere Lehrzeit.

Wer seine Erdenzeit für den geistigen Aufstieg nutzen will, wer sich seiner Verantwortung in allen Punkten Stück für Stück bewusst wird, der weiß, dass sein Inneres, was man im Volksmund auch gerne den »inneren Schweinehund« nennt, jeden Tag aufs Neue bezwungen werden muss; die innere Bequemlichkeit muss überwunden werden. Kein Wegbereiter, der seinen Fuß auf die Erde setzte, kam um diese Tatsache je herum, keinem sogenannten Erleuchteten fielen die wertvollen Früchte einfach in den Schoß: Fortwährende Arbeit an sich selbst ist es, stete Regsamkeit im Denken, harte Selbstüberwindung, gnadenlose Selbstkontrolle und ein prüfendes Gericht über das eigene Denken und Handeln, das erfordert die kontinuierliche Weiterentwicklung.

Diese beispiellose Arbeit allein führt zum Ziel, dies ist der berühmte steinige, steile Pfad nach oben, den jeder Mensch ganz alleine zu gehen hat: Er muss es wirklich wollen, anderenfalls wird er nicht weiter nach oben kommen, sondern unten verharren – und einschlafen.

Dieses Wissen gab Christus den Menschen, er wies ihnen den Weg. Die Kirchengelehrten hingegen taten nicht viel dazu, um den Menschen diese wichtige Tatsache zu erklären. Schon zu Beginn des Christentums vor 2000 Jahren wussten sie ganz genau, dass sie mit diesen anstrengenden Aussichten nur schwer die Massen begeistern konnten, die sie für ihre Machtpläne jedoch dringend brauchten. Je mehr Schäfchen sie einfangen konnten, umso lauter klingelten schließlich die Kassen. Und so wurden die wahren, tiefernsten Christus-Lehren schnell verbogen, zurechtgestutzt auf ein sogenanntes Light-Format, nur auf irdische Ziele gerichtet. Ist deswegen ein Besuch in der Kirche grundsätzlich nicht mehr anzuraten? In dem Buch *Fragenbeantwortungen* gibt ABD-RU-SHIN hierüber Auskunft [33]:

»Auch durch die Kirchen geht der Weg zur Wahrheit. Ausschlaggebend dazu ist immer nur die innere Beschaffenheit des Einzelmenschen. Im Besuch der Kirche schreitet der Mensch vorwärts, wenn der Besuch ihm wirklich zur Sammlung dient, zur Anregung, sein Inneres für diese Zeit von allen Erdenkleinigkeiten abzulenken und Verbindung mit dem Licht zu suchen. Viele *brauchen* den Besuch der Kirchen. Wie *er,* der Einzelmensch, sich dabei öffnet, so viel wird er erhalten. Manche finden Andacht nur im Walde, andere am Meere, wieder andere in der Musik, und zahlreiche tatsächlich *nur* in Kirchen. Letztere sollen ja die Kirchen *nicht* meiden!« Es ist also nicht richtig, die Kirchen pauschal und für alle Zeiten zu verurteilen, denn es kommt auf jeden Einzelnen an, wie sein eigenes Inneres beschaffen, wie lichtsehnsüchtig seine Seele ist. Weiter heißt es: »Es gibt in *allen* Konfessionen Prediger, die als dazu Geborene, also Berufene, benannt zu werden verdienen. Der Mensch muss nur lernen, in sich *lebendig* zu werden, das abzuwägen und zu prüfen, was ihm dargereicht wird; denn er ist ja für sich selbst auch ganz allein verantwortlich. Sobald er sich darum bemüht, wird er schon das Rechte ganz genau empfinden. Das Kirchengehen ganz allein kann einem Menschen natürlich keine Seligkeiten bringen, es nützt ihm nichts, wenn er nicht selbst in sich dazu *erwacht*! Es liegt an jedem Menschen selbst, und immer wieder nur an ihm, ob er in sich nach oben geht oder dem Dunkel zu. Wenn er auch kurze Strecken falsche Wege wandelt, so kann ihm solches, recht betrachtet, auch nur nützen; denn er erkennt, wie er es nicht tun soll, und wird sich dann in Zukunft davor hüten. Die Trümmer eines solchen Weges muss er stets zu Stufen dann verwenden, die ihn umso schneller aufwärts führen. Die Kirchen sind ganz gut, aber die Menschen, die Besucher dieser Kirchen, sind in sich erstorben. Wenn sie Leben in sich bringen, werden sie auch in den Kirchen finden, was sie brauchen.«

Der Mensch strampelt sich im Hamsterrad der globalisierten Welt täglich aufs Neue ab, er kämpft um seinen Arbeitsplatz, um Geld zu verdienen, mit dem er sein Leben finanziert. Wer hat heute noch höhere Ziele? Wer sucht unentwegt nach der Wahrheit, nach den kleinen und großen Zusammenhängen in Natur und Schöpfung? Wessen Ziel lautet wirklich Glückseligkeit, die allein im Paradies zu finden ist?

Dafür haben die meisten Menschen heute keine Zeit. Gewiss, die Sehnsucht meldet sich immer wieder, die uns in die höheren Ebenen führen will, doch meist fehlen uns Bereitschaft und Ausdauer, um diesen Weg wirklich ernsthaft zu erforschen. Wir geben vor, mit anderen, mit wichtigeren Angelegenheiten vollauf beschäftigt zu sein. Doch wie nutzen wir unsere Zeit in Wirklichkeit? Die Aufgabe eines jeden Menschen war und ist es von Beginn an gewesen, irdisch, vor allem aber geistig, zu reifen. Aber was bedeutet das genau? In dem Buch *Im Lichte der Wahrheit* (Band 3, S. 349) heißt es dazu [34]:

»Der Volksmund spricht ganz richtig von dem abgeklärten Geist! Ein reifer oder abgeklärter Mensch ist sehr leicht zu erkennen; denn er steht im Licht und meidet alles Dunkel. Er wird auch Frieden um sich auslösen durch seine Art.«

Und weiter:

»In Wirklichkeit würde es nicht schwer sein, sobald ihr euch dazu verstehen könnt, endlich mit dem vernünftig umzugehen, was euch Gott gegeben hat, das richtig anzuwenden, was ihr schon in Händen haltet, und euch einfügt in das Schwingen der Gesetze (…). Es ist dann kinderleicht in wahrstem Sinne.«

Die Reinkarnationslehre

Doch noch eine andere wichtige Lebenserkenntnis wurde von Europas Boden nahezu restlos getilgt und beseitigt, und auch hier erkennen wir als Urheber die Kirche: Es geht um das Wissen der Reinkarnationslehre, die natürlich eng mit dem Gesetz der Wechselwirkung, von Saat und Ernte, verbunden ist. Selbstverständlich ist der Mensch nach seinem irdischen Ableben nicht mausetot, auch wenn uns das heute überall stets verdeutlicht werden soll: Sein Geist, der sich vom stofflichen Körper löst, sobald dieser den letzten Atem aushaucht, entwickelt sich im Jenseits weiter bis zu jenem Tag, an dem er erneut in einen stofflichen Körper eingeht, um wiederum ein Erdenleben zu beginnen.

Die Tatsache, dass wir Menschen nicht nur einmal in diese Welt geboren werden, sondern schon etliche Male unsere Erdenwanderungen vornahmen, wird heute wie gestern, ja, praktisch fast von Beginn an von Kirchen, Politik und Gesellschaft verschleiert. Doch gehörte das Wissen darum vor langer Zeit zu nahezu allen alten Kulturen wie einst auch zum kirchlichen Glauben ganz selbstverständlich dazu. Wie kam es zu dieser eklatanten Verfälschung alten Wissens?

Bereits kurz nach Jesu Heimgang begann man, die Grundlage des wahren und natürlichen, christlichen Glaubens zu manipulieren. Von dem einstigen Wissen der Apostel Christi, das diese erst Jahrzehnte später nur lückenhaft zu Papier brachten, wodurch letztlich das Neue Testament der Bibel begründet wurde, blieb immer weniger übrig. Unzählige Male wurden die Kirchenlehren im ersten und zweiten Jahrtausend »überarbeitet«, natürlich meist in Rom, es wurde gestrichen, weggelassen; Neues, von Menschen Erdachtes, kam hinzu. Gelehrte griffen ein, stellten sich gegeneinander, und alle diese Ergüsse, Wissenschaften, Dogmen und Auswüchse fanden regelmäßig ihren Niederschlag zwischen den Deckeln des berühmtesten Buches der Welt.

Einer der wichtigsten Eingriffe fand 556 n. Chr. beim Zweiten Konzil von Konstantinopel statt, als man kurzerhand die Reinkarnationslehre aus sämtlichen Kirchenbüchern strich. Warum? Nun, einer der Hauptgründe dürfte in der Angst der Kirchenoberen gelegen haben, ihre Schäfchen sonst zu verlieren. Weil die Menschen, die vom Leben, Sterben und von der irdischen Wiederkehr ihrer Seele wissen, natürlich auch das Gesetz des Karmas kennen und dieses tunlich zu beachten suchen werden: Mit jeder Neugeburt auf Erden setzt dieses unabänderlich ein. Das bedeutet, dass jede Missetat der vergangenen Leben, die noch nicht vom Verursacher selbst abgebüßt wurde, so sicher wie das

Amen in der Kirche eines fernen Tages zur meist anstrengenden Auswirkung kommen muss, nicht selten auch erst einige Erdenleben später. Wie natürlich auch jede gute Tat positive und stärkende Aspekte bringt als unabänderliche Folge.

Damit erhält man auch eine Antwort auf die Frage, warum die Kirche ein immenses Interesse daran hatte, die Reinkarnationslehre zu vernichten. Denn das vollkommene und richtige Schöpfungswissen, das ganz einfach zu erlernen und für den Menschen leicht verständlich ist, koppelt ja jeden rein empfindenden Menschen von jeglichem institutionellen Erdeneinfluss ab. Dieser steht vielmehr in seiner eigenen Kraft, wird innerlich unabhängig, gestärkt durch das Wissen und die Überzeugung eigenen Erlebens. Die Kirche wäre damit praktisch fast überflüssig geworden. Das war den Verantwortlichen in Rom schnell klar: Man konnte keine Anhänger gebrauchen, die in ihrer Verantwortung alleine und selbstständig mit Gott und der Natur lebten. Und das könnten die Menschen zweifellos, so dürfte es gewiss einst vorgesehen gewesen sein, auch wenn natürlich die Gemeinschaft mehrerer Menschen, die im selben Glauben verbunden sind, diesen zusätzliche Kraft und Unterstützung zu geben in der Lage ist, frei nach dem in der Bibel wiedergegebenen Zitat Christi [35]:

»Weiter sage ich euch: Was auch immer zwei von euch auf Erden einmütig erbitten, werden sie von meinem himmlischen Vater erhalten. Denn wo zwei oder drei in meinem Namen versammelt sind, da bin ich mitten unter ihnen.«

Mit dem allumfassenden Wissen um seine eigene Verantwortung in dieser Schöpfung wäre jeder Mensch auch in der Masse weder manipulierbar noch zahlungswillig gewesen. Sie, die Kirchenoberen, aber, Bischöfe, Päpste und auch deren einflussreiche

Unterstützer aus Staat und Regierung, wollten und forderten vom ersten Tage an Macht, Einflussmöglichkeit über möglichst viele Menschen, wie es ja leider bis heute der Fall ist. Und so wurden falsche und unvollkommene Gebilde vom Höchsten, von Gott, erschaffen, die Angst und Unsicherheit einflößten, aber nicht Vertrauen, Liebe und Überzeugung brachten und die Menschen somit immer weiter von ihm, vom Schöpfer, entfernten. Von Beginn an übte man Druck auf die Gläubigen aus, unter dem diese des Sonntags schaudernd in die hohen dunklen Kirchenhäuser liefen, in der vagen Hoffnung auf Hilfe von oben. Ein infames Spiel, denn auch durchaus richtige Thesen, Teile der wahren Christus-Lehre, wurden mit hineingemischt in das üble Machwerk, das man bis heute allgemein das Christentum nennt. Wie sollten sich die Schäfchen da noch zurechtfinden?

Wer heute die Bibel in die Hand nimmt, stößt bereits auf den ersten Seiten auf die Schilderungen des Umgangs mit Geistwesen, auf Begegnungen mit Verstorbenen, Engeln oder Lichterscheinungen. Doch verlangt man von Pastoren oder Pfarrern Aufschluss darüber, so ist meist unwissendes Schulterzucken die Antwort.

Wie bereits festgestellt: Es sind mehr als drei umwälzende, massive Leugnungen beziehungsweise Fälschungen vonseiten der Kirche gewesen, die sie den Gläubigen in den zurückliegenden 1500 Jahren als »gottgewollten Glauben« aufzwang: das Löschen um das wertvolle Wissen der wesenhaften Schöpfungshelfer wie auch der hier erläuterten Sühneopferlehre und eben der Kirchenbann über die Reinkarnationslehre. Es ist nicht in Worte zu fassen, was die Menschheit dadurch verlor. Auf die Frage, ob die frühen Christen und die Kirchenväter an Reinkarnation glaubten, lieferte der Religionsforscher und Jakob-Lorber-Experte Kurt Eggenstein zahlreiche Informationen [36]:

»Aus den auf uns überkommenen Schriften führender christlicher Persönlichkeiten aus den ersten christlichen Jahrhunderten geht eindeutig hervor, dass die Lehre einem engeren Kreis bekannt war. Der Kirchenvater Justin (gest. 165 n. Chr.) antwortet in einem aufgezeichneten und noch vorliegenden Gespräche mit dem Juden Tryphon auf dessen Frage, was nach Ansicht der Christen mit den Seelen der Verstorbenen geschehe, sie würden wieder in einen Leib eingeboren werden.«

Eggenstein berichtet weiter von dem Kirchengelehrten Origenes von Alexandrien, dem damals berühmtesten Vertreter, der die Lehre der Wiederverkörperung der Seele ebenso vertrat wie Tertullian, Ruffinus, Klemens von Alexandrien, Nemesius, Synesius, Hilarius und Gregor von Nyssa.

»Letztgenannter schrieb: ›Für die Seele ist es Naturnotwendigkeit, dass sie sich durch mehrfache Lebensläufe reinigt.‹ Ruffinus versichert in einem Brief an Anastasius, dass der Glaube an wiederholte Lebensläufe Allgemeingut der Kirchenväter sei und den Eingeweihten seit je als alte Tradition überliefert worden sei. Der Kirchenlehrer Augustinus fragt: ›Habe ich nicht schon in einem anderen Körper gelebt, ehe ich in dem Leibe meiner Mutter wurde?‹ Der Kirchenlehrer Hieronymus schrieb in einem Brief an Demetrius, dass die Reinkarnationslehre unter den ersten Christen als geheime Überlieferung den Auserlesenen mitgeteilt worden sei.«

Die wertvollen Schriften der Reinkarnationslehre des Origenes von Alexandrien wurden zum größten Teil vernichtet. Diesen berühmten Forscher und Experten zum Thema Prä-Existenz der Seele belegte man in Konstantinopel im selben Zuge mit dem Kirchenbann, der bis zum heutigen Tage aufrechterhalten bleibt. Damit war die Lehre der Wiedergeburt schon im sechsten Jahrhundert nach Christi zu einem kirchlichen Tabu geworden. Diese Tatsache wird auch von Kurt Eggenstein bestätigt. Die Lehre von der Reinkarnation sei im Bewusstsein der Leiter der urchristlichen Gemeinden zwar eine Selbstverständlichkeit gewesen:

»Das wurde um etwa 540 jedoch anders. Auf dem von dem Kaiser Justinian einberufenen und geleiteten Konzil zu Konstantinopel wurde diese Lehre im Jahre 538 auf Veranlassung des Kaisers verurteilt. Justinian beherrschte die Kirche völlig, den Papst ließ der christliche Kaiser in den Kerker werfen. Im Jahre 543 hat der Papst Vigilius – wahrscheinlich unter Druck – den vom Kaiser gegen Origenes, der diese Lehre vertreten hatte, geschleuderten Bann bestätigt. Justinian hatte seinerseits dem Druck der mächtigen Mönchsorden aus politischen Erwägungen nachgegeben, weil er deren Gunst vielleicht noch brauchen könnte. Trotz dieser Maßnahmen, bei denen die Wahrheit keinen Stellenwert hatte, war die Lehre bis ins Mittelalter bekannt.«

Dass die Reinkarnationslehre in der Katholischen Kirche, jedenfalls in den Rängen ihrer höchsten Würdenträger, durchaus bekannt war und es bis heute auch geblieben ist, dafür gibt es einige klare Beweise. In einem vorliegenden Bericht aus den 1920er-Jahren zum Beispiel heißt es von einem suchenden Gläubigen zu seiner Bekanntschaft mit der bayerischen Staatsschauspielerin Clara Boeck in München:

»Sie war Jahrzehnte älter als ich und lebte mit ihrer für meine Begriffe uralten Mutter zusammen, die weißhaarig und würdig die Familie hoher bayerischer Militärs repräsentierte. Clara Boeck war eine überzeugte und gläubige, wenn auch freigläubige Katholikin, die päpstliche Auszeichnungen für ihre soziale Tätigkeit während und nach dem Weltkriege erhalten hatte und von zwei Päpsten in Privataudienzen empfangen worden war. Aufgrund ihrer gesellschaftlichen Stellung, ihrer perfekten Beherrschung der italienischen Sprache und ihres Berufes als Schauspielerin wurde sie dem damaligen päpstlichen ›Nuntius für Bayern‹ in München, Eugenio Pacelli (1917–1925 Nuntius für Bayern), dem späteren Papst Pius XII., von der bayerischen Regierung als Sprachlehrerin für die italienischen Mitglieder der Nuntiatur empfohlen.«

Weiter heißt es in dem Bericht:

»Von ihren Gesprächen mit diesen höchsten katholischen Geistlichen und deren persönlichen Glaubenserkenntnissen berichtete mir Clara Boeck im Verlaufe unserer ernsten religiösen Gespräche Folgendes: ›Für die *hohe* katholische Geistlichkeit sind die wiederholten Erdenleben eine Selbstverständlichkeit.‹ In weiteren Gesprächen sei auf die Leere des ›evangelischen Himmels‹ im Unterschied zu dem Reichtum des ›katholischen Himmels‹ hingewiesen worden, der durch das Wirken der Heiligen belebt sei.«

Von offizieller Kirchenseite wird bis heute immer wieder darauf hingewiesen, dass es die Reinkarnationslehre niemals gegeben habe, und auch in der Bibel könne man keine Hinweise dazu finden. Doch das ist unrichtig. Die Bibel zeigt trotz der flächendeckenden Beseitigung entsprechender Beweisstellen mehrfach eindrucksvoll, dass die Reinkarnation und auch das Karma, also die Folge unseres Handelns, unbedingt in den Glauben mit einbezogen werden müssen als wichtigstes Fundament für das menschliche Dasein und Überleben im Dies- und Jenseits. Mehrere Beispiele in dem Buch mit den sieben Siegeln zeugen davon, sowohl im Alten als auch im Neuen Testament. Hier finden sich unmissverständliche Hinweise, vor allem auch darüber, dass es durchaus verschiedene Ebenen im Jenseits gibt, sowohl lichte als auch dunkle, denen man entsprechend seinen einstigen Handlungen im irdischen Leben dann »zugeordnet wird«.

So schildert die Bibel bei Lukas [37] die Situation auf Golgatha, in der sich der bereits gekreuzigte Gottessohn kurz vor seinem Tode befindet. Rechts und links von ihm hängen, ebenfalls an Kreuzen, zwei Verbrecher: ein uneinsichtiger und ein demütiger. Letzter sagt: »Jesus, denk an mich, wenn du in dein Reich kommst.« Jesus antwortet ihm: »Amen, ich sage dir: Heute noch wirst du mit mir im Paradies sein.«

Das Paradies, Sehnsuchtsort aller Menschengeister, dürfte die höchste Stufe des himmlischen Reiches sein, in das der Mensch gelangen kann. Nur um dort hinzukommen, nahm er einst den langen Weg durch die vielen Erdenleben auf. Das Gegenteil des Paradieses ist das Fegefeuer, auch Hölle genannt. Auch hierzu, auf das jenseitige Reich der Finsternis und des Dunkels, finden wir deutliche Hinweise. In Matthäus sagt Jesus [38]:

»Ich sage euch aber, dass viele von Osten und Westen kommen und mit Abraham und Isaak und Jakob zu Tisch liegen werden in dem Reich der Himmel, aber die Söhne des Reiches werden hinausgeworfen werden in die äußere Finsternis; da wird das Weinen und das Zähneknirschen sein.«

Einige weitere Bibel-Verse schienen die Kirchenkorrektoren aus dem sechsten Jahrhundert übersehen zu haben, die bis heute immer wieder für Verwunderung sorgen und etliche Fragen aufwerfen. Das Matthäus-Evangelium [39] bezieht sich an drei Stellen auf den Hinweis, dass Johannes der Täufer der wiedergeborene beziehungsweise wiedergekehrte Prophet Elija sei, die anderen Evangelien an sieben Stellen. Als der Gottessohn mit seinen Jüngern vom Berg der Erkenntnis herabstieg, fragten sie ihn:

»Warum sagen denn die Schriftgelehrten, Elija müsse zuerst wiederkommen? Er gab zur Antwort: Ja, Elija kommt und er wird alles wiederherstellen. Ich sage euch aber: Elija ist schon gekommen, doch sie haben ihn nicht erkannt, sondern mit ihm gemacht, was sie wollten. Ebenso wird auch der Menschensohn durch sie leiden müssen. Da verstanden die Jünger, dass er von Johannes dem Täufer sprach.«

Interessant ist in diesem Zusammenhang auch das Gleichnis des reichen Mannes und des armen Lazarus aus dem Lukas-Evangelium. [40] Aus diesem Bibel-Kapitel wird in wenigen Sätzen klar ersichtlich, wie der Mensch auf Erden leben muss, um im Jenseits Gnade zu finden. Ebenso finden wir Hinweise darauf, dass die Seelen der Verstorbenen in diesen Reichen kommunizieren und »bei Bedarf« die noch Lebenden besuchen können, um sie zum Beispiel vor eventuellen Gefahren zu warnen:

Der Reiche und der Bettler Lazarus

Ein reicher Mann lebt in Saus und Braus und ist in feine Kleider gewandet. Der Bettler Lazarus liegt vor dessen Toren und bittet um Brosamen, die vom Tische des Reichen fallen, »stattdessen kamen die Hunde und leckten an seinen Geschwüren«. Nach seinem irdischen Tod findet sich Lazarus in Abrahams Schoß wieder, was dem Paradies in etwa gleichkommt. Der Reiche, der ebenso stirbt und begraben wird, befindet sich jedoch in der Unterwelt, in der er qualvolle Schmerzen leidet. Verzweifelt ruft er: »Vater Abraham, erbarme dich mein und sende Lazarus, dass er die Spitze seines Fingers ins Wasser tauche und kühle meine Zunge; denn ich leide Pein in dieser Flamme.« Abraham aber antwortet: »Gedenke, Sohn, dass du dein Gutes empfangen hast in deinem Leben, und Lazarus dagegen hat Böses empfangen; nun aber wird er getröstet, und du wirst gepeinigt.«

Weiter erklärt ihm Abraham, dass zwischen Lazarus und ihm eine große Kluft bestehe, sodass es dem einst Bedürftigen gar nicht möglich wäre, diese zu überwinden, um zu Abraham zu gelangen und ihm zu helfen. Ebenso wäre dies umgekehrt auch nicht zu bewerkstelligen. Doch der nun leidende, ehemals reiche Mann lässt nicht locker. In seiner Verzweiflung bittet er, dass Abraham eine Person aus dem Jenseits schicken möge, um seine noch lebenden Angehörigen auf Erden davor zu warnen, dass sie das gleiche bittere Schicksal im Jenseits ereilen könnte, wenn sie ihren Lebenswandel nicht änderten und auf die Not Leidender schauen würden. Die Antwort Abrahams lautete jedoch: »Sie haben Mose und die Propheten; lass sie dieselben hören.« Damit ist gemeint, dass die Brüder des Reichen selbst zur Wahrheit gelangen müssten durch eigenes Erkennen der Schöpfungsgesetze, die schon von Moses und den Propheten verkündet worden waren. Immer noch insistiert der Leidende weiter, denn er will seine noch lebende Familie unbedingt bewahren vor dem grässlichen Schicksal im Jenseits. So sagt er: »Nein, Vater Abraham! Sondern wenn einer von den Toten zu ihnen ginge, so würden sie Buße tun.«

Dieser Bibel-Satz zeigt, dass Besuche Verstorbener im Diesseits durchaus möglich sind, um etwa vor falschen Handlungen oder gefährlichen Ereignissen zu warnen. Doch müssen die jeweiligen Empfänger, denen die jenseitige Nachricht gilt, auch empfänglich dafür sein; nur ein offener Geist ist in der Lage, zu erkennen und zu reagieren. Nur derjenige, der Informationen aus anderen Sphären überhaupt für möglich hält, wird dem folgen können. Nur wer es also nicht ausschließt, dass die Schöpfung noch viel größer und umfassender ist, als es mit dem bloßen Auge und Ohr registriert werden kann, dem wird es gelingen, mehr zu sehen und zu verstehen, als es für andere Menschen denkbar wäre. Doch wessen Denken und Empfinden abgetrennt sind von den ewigen Gesetzen wie eine hohe, undurchdringbare Steinmauer, wer sich aus Bequemlichkeit lieber der manipulierten Masse anschließt, der wird diese wunderbaren Erkenntnisse niemals für sich erschließen können.

Abraham weiß das natürlich. Er kennt die geistige Schlaffheit der Menschen, die auch zu jener Zeit bereits nur selten in der Lage waren, sich ein eigenes Bild zu verschaffen. Würden die Brüder des Reichen auf Hinweise Verstorbener achten? Damals wie heute kann man getrost antworten: Wohl kaum! Und so beendet Abraham die Diskussion mit folgendem Satz: »Hören sie Mose und die Propheten nicht, so werden sie auch nicht glauben, wenn jemand von den Toten aufstünde.«

Dieses Gleichnis aus dem Neuen Testament könnte der Weckruf für all jene Menschen sein, die sich der Wahrheit nicht verschließen wollen. Es zeigt überdeutlich, dass im Jenseits sehr unterschiedliche Ebenen auf den Menschengeist warten, je nachdem, wie er gelebt hat auf Erden. Es zeigt überdies, dass in der Bibel durchaus deutliche Hinweise auf die Geheimnisse des Lebens und Sterbens zu finden sind, wenn man sie nur erkennen möchte. Leider dient dieses überaus spannende Gleichnis bis zum heutigen Tage in keiner Weise dazu, dass Kirchenvertreter etwa Licht ins Dunkel bringen würden über den Umstand, dass mit Ablegen der irdischen Hülle die geistige Existenz des Menschen mitnichten beendet ist. Kaum jemand lässt diesem Bibel-Kapitel die entsprechende Deutung zukommen, die es in Wirklichkeit verdient hätte. Das gesamte Gesetz der Wechselwirkung, der Saat und Ernte, findet sich hier auf einprägsame Weise wieder. Doch um diese Zeilen wirklich richtig zu entschlüsseln, müssten die Staatskirchen ihre Lehren ändern. Freiwillig werden sie das wohl jedoch nicht tun.

Jahrhundertelang herrschte in Europa Stille zum Thema Reinkarnation. Kein Wunder, wurde die Geschichte der Menschen doch bis ins 15. Jahrhundert hinein so gut wie ausschließlich von Kirchenmitarbeitern aufgeschrieben. Und die wussten nur allzu gut von den Tabus, oder besser gesagt, von den diversen Dogmen und Denkverboten. Doch hin und wieder sickerte die Wahrheit durch. Ein beeindruckender Beweis über offenbar höheres Wissen wurde vom ehemaligen, verstorbenen Papst Johannes Paul II. in seiner Generalaudienz vom 28. Oktober 1998 offenbar. Hier formulierte dieser wörtlich [41]:

»Man darf nicht glauben, dass das Leben nach dem Tode erst mit der endzeitlichen Auferstehung beginnt. Ihr geht jener spezielle Zustand voraus, in dem sich jeder Mensch vom Augenblick des physischen Todes an befindet. Es handelt sich um eine Übergangsphase, bei welcher der Auflösung des Leibes das Überleben und die Fortdauer eines geistigen Elementes gegenüberstehen, das mit Bewusstsein und Wille ausgestattet ist, sodass das Ich des Menschen weiter besteht, auch wenn die Ergänzung seines Körpers fehlt.«

Der einst höchste Würdenträger der Katholischen Kirche offenbarte mit diesen Worten das Wissen um die Reinkarnationslehre mehr als deutlich. Ebenso wirken denn auch jene Worte in einem Text, der als »Schreiben der Kongregation für die Glaubenslehre zu einigen Fragen der Eschatologie« (verfasst am 17. Mai 1979) bezeichnet wird. Ihm kann man entnehmen: »Die Kirche bekräftigt das Überleben und Fortbestehen eines geistigen Elementes nach dem Tod, das mit Bewusstsein und Willen ausgestattet ist, sodass das ›Ich‹ des Menschen fortbesteht. Um dieses Element zu bezeichnen, verwendet die Kirche das Wort ›Seele‹, welches durch Schrift und Tradition sanktioniert ist.«

Das Geschehen der Wiedergeburt betrifft *jeden* Menschen. Die Totenruhe gilt also nur für den jeweiligen Erdenleib, der eigentliche Mensch, dessen wahres »Ich« sein Geist ist, überlebt. Man könnte diesen Geist nach dem Übergang ins Jenseits auch »Seele« nennen. Aus diesen natürlichen Vorgängen ergeben sich weitere wichtige Schlussfolgerungen. So ist es im Zusammenhang mit der Reinkarnationslehre wichtig zu wissen, dass die Seelen von Verstorbenen über bestimmte Menschen mit den noch Lebenden kommunizieren können, was sowohl zum Nutzen der noch Lebenden als auch zur Hilfe für die Seelen der Verstorbenen sein kann. Das Beispiel des Bettlers Lazarus zeigt dies ebenso mehr als deutlich. Gerade durch die Kirche wurden in den zurückliegenden Jahrhunderten diese Zusammenhänge nicht selten jedoch als Scharlatanerie und Teufelswerk bezeichnet. Viele Menschen wurden auch hier – im »Namen Gottes« – für solche Kenntnisse gemordet. Wobei der Hinweis wichtig ist, dass damit nicht etwa zu spiritistischen Sitzungen und Séancen ermuntert werden sollte, dass also hier auf Erden Lebende die verstorbenen Geister etwa rufen sollten. Dies birgt erhebliche Gefahren für den Unwissenden, die zu lebenslangen verheerenden Folgen führen können. Auch sollte man tunlichst Hypnosesitzungen vermeiden, um vielleicht Verstorbene herbeirufen zu wollen. In dem hier zu Beginn erwähnten dreibändigen Werk *Im Lichte der Wahrheit* wird in dem Kapitel »Verbrechen der Hypnose« deutlich beschrieben, welche gefährlichen Folgen dies für die Akteure im Dies- und Jenseits haben kann.

Es wird immer wieder deutlich, dass die Kirchenoberen, die in höchsten Ämtern tätig sind und nicht selten in enger Beziehung zum Vatikan stehen und wirken, weitaus mehr wissen, als es derzeit öffentlich und selbst bei zahlreichen Mitgliedern der Katholischen Kirche bekannt zu sein scheint. Beispiele solcher Menschen, die als Mittler zwischen den »Lebenden« und den

»Verstorbenen« dienten, sind unter vielen anderen die vor einigen Jahren verstorbene Österreicherin Maria Simma oder der ehemalige Abt von Kloster St. Ottilien, Pater Frumentius Renner. Letzterer dokumentierte Erscheinungen von Verstorbenen in seinen Aufzeichnungen, die unter anderem in seiner Biografie veröffentlicht wurden. Pater Frumentius war über mehrere Jahre hinweg der Beichtvater von Kardinal Ratzinger, dem späteren Papst Benedikt XVI. Ebenso schrieb und korrigierte er viele Reden für Benedikt – seine Lateinkenntnisse galten als herausragend. Der Erzbischof von Bamberg, Karl Braun, schrieb zum Tode des Paters im Jahre 2000 das Vorwort zu einer Biografie Frumentius Renners. Daraus veröffentlicht die Erzabtei St. Ottilien folgende Gedanken des Bamberger Erzbischofs im Jahre 2001:

»Der Theologe Karl Rahner schrieb: ›Der Christ von morgen wird ein Mystiker sein, einer, der etwas erfahren hat, oder er wird nicht mehr sein.‹ Dieses bekannt und häufig zitierte Wort möchte ich im Blick auf den unvergessenen P. Frumentius Renner OSB so interpretieren: Der Christ der Zukunft muss übernatürlich denken, oder er wird die Prüfungen, denen sein Glaube ausgesetzt sein wird, nicht bestehen. In unserer Zeit, in der auch Christen oft fixiert sind auf das Sichtbare, Machbare sowie empirisch Belegbare und von einem übernatürlichen Heilsglauben in eine vermenschlichte Religiosität zurückfallen, in eine Religion innerhalb der Grenzen der ›reinen Vernunft‹ (Kant), in ein Christentum ohne Übernatur – in einer solchen Zeit ist die Wiedergewinnung des Transzendenten, dessen also, was über unsere fünf Sinne hinausgeht und sie übersteigt, von äußerster Dringlichkeit. Wie der Fisch im Wasser, so lebte P. Frumentius in dem geheimnisvollen Raum des Glaubens, der ein Überzeugtsein von Dingen ist, die man nicht sieht. Was wir auch als gläubige Menschen oft leichthin und unreflektiert sagen, dass es nämlich außer unserer sichtbaren Welt auch eine unsichtbare Welt gibt, war ihm ständig und lebendig bewusst. Der Heimgegangene schaute im Glauben durch die sichtbaren Dinge, durch alles Vordergründige hindurch auf die Tiefen des Mysteriums Gottes. So öffneten sich ihm Einblicke in die Welt des Unsichtbaren und in das wunderbare Handeln Gottes gerade auch da, wo es kaum jemand ahnt. Er traute Gott und seinen Heiligen viel mehr zu, als wir das gewöhnlich tun – auch das beinahe Unglaubliche, von dem viele in ihrer Befangenheit durch Rationalismus und Glaubensmangel meinen, dass es ein Märchen aus früheren Zeiten sei.«

So weit der ehemalige Erzbischof von Bamberg, Karl Braun. Von einer Welt des Unsichtbaren ist die Rede, die der hochrangige Katholik und Papstvertraute Frumentius Renner wie selbstverständlich erkannt hatte. Von Unglaublichem, das durch Rationalismus nicht erklärbar sei. Dieses wichtige Zeugnis vom Jenseits und von der Reinkarnation könnte heute viele Menschen wach rütteln.

Das Wissen um die Reinkarnation könnte nach Ansicht einer wachsenden Zahl von Wissenschaftlern vielen Menschen helfen, die Angst vor dem Tod und dem Jenseits zu überwinden. Eine flächendeckende Kenntnis davon würde erkennbar gesellschaftsverändernde Folgen haben: Verantwortlicheres Handeln, ein höheres, sensibleres Bewusstsein und Achtsamkeit anderen Menschen gegenüber wären zweifellos damit verbunden. Die Verwirrung heute jedoch ist perfekt, niemand weiß noch Richtiges von Falschem zu unterscheiden. Wichtiges, wertvollstes Urwissen, das uns heute in dieser verfahrenen Situation weiterhelfen könnte, existiert damit nicht mehr, es wurde gewaltsam aus dem Bewusstsein der Menschen gelöscht, es wurde im wahrsten Sinne herausgeprügelt, wurde ein für alle Mal vernichtet durch Angsteinflößung, durch Verfolgung, durch die Inquisition, durch millionenfachen vorsätzlichen Mord! In dem Buch *Im Lichte der Wahrheit* heißt es dazu in Band 2 [42]:

»›Gottes Mühlen mahlen langsam, aber sicher‹, heißt es in dem Volksmunde so treffend über dieses Weben unbedingter Wechselwirkung in der ganzen Schöpfung, deren unverrückbare Gesetze die Gerechtigkeit Gottes in sich tragen und auswirken. Es rieselt, fließt und strömt und ergießt sich über alle Menschen, gleichviel, ob diese es nun wünschen oder nicht, ob sie sich hingeben oder dagegen sträuben, sie müssen es empfangen als gerechte Strafe und Vergebung, oder Lohn in der Erhebung. Wenn ein Murrender oder Zweifelnder nur ein einziges Mal einen Blick werfen könnte in das feinstoffliche, von straffem Geist durchzogene und getragene Wogen und Weben, das die ganze Schöpfung durchdringt, umfasst, in dem sie ruht, das selbst ein Stück der Schöpfung ist, lebendig als ein ewig treibender Webstuhl Gottes, er würde sofort verschämt verstummen und bestürzt die Anmaßung erkennen, die in seinen Worten liegt. Die ruhige Erhabenheit und Sicherheit, die er erschaut, zwingt ihn abbittend in den Staub.«

Die echte Schöpfungslehre, zu der das Reinkarnationswissen unbedingt gehört und die weit über alles jetzige Wissen-Wollen hinausgeht, wurde von den Machthabern als »Teufelswerk« abgestempelt, damit niemand mehr auf die Idee kam, je noch daran zurückzudenken. Fatal! Denn damit wurde der Menschheit das größte und schönste Geschenk genommen: Es war der Schlüssel zum Leben! Heute bleiben wir zurück wie ein Haufen hilfloser Kinder, die nun der weiteren, vernichtenden Entwicklung ausgesetzt sind wie Passagiere eines kleines Bootes auf hoher, stürmischer See, ohne dass noch jemand den Hebel zur Rettung irgendwie umzulegen weiß.

Was haben sich die Kirchenobersten in Rom in den zurückliegenden Jahrhunderten nicht alles einfallen lassen, um wichtiges Wissen um Verantwortung und Schicksalsknüpfung aus dem Bewusstsein der Menschheit zu entfernen. Die Inquisition spielt dabei mit die dunkelste aller Rollen: Wie viele Unschuldige mussten ihr Leben lassen, weil sie durch eigene überirdische Erfahrungen, Erinnerungen oder Hellsichtigkeiten von den engen Verbindungen ins Jenseits wussten und die Lehre des Sterbens und Wiedergeboren-Werdens weitertragen wollten? Ebenso besaßen viele das Wissen um die unsichtbaren Naturwesen, das man ihnen jedoch ebenso mit unvorstellbarer Gewalt, mit Fallbeil und Scheiterhaufen, auszutreiben suchte. Es ist eine bemerkenswerte, schwere Schuld, die sich der »Heilige Stuhl« in Rom über viele Jahrhunderte hinweg wissentlich und vorsätzlich auflud. Ebenso unser Protagonist dieses Buches, Karl der Große. Doch jeder einzelne Beteiligte, der an den unseligen Entscheidungen mitwirkte, diese auch noch »im Namen Gottes« beging, wird nach den Schöpfungsgesetzen dafür geradestehen müssen, egal, zu welcher Bedeutung er es irdisch auch je gebracht haben mochte: Kein unschuldiger Menschentod, keine Verfolgung, Hetze, kein Mord und keine Sklaverei, nicht eine einzige Gräueltat, wurde sie auch als noch so unwichtig angesehen, sei sie auch Tausende Male im Namen des Herrn ausgeübt worden, bleibt nach den ewigen Gesetzen ungesühnt. In dem Buch *Die Zehn Gebote Gottes* von Abd-Ru-Shin heißt es im Zweiten Gebot [43]:

»Noch schlimmer aber trieben es die Kirchen und ihre Vertreter, welche unter Gottanrufungen die Mitmenschen den ärgsten Folterungen unterwarfen, und sie zuletzt wieder unter Gottanrufungen verbrannten, wenn sie nicht vorher schon den Qualen unterlegen waren. Der allen wohlbekannte und ob seiner Grausamkeit berüchtigte römische Kaiser Nero war in seinen Christenmartern nicht so schlimm, nicht so verdammenswert als die Katholische

Kirche mit ihrem ungeheuren Sündenregister den Gottesgesetzen gegenüber! Erstens hat er lange nicht so viel gemordet und gequält, und zweitens nicht unter so heuchlerischen Gottanrufungen, die in dieser Art mit zu den größten Gotteslästerungen zählen müssen, die verübt zu werden einem Menschen möglich sind!«

Einige der wichtigsten Fragen, die ebenso dringend nach Klärung verlangen, lauten: Welche umfassende und für uns bis heute dringend notwendige Wahrheit mussten die naturverbundenen Völker von einst, die schwerstens gequält, gedemütigt und gebunden wurden, aufgeben? Wie wichtig und wertvoll ist ihr Urwissen auch für uns, gerade heute? Existieren sie noch, unsichtbar für unser nur noch an Materialismus gewohntes Auge, diese hohen Helfer? Und wenn ja, was mögen die Hüter der göttlichen Ordnung wohl über uns denken? Was trieb man den Menschen einst gewaltsam aus, zwang ihnen wieder im Namen des Herrn heuchlerische Taufgelöbnisse ab, und ersetzte das wertvolle Wissen durch engstirnige Kirchenlehren aus dunklen Klostermauern? Was hat man damit auch uns heute genommen?!

Dieses völlig entstellte Gotteswissen, lückenhaft, falsch und gefährlich, stellt das Fundament Europas dar. Es ist die Grundlage eines überbordenden Herrscherwahns, mit dem die ganze Welt eingenommen und auf Kurs gebracht werden sollte. Ist es verwunderlich, dass es nun, global betrachtet, die Christen sind, die auf immer brutalere Weise verfolgt und umgebracht werden? Es ist stets nur das Unvermögen, die Dummheit der Menschen gewesen, die diese so wichtige Regel nie ernst genug genommen haben. Stets sollen wir daran gemahnt werden, in unseren Taten und Worten größtmögliche Sorgfalt und Vorsicht walten zu lassen. Denn wir werden nicht nur alles zurückbekommen, sondern wir werden es *vielfach* ernten müssen, heißt es.

In der Bibel sind seit etwa 2000 Jahren viele Worte Jesu nachzulesen. Inzwischen wurde hinreichend belegt, dass etliche Zitate in dem angeblichen Buch mit den sieben Siegeln im Laufe der Zeit manipuliert wurden; Textstellen wurden verändert, gekürzt, erweitert, ganze Passagen und Gedankengänge gelöscht, sogar vollständige Lehren wurden nahezu komplett gestrichen, wie die schon erwähnte Reinkarnationslehre. Beim Zweiten Konzil von Konstantinopel im Jahre 556 wurde dieser Beschluss gefasst; seitdem lernt das Christentum, dass mit dem irdischen Tode alles Leben ende.

Es war eine fatale Wendung für das Christentum, die hier erfolgte, denn wer mit dem Weiterbestehen seines Geistes nach dem irdischen Ableben rechnet, der zunächst dann in jenseitigen Ebenen weilt und weiter reifen muss, um zum vorgesehenen Zeitpunkt erneut auf die Erde geboren zu werden, der wird sich seiner immensen Eigenverantwortung auf jeden Fall bewusster sein als jener Mensch, der mit seinem totalen Ende rechnet am Schluss des Lebens hier. Jeder hier Aufgeklärte wird sich deswegen möglichst sündenfrei verhalten, um sich kein übles Karma aufzubauen, das nur er persönlich wieder sühnen kann – und muss!

Warum fragen sich aufgeklärte Köpfe von heute nicht einmal, wieso in nahezu allen anderen Religionen die Lehre von der Wiedergeburt fest verankert ist, während die Bibel leere Stellen zu diesem Thema aufweist? Hier stößt man auf eine angebliche Unvollkommenheit des Schöpfungssystems, würde man alles glauben, was die Bibel ausdrückt oder eben auch verschweigt. Gott sandte seinen Sohn Christus einst auf die Erde, um jedem suchenden Menschen die Wahrheit zu bringen und die Welt, in der er lebt, schlüssig zu erklären, damit er diese im besten Sinne einst beherrschen lerne. Die reine Wahrheit ist für alle da, denn es gibt nur diese eine: Sie umfasst die Schöpfungsgesetze, die mit den Zehn Geboten und dem Vaterunser den Menschen gegeben wurde. Alle großen Religionen dieser Welt basieren ebenfalls auf diesen Schöpfungsgesetzen, Wegbereiter wie Zarathustra, Mohammed, Buddha oder Laotse schöpften sämtlich aus ein und derselben Lichtquelle. Dass auch ihre Lehren heute nach Menschensinn allein ausgelegt werden, dass auch ihnen das Schicksal vielfacher Manipulation durch den eigenmächtig herrschen wollenden Menschenverstand nicht erspart blieb, verwundert angesichts der seit Jahrtausenden zu beobachtenden Willkür, wie sie durch den Homo sapiens ausgeübt wird, wohl kaum noch.

Jesus sagte: *Niemand kommt zum Vater denn durch mich*. Mit anderen Worten: Der Gottessohn brachte die göttliche Wahrheit aus höchsten Höhen; wer Gottes Gesetze verstehen lernen will, der muss dessem Sohne zuhören und ihm folgen lernen. Christus stand weit über allen Wegbereitern, die diese Erde je betreten hatten, denn auch wenn Buddha oder Laotse spirituell hoch entwickelte Geister waren und einen außergewöhnlichen Zugang zu lichter Erkenntnis besaßen, so handelte es sich bei ihnen immer noch nur um Menschen; Christus hingegen stammte aus den höchsten göttlichen Sphären, die für den Menschen ewig unerreichbar bleiben müssen, er war und ist Gottes Sohn.

Ist es nicht seltsam? Da basiert die Zeitrechnung unseres gesamten Globus überall gleichermaßen allein auf dem Geburtsdatum des Gottessohnes Jesus Christus, gleichgültig, ob es die fernöstlichen oder orientalischen, die afroamerikanischen oder europäischen beziehungsweise westlichen Religionen sowie alle übrigen Weltanschauungen und Glaubensbewegungen betrifft: Die Spuren des Gottessohnes sind allein in diesen ganz weltlichen Dingen unauslöschlich für die Menschheit auf der Erde sichtbar, sie bilden unsere Ordnung, das Datumsgesetz, sie sind das Zeitsystem, an das sich die Menschen an jedem Orte der Welt bis heute zu halten haben. Alle richten sich danach, auch wenn sie das Christentum nicht respektieren, wenn sie seine Gläubigen sogar verfolgen und töten.

Ebenso sind an dieser Stelle die Zehn Gebote Moses' zu nennen, die durch Christus vollumfänglich bestätigt wurden, wie auch das Vaterunser mit seinem ausgeprägten Wertekodex, das Jesus selbst brachte. Sämtliche Gesetzesgrundlagen aller Gesellschaften dieser Erde werden aus diesen Bestimmungen heraus zur einzigen Grundlage genommen und als unverbrüchliche juristische, gesellschaftliche, ethische und moralische Richt- und Leitlinien als allein gültig befunden und befolgt.

Doch das sind nur einige der weltlichen Spuren, die der Gottessohn auf unserer Erde hinterließ. Vor allem sind hier natürlich seine geistigen Lehren zu nennen. Diese sind in den Abermillionen, ja, Milliarden Menschenseelen bis zum heutigen Tage tief im Unter- wie auch im Oberbewusstsein verankert. Es ist das Gewissen, das dem Bewusstsein um Gott, den Höchsten, entstammt. Als Funke in jedes Menschenherz gesenkt, kann ein jeder stets sein Inneres befragen, was richtig oder falsch ist. Wie mit einer unsichtbaren Schnur verbunden, wird ihm von oben die Wahrheit zuteil, wenn er nur will. Diese enge Verbundenheit mit dem Schöpfer ist mehr als notwendig, damit die Menschen die Schöpfungsgesetze verstehen lernen, in die jede Kreatur fest eingebunden ist und die dementsprechend auch von jedem geachtet werden muss. Denn jeder hat seinen verantwortungsvollen Platz, den er ausfüllen muss in diesem großen Weltgetriebe. Zu seinen Aufgaben gehören nicht nur die moralischen Wertegrundlagen, die in den Zehn Geboten klar zum Ausdruck kommen, sondern auch der Respekt allen anderen Schöpfungswesen und der großen herrlichen Natur gegenüber. Da die innere Stimme jedoch mit der wachsenden weltlichen Entwicklung des Menschentums zunehmend verlöschen musste, weil irdische Erfolge, Ansehen und Verdienst zunehmend wichtiger genommen wurden als die geistigen, inneren Ausbildungen, weil die natürliche Richtschnur für Recht und Unrecht, für Moral und Unmoral, brüchiger zu werden drohte, kam der Gottessohn vor 2000 Jahren hernieder. Wer seine Worte bis heute genau zu verstehen sucht, der spürt den Ernst der Lage, erfasst die Mahnungen, und er weiß auch schnell, was er hier an geistiger Arbeit auf Erden zu tun hat, fernab seiner weltlichen Aufgaben, die selbstverständlich ebenso treu und zuverlässig erfüllt werden müssen. Wer sich heute jedoch hinstellt und spöttisch die Gläubigen und Suchenden betrachtet, diese bedauert, weil er selbst vermeintlich mit dem Verstand doch so viel erklären kann und weil er annimmt, dass jene Dinge, die er nicht deuten kann, eben schlicht nicht existieren und nur der Fantasie und den Wahnvorstellungen der Suchenden entspringen, der sei tief bedauert. Denn sein armer Geist ist bereits derartig verschlossen, dass er nur durch eine gewaltige Kraft- und Willensanstrengung dieses eingerostete Schloss noch zu sprengen in der Lage sein wird. Oder durch herbes Leid, das ihn auf die Knie zwingt und zu neuen geistigen Einsichten führt.

Angesichts des irdischen wie auch geistigen Reichtums, den Jesus der Welt hinterließ, muss die Frage ehrlich beantwortet werden, warum bis zum heutigen Tage nur so wenige den wahren Wert seiner Sendung erkennen können. Wie weit hat sich die Menschheit inzwischen von ihrer wirklichen Aufgabe entfernt? Es wird doch immer deutlicher sichtbar: Von Generation zu Generation nehmen der sittliche Verfall und das Bröckeln des Moralfundaments zu. Was vor 50 Jahren für uns noch undenkbar war, prangt heute wie selbstverständlich auf den Titelseiten großer Zeitungen, macht auch im Leben der Menschen längst nicht mehr Halt: Verfall der Sitten, entgrenzte Freizügigkeit, hochstilisierte Sexualität, moralische Gedankenlosigkeit, ausufernde Süchte, Mord, Kriminalität, Korruption, Geldgier und Machtwahn. Der Mensch ist tief gesunken, trotz aller Mahnungen aus dem Licht. Er wollte nicht erkennen.

Die Götter der Germanen

Der römische Kaiser Karolus Magnus, wie Karl der Große auch genannt wird und um den es im letzten Teil des Buches geht, tauchte die Wurzeln unseres Kontinents einst metertief in das Blut unzähliger verzweifelter Menschen, deren Land er für die Gründung seines Europas rücksichtslos eroberte und einnahm: Das Volk wurde unter der Knute der Priester und Mönche, die Rom im ganzen Land eingesetzt hatte, natürlich auch unter dem Druck von Soldaten und Söldnern unter das Christentum gezwungen, welches jedoch alles andere als christlich war. Und man raubte ihnen das Wichtigste, was die sogenannten Heiden einst besaßen: ihren eigenen Glauben, ihre Identität. Wie reich war doch ihr Glaube gewesen, ganz im Gegensatz zu dem, was Päpste und Ordinarien aus der reinen Lehre des Gottessohnes gemacht hatten. Um das, was schon in der Antike in Rom und in Griechenland wie selbstverständlich bekannt war und zum Glauben zahlreicher Völker und Kulturen gehörte, wussten die Germanen ebenfalls: die Götter. Die meisten Religionen des Altertums, ob in Asien, Afrika, im Orient oder in der westlichen Welt, glaubten an die Götterwelt und verfügten über das Wissen einer geordneten Gesamtheit aller Götter. Trug der Oberste dieser himmlischen Hierarchie in Rom beispielsweise den klangvollen Namen Jupiter, so nannte man den Höchsten aller Helfer in den germanischen Ländern Wotan oder Odin, während das griechische Volk die Gunst ihres Zeus zu erobern suchte und die Ägypter sich dem Osiris unterwarfen. Die Rangordnung der sogenannten Götter prägte das traditionelle Glaubensleben unserer Vorfahren. Manche konnten sie sehen, die übrigen wussten von ihnen und ihrem Einfluss auf alles, was das tägliche Auskommen betraf, und jeder suchte sich ihrem Willen zu stellen, ob es das Wetter und die Ernten betraf, die Rechtsprechung oder alle gesellschaftlichen Richtlinien. Stets war es das vornehmliche Ziel, die Regeln der Natur, den Willen des Allerhöchsten, Gottes, durch Hinweise dessen hoher Helfer zu erkennen und ergeben danach zu handeln.

Auch die Wissenschaftler des frühen Mittelalters lernten schon von den Göttern. Diese inspirierten sie und erlaubten ihnen zuweilen Einblicke in höheres und reicheres Wissen: In manch glücklichen Momenten der Erkenntnis verbanden sie die Suchenden gar mit Einblicken in die göttliche Wahrheit. Unsere heutige Wissenschaft weiß davon nichts mehr, gehirnüberfrachtet suchen die Forscher der Jetztzeit vergeblich nach dem Stein der Weisen, ohne den arg verengten Blick auch nur einmal himmelwärts zu lenken, was sie ihren Zielen erheblich schneller näherbringen könnte. Und so werden die Gelehrten heute immer nur Suchende in fremdem Land auf unbekanntem Boden bleiben müssen, bis sie ihren Wissensdünkel ablegen und sich demütig nach den wahren Gesetzen dieser Erde richten werden.

Die Verbindung in himmlische Höhen war es, durch verschiedene Ebenen der Elementarwesen markiert und gehalten, die auch die germanischen Völker besaßen, als sie von den Mönchskutten tragenden Kämpfern Roms überrascht wurden. Sie, die sie ein weitaus umfassenderes, vor allem natürlicheres Verständnis von Gott und dessen Himmelshierarchie besaßen, sollten dieses jetzt auf einmal aufgeben für eine viel dünnere, engere Lehre, die keine göttlichen Helfer mehr vorsah? Zu Gott, dem Allerhöchsten, beteten sie doch sowieso, die Nordmenschen wussten von ihm und ehrten ihn demütigst als *Allvater*, als *Lichtvater*. Darunter erst kamen die sogenannten Götter, die als Verbindung zum Schöpfer gesehen wurden, die dessen Willen kundtaten und die Menschen zur Demut vor Natur und Geschehen zwangen. Doch diese trieb man ihnen gewaltsam aus, wie auch die kleinen und größeren Helfer, die Elementarwesen und Naturenergien ihnen unmöglich gemacht wurden. Man tat es auf barbarische, unmenschliche Weise. Nahezu jeder, der sich nicht von seinem natürlichen Glauben lösen wollte, musste dies mit seinem Leben bezahlen.

Die Auslöschung alten Wissens

Wer ein Fundament aus Liebe und Güte baut, der wird bald ein hohes Haus von Werten und Zusammenhalt erschaffen haben. Wer jedoch Zwietracht, Not und Elend sät, dessen Ernte wird bitter werden. Und genau dies geschah damals mit der flächendeckenden Christianisierung in den Ländern. Zwar nahm sie, wie in diesem Buch erwähnt, schon im vierten Jahrhundert durch den römischen Kaiser Konstantin den Großen ihren ersten bedeutenden Anfang, und auch zuvor gab es bereits umfangreiche Missionsarbeit in den heute europäischen Ländern, doch ließen die römischen Herrscher und die Kirche in Rom in diesen frühen Zeiten des Mittelalters weitgehend noch beides nebeneinander gelten: einerseits den alten Naturglauben, wozu die sogenannten Götter und Wesenhaften genauso gehörten wie die Reinkarnationslehre und Kenntnisse um jenseitige Vorgänge, und andererseits auch die Lehre des Gottessohnes Jesus Christus, der den Menschen das Gott-Erkennen näherbrachte, das sich jedoch in den ersten Jahrhunderten nach der Zeitenwende erst allmählich zu verbreiten und durchzusetzen begann.

Man muss also nicht lange suchen – die Erkenntnisse über die frühen Ursachen der heutigen verhängnisvollen Auswirkungen liegen sonnenklar auf dem Tisch. Sie sind so logisch und zwingend, dass man buchstäblich zunächst den Wald vor lauter Bäumen nicht sieht. Leider haben wir uns im Laufe der zurückliegenden Jahrhunderte schon so sehr an die falsche Sichtweise gewöhnt, dass die einfachste und einleuchtendste Erklärung nicht mehr unbedingt als die richtige gelten muss. Durch unmenschliche Herrschaftswillkür, vor allem durch tote Glaubenslehren, die unvollkommen, ausgedünnt und vorsätzlich verfälscht weitergegeben wurden, auch durch beabsichtigte Lügen und bewusste Manipulationen vonseiten der Mächtigen, wurde der Mensch vor langer Zeit schon seiner allerwichtigsten Grundlage beraubt: der Lebendigkeit seines Geistes, seiner Seele, die in bedeutendem Maße mit den Erkenntnissen über das segensreiche Wirken der sichtbaren und unsichtbaren Naturkräfte zusammenhängt, das es endlich wiederzuerkennen gilt. Es ist dies das Bewusstsein über Natur und Umwelt, über die Gesetze des Lebens und Sterbens der Kreaturen, über das sichtbare und unsichtbare Walten und Wirken, das Wissen um Schicksal, Karma und Sternenlauf. Heute fehlt uns jegliche Grundkenntnis, mit der das große Rad des ewigen Lebens in Schwung gesetzt wird und auch in Bewegung bleibt.

Und doch zieht dieses tiefe Wissen um die Schöpfung, um ihre hohen Helfer und um deren Herrn, den Allerhöchsten, bis heute seine Spuren deutlich durch unser Alltagsleben: Wer weiß denn schon, dass die Wochentagsnamen im Deutschen auf die germanischen Bezeichnungen der Wochentage zurückgehen, die zum größeren Teil auf den germanischen Götternamen beruhen? Zwar waren die Missionare bei der Christianisierung des (althoch-)deutschen Sprachraums darum bemüht, möglichst Wochentagsnamen durchzusetzen, die nicht an römische oder germanische

Götter erinnerten. Zum einen wird dies am Mittwoch deutlich, wo mit der Bezeichnung dieses Tages der eigentlich zu erwartende Name Wotan umgangen wurde, nicht aber so im Englischen, wo mit Wednesday die Bezeichnung noch deutlich an den höchsten der Götter erinnert. Ebenso der Samstag oder Sonnabend: Er erinnert hierzulande kaum noch an den Gott der Aussaat, an Saturn, während hier das Englische viel klarer mit dem Begriff Saturday in Zusammenhang zu bringen ist. Doch alle anderen Namen der Wochentage [44] sind Lehnübersetzungen der lateinischen Wochentagsnamen, wobei für die lateinischen Götter die germanischen Entsprechungen eingesetzt wurden. So hat der Montag (Monddag) seinen Namen wegen des Mondgottes Mani erhalten, der Dienstag (Tiusdag) entstammt dem Tyr, dem altgermanischen Gott des Kampfes und Sieges. Der Mittwoch (Wodensdag) gilt dem höchsten der Götter, es ist Hauptgott Odin, auch Wotan oder Wodan genannt. Er stammt aus einer Lehnübersetzung des lateinischen *dies Mercurii*, Tag des Mercurius, der gleichbedeutend mit Wodan betrachtet wurde. Donnerstag ist Donartag, Blitz und Donner künden das Nahen Donars (Thun, Thonar) in der nordischen Mythologie. Der Freitag gehört den Frauen, er entstammt dem Namen der höchsten Göttin Freya (Frigga), der Gemahlin Odins beziehungsweise Wotans. Sie ist die Schutzherrin der Ehe und Mutterschaft. Wie bereits erwähnt, ist der Samstag auf den Gott der Aussaat, auf Saturn, zurückzuführen, während der Sonntag, der Sonnentag, gleichzusetzen ist mit dem Tag des Allerhöchsten.

Auch wenn die ehrgeizigen Missionare einst mit aller Kraft versucht hatten, die hohen Helfer Gottes, die freilich selbst fälschlicherweise als Götter bezeichnet wurden, aus dem Bewusstsein der Menschen zu vertreiben, so ist ihnen dies nur zum Teil gelungen. Die Wurzeln der Wahrheit lassen sich niemals gänzlich ausreißen durch gedankenloses menschliches Tun.

Es bleibt festzustellen: Die Menschen vor 2000 Jahren wussten noch weitaus mehr über das unsichtbare Weben und Wirken zwischen Himmel und Erde. Das Diesseits und das Jenseits stellten damals eine Einheit für sie dar, Unsichtbares konnte noch häufiger geschaut werden mit dem feinstofflichen Auge, denn der Geist hatte damals noch eine weitgehendere Berechtigung als heute, neben dem irdischen Gehirn, dem Verstand, seine Wirkung zu entfalten. Mit der zunehmenden Einseitigkeit des rein materialistischen Denkens und Handelns der Menschen wurde die Fähigkeit des feinstofflichen Schauens zurückgedrängt. Heute werden die Geschichten von den Begegnungen mit den Göttern nur noch als Legenden und Märchen behandelt, viele Menschen spotten gar darüber. In eindrucksvollen Opernkompositionen allerdings, beispielsweise in Notenform gefasst von dem berühmten Jahrhundertkomponisten Richard Wagner, berühren die Geschichten der hohen Gotteshelfer bis zum heutigen Tage Geist und Herzen all jener Menschen, die die berühmten Wagner-Festspiele in Bayreuth besuchen. Von überirdischer Schönheit in den Klängen und Darstellungen ist dann immer wieder die Rede, es ist lebendiges Geschehen, in Notentöne gehüllt, kaum ein Mensch kann seinen zum Teil tiefen Empfindungen Ausdruck verleihen nach diesem gewaltigen Musik-Opus, das im Inneren der Menschen mehr freizusetzen scheint, als es je in Worte gefasst werden kann.

Die Götter und die Christus-Lehre

Als Jesus Christus vor 2000 Jahren zur Erde kam, waren die Menschen mit dem Wissen um die hohen Helfer Gottes gut vorbereitet. Sie hatten ein ansehnliches Wissensfundament, um einen weiteren Schritt tun zu können. Und so wollte der Gottessohn diese nächste Stufe, in schöpfungsgemäßer Reihenfolge, für sie initiieren: Er wollte den Menschen nun das Bewusstsein um höherliegende Ebenen, er wollte ihnen schließlich den Allerhöchsten nahebringen, über dessen Walten und Wesen sie zu dieser Zeit nur wenig Kenntnis besaßen. Christus, der selbst aus weit entfernten Höhen kam, wollte zu dem wahren Gotterkennen verhelfen, was nur möglich gewesen war, weil der vorherige Erkenntnisschritt hatte bewältigt werden können durch die lebendige Verbindung der Menschen mit dem unsichtbaren wesenhaften Wirken zwischen Himmel und Erde. In dem Buch *Im Lichte der Wahrheit* heißt es dazu:

»Bei jedem Volke, sogar bei jedem Menschen, auch den Menschen dieser Neuzeit muss zuerst die Grundlage zur Aufnahme der hohen Gotterkenntnisse vorhanden sein, die in der Christus-Lehre liegen. Nur aus einer dazu reifen Grundlage heraus darf dann und muss der Menschengeist hineingeführt werden in alle Möglichkeiten einer Gotterkenntnis durch die Christus-Lehre. So ist es, und es wird so bleiben bis in alle Ewigkeit! Könnte es anders sein, so würde Gott sich auch schon früher haben offenbaren lassen bei den Erdenvölkern. Er tat es nicht! Erst wenn ein Volk in der Entwicklung so weit gekommen war, dass es von dem Wirken alles Wesenhaften wusste, dann konnte es vom Geistigen erfahren, von dem Urgeistigen, dem Göttlichen, und zuletzt auch von Gott! Doch immer nur in einer Art, die es verständnisvoll hinausführte in höheres Begreifen durch dazu berufene Propheten, welche nie das Alte dabei stürzten. Sie bauten auf! Genau, wie es auch Christus Jesus selbst dann tat und oft in seinem Wort hervorgehoben hat, was Ihr bisher nur nicht verstehen wolltet.«

So wie jede Art von Bildung nur in Stufen vermittelt werden kann, die nacheinander gemeistert werden müssen, so ist es auch mit dem Schöpfungswissen. Der erste Mensch wusste noch nichts von Gott. Durch langsame Entwicklung erhielt er allmählich erste Einblicke in das Schöpfungswirken, doch waren es gewaltige Zeitspannen, in denen dieser bedeutsame Prozess stattfand. Es war ganz natürlich, dass die Frühmenschen, denen moderne Erfindungen wie die gegenwärtige Technologieforschung oder Kommunikationswissenschaft natürlich vollkommen fremd waren, ganz anders lebten als wir heutzutage. Sie wohnten nicht in fest gefügten Steinhäusern und an betonierten Straßen, sondern zunächst in Höhlen. Sie waren eng mit der Natur verbunden, sie wussten weder von Motoren noch von Wasserkraft, sondern sie tasteten sich bei Wind und Wetter, bei Hitze und Kälte vorwärts, um das erforderliche Wissen über ein gedeihliches, harmonisches Überleben in der Natur allmählich erst zu entwickeln. In dieser für die ganze Menschheit bedeutsamen Anfangszeit spielten die heute unsichtbaren Naturhelfer eine herausragende, enorm wichtige Rolle. Sie standen mit Rat und Tat zur Seite und unterstützten die Menschen liebevoll und freundschaftlich in all ihren Entdeckungsprozessen. Zu dieser Zeit war es völlig normal, dass die wesenhaften Helfer häufig zu sehen waren, anders wäre der Austausch des Wissens nicht möglich gewesen. Archäologische Funde zeugen von umfangreichen Kenntnissen unserer Urahnen vor vielen Jahrtausenden hinsichtlich der Herstellung von Werkzeugen, Gerät und Schmuck sowie in Bezug auf die Kunde über die Gesundheit der Menschen durch das Kräuter- und Heilkundewesen: Alles Wissen kam von ihren feinstofflichen Freunden und Helfern.

Und so sind sie bis heute unter uns. Nur wenigen Menschen ist es jetzt manchmal erlaubt, einige dieser Wesen noch erblicken zu dürfen. Die meisten schweigen dann über derartige Begegnungen, aus Scham, von den anderen verspottet zu werden. Nur die kleinen Kinder, die selbst noch enger mit den Wichteln oder Feen verbunden sind und diese häufiger sehen können, sprechen ohne Angst, auf ganz natürliche Weise darüber. Meist wird dieses herrliche Miteinander, das die beste Lebensgrundlage für einen Menschen ist, von gedankenlosen Eltern zunichtegemacht mit Antworten wie: »Nun hör schon auf, so etwas gibt es doch gar nicht.«

Unsere Verbindung zu den Wesenhaften ist unterbrochen, praktisch zerstört. Doch es verändert sich deswegen kein Deut an der Wahrheit: Sie existieren. Bis heute. Überall. Nur wer die Sehnsucht nach ihnen wachhält, der wird die treuen Helfer des Allmächtigen eines Tages auch spüren oder vielleicht sogar sehen dürfen. Die Früchte ihrer Arbeit kann jeder Mensch jederzeit schauen: So sind und waren sie es stets, die diesen Planeten formten, die für Wachstum, für jede Entwicklung, für alle Reifeprozesse zuständig und verantwortlich sind. Die unsichtbaren Gotteshelfer waren nicht nur damals die wichtigsten Begleiter der Menschen, sondern sie erschufen auch alles, völlig im Willen des Schöpfers stehend: So webten und wirkten sie Landschaften dieses Planeten, die Meere, die Berge, alle Bäume und Pflanzen, jedes Lebewesen, bis die Entwicklung es zuließ, dass die Zeit für den Menschen gekommen war. Und so sind die sogenannten Götter Wotan, Donar, Tyr oder Freya genauso wenig den Märchen und Legenden entnommen wie auch Feen, Elfen, Gnome oder Salamander. Sie entstammen dem lebendigen tatsächlichen Wirken, das bis heute existiert, für den modernen, materialistisch ausgerichteten Menschen jedoch längst unsichtbar geworden ist.

Wer heute über die wesenhafte Kraft unseres Universums, die immer und ewig sich in Bewegung findet, im Bilde ist, wer um die vielen Geschöpfe und Wesen weiß, die sich in unserer unmittelbaren Umgebung aufhalten und unveränderlich und verlässlich ihre Arbeit tun, den muss es maßlos traurig stimmen, dass es den einstigen Herrschermächten von Regierungsamt und Kirche so gründlich und nachhaltig gelungen ist, das wertvolle Naturwissen bis zum heutigen Tage in schwere, fast unlösbare Ketten zu legen und damit Falschheit und Lüge über die ganze Welt zu bringen.

Zu dem richtigen Erkennen Gottes, der ohne seine Helfer überhaupt nicht zu denken ist, kam es also nicht. Das starre Christentum wurde von den damaligen Herrschern und der Kirche in Rom gleichermaßen brutal erzwungen. Für sie gab es keine unsichtbare Welt mehr, es durfte sie nicht geben. Denn damit wäre der einzelne Mensch sich seiner persönlichen Verantwortung bewusst geworden, er hätte das riesige Machtkonstrukt »Kirche« nicht als Glaubenskorsett gebraucht. Dabei hätten die Kirchenlehrer nur weiter aufbauen, den Erkenntnisstand durch die Christus-Lehre erweitern müssen, um die Entwicklung richtig und segensreich werden zu lassen. Doch stattdessen riss man das Tausende Jahre alte Wissensfundament einfach ein, man sprengte es weg! Bis zum heutigen Tage währt dieser Prozess, der uns Menschen von dem eigentlichen, dem wahren Leben abhält. Schlimm genug, dass der durchschnittliche Bürger von heute nicht einmal weiß, was ihm fehlt. In dem Buch *Im Lichte der Wahrheit* heißt es dazu:

»Die christlichen Kirchen wollen bei Bekehrungen aber vieles Alte stürzen und als falsch erklären oder doch nicht-achtend ausschalten, anstatt darauf sorgfältig weiter aufzubauen und die notwendigen Übergänge dabei zu beachten. Sie erwarten und verlangen, dass der Menschengeist unmittelbar in diese höchste Christus-Lehre springt. Man achtet dabei also nicht der Gottgesetze, trotzdem man oft das Gute will.«

Wie tragisch diese Auslöschung des alten Wissens vonstattenging, wird hier ebenfalls verdeutlicht:

»Auch die Germanen waren damals eng verbunden mit den Wesenhaften. Viele von ihnen vermochten sie zu schauen, zu erleben, sodass ihnen an deren wirklichem Bestehen keine Zweifel bleiben konnten, ebenso wenig auch an deren Wirken. Sie *sahen* es und *wussten* es darum. Es war ihnen die reinste Überzeugung, deshalb heilig.«

Das kirchliche Taufgelöbnis Karls des Großen

Die unselige Rolle der Kirche in Rom wird in diesem Zusammenhang leider immer wieder hervorgehoben werden müssen. Einer ihrer berühmtesten Vertreter war der bis heute von der Katholischen Kirche verehrte und gefeierte Missionar und Kirchenreformer Bonifatius, der im achten Jahrhundert die Vorarbeit leistete zu flächendeckender Vernichtung des Naturglaubens, die der römische Kaiser Karl der Große wenige Jahre später mit Feuer und Schwert sodann erzwang. Dazu heißt es bei ABD-RU-SHIN: »Und an diesem damaligen Heiligtum rüttelte Bonifatius mit roher Faust! Er wollte den Germanen die Wahrheit solchen Wissens abstreiten und es als falsch erklären. An dessen Stelle wollte er ihnen die Formen seiner Christenlehre aufzwingen. Solche unwissende Art musste den Germanen schon von vornherein den Zweifel bringen über die Wahrheit dessen, was *er* ihnen kündete, musste ihnen jedes Vertrauen dazu nehmen. Er hätte ihnen die Wahrheit ihres Wissens bestätigen sollen und sie dann erklärend weiter führen in die höheren Erkenntnisse! Aber da fehlte es ihm selbst am Schöpfungswissen. Er zeigte dieses Unwissen über das Weben in der Schöpfung nur zu deutlich, wenn er Wotan und die anderen von den Germanen als wirkende Götter angesehenen Wesenhaften mit Irrglauben und als nicht bestehend bezeichnete. Wenn sie auch keine Götter sind, so sind sie doch bestehend durch Gottes Kraft und in der Schöpfung wirkend.«

An dieser Stelle soll einer der folgenschwersten Vernichtungsbeweise höchsten Wissens aufgeführt werden: das kirchliche Taufgelöbnis, dem sich (nicht nur) die Germanen im achten Jahrhundert unter Karl dem Großen massenhaft unterwerfen mussten. Die Spuren sind noch heute sichtbar, es wurde in lateinischer sowie in altsächsischer und altwestfälischer Sprache bis in die Jetztzeit aufbewahrt. Und hier offenbart sich die gesamte Tragik, die in dieser Zeit über die Menschheit gelegt wurde und an der bis zum heutigen Tage beharrlich festgehalten wird.

Der Historiker Matthias Springer zitiert in seinem Buch *Die Sachsen* (S. 154) das Taufgelöbnis, das hier wiedergegeben werden soll, vollumfänglich. [45] Springer beschreibt zuvor, wie dieses Ritual, zu dem die meisten Menschen nicht selten unter Androhung der Todesstrafe gezwungen wurden, in etwa ablief. Der Erwachsene hatte unter anderem einen genau festgesetzten Wortlaut zu sprechen, »mit dem er seinen bisherigen Göttern den Gehorsam aufkündigte und sich in die Untertanenschaft des christlichen Gottes begab«. Hören wir uns nun die Übersetzung des altsächsischen Taufgelöbnisses an:

»Kündigst du dem Teufel den Gehorsam auf?« (Er hat zu antworten:) »Ich kündige dem Teufel den Gehorsam auf.« – »Und verzichtest du auf alle Opfer an den Teufel?« (Er hat zu antworten:) »Und ich verzichte auf alle Opfer an den Teufel.« – »Und auf alles Teufelswerk?« (Er hat zu antworten:) » Und ich sage mich los von allen Werken und Worten des Teufels, von Donar und Wotan und Saxnot und allen bösen Geistern, die ihre Genossen sind.« – »Vertraust du dich Gottvater, dem Allmächtigen, an?« – »Ich vertraue mich Gottvater, dem Allmächtigen, an.« – »Vertraust du dich Christus, Gottes Sohn, an?« – »Ich vertraue mich Christus, Gottes Sohn, an.« – »Vertraust du dich dem Heiligen Geist an?« – »Ich vertraue mich dem Heiligen Geist an.«

Wer sich das Taufgelöbnis im Zusammenhang mit dem vorher Gesagten anschaut, beginnt zu ahnen, was damals allein mit diesem Ritual, das hunderttausendfach in ganz Europa abgegeben werden musste, zerstört wurde: reinstes Schöpfungswissen. Die Germanen wurden gezwungen, ihren sogenannten Göttern, die mit den »Werken und Worten des Teufels« gleichgesetzt wurden, abzuschwören. Wer sich nicht daran hielt, bezahlte dies mit seinem Leben. Auch in den darauffolgenden Jahrhunderten der düsteren Inquisition durch die Kirche landeten Tausende unschuldige Menschen im Folterkeller oder ließen ihr Leben, als Hexen oder Magier gebrandmarkt, auf dem brennenden Scheiterhaufen, weil sie sich trotz aller Kirchenverbote sehend über die tatsächliche Anwesenheit dieser wunderbaren Wesen äußerten. Somit ging der Menschheit die wahre Kenntnis der Vorgänge verloren, ehe sie diese überhaupt jemals richtig aufnehmen konnte, sie wurde ihr systematisch ausgetrieben! Tragisch daran ist es, dass der gigantische Fehler, den Bonifatius, Karl der Große und alle Bekehren-Wollenden machten, bis zum heutigen Tage noch lebendig erhalten und als richtig betrachtet wird. Zwar wird man nicht mehr getötet für seine Überzeugungen hinsichtlich des alten Wissens, doch kann man sich des gesellschaftlichen Spottes bis hin zum Ausschluss dennoch sicher sein, sobald man sich positiv dazu äußert.

Kaum jemand wagt es zu denken, dass die sogenannten Götter auch heute noch existieren könnten. Im Rad der Menschenschicksale dauert es immer nur eine bestimmte Zeit, erfahrungsgemäß nur wenige Generationen, bis den Menschen altes Wissen nachhaltig verloren geht. Meist wird es uneinholbar ausgelöscht, je nachdem, wie stark die jeweilige Kraft diesen Vorsatz betreibt, die alles vergessen machen will. Ja, sie arbeiteten machtvoll und mit allen Mitteln und Maßnahmen, die Kirche und auch die römischen Kaiser und Herrscher, um den Plan, sämtliche Kenntnisse von den lichten Helfern Gottes bis heute zu verdrängen, durchzusetzen. Und es ist ihnen gelungen: Während das alte Wissen einst wichtigster Grundpfeiler für moralisches und ethisches Handeln unserer Urahnen war, wagt es heute niemand mehr, ernsthafte Gedanken zu diesem Thema zu äußern.

Aber glaubt der »aufgeklärte« Wissensmensch von heute wirklich, dass er allein die Macht hat, zu entscheiden, wie die Natur- und Schöpfungsgesetze zu funktionieren haben? Es ist ein armseliger Irrglaube angesichts des bereits Millionen Jahre währenden Weltgeschehens, das niemals Rücksicht auf die Entwicklungen oder das vermeintliche Wissen einzelner Kulturen nahm, wenn es ganze Völker durch epochale Naturkatastrophen, durch Temperaturveränderungen wie in der Eiszeit oder auch durch plötzliche Sintfluten, Vulkanausbrüche oder Erdbeben, manchmal von einem auf den anderen Tag, einfach fortnahm.

Über die verhängnisvolle Entwicklung der Menschheit heißt es in dem Buch *Im Lichte der Wahrheit*:

»Inzwischen aber suchten nur von Menschen Berufene sich vielfach zu von Gott Berufenen zu machen, griffen mit unheiligen Händen nach den reinen Lehren und zogen sie verdunkelnd tief zu sich herab. Die Menschheit, die ihnen vertraute, ohne das Wort selbst ernsthaft zu prüfen, das sie lehrten, stürzte mit. Göttlicher Wahrheit hoher Kern wurde mit irdischen Beschränktheiten umzogen, sodass die Form wohl blieb, doch jedes Leuchten in der Sucht nach Erdenmacht und Erdenvorteil unterging. Nur fahle Dämmerung herrscht dort, wo hellster Glanz geistigen Lebens sein könnte. Bittender Menschheit wurde das Kleinod geraubt, das Christus Jesus allen brachte, die darnach verlangen. Entstellt durch die Verhüllung egoistischen Verlangens wird den

Suchenden ein falscher Weg gezeigt, der sie nicht nur kostbare Zeit versäumen lässt, sondern sogar sehr oft dem Dunkel in die Arme treibt.«

Die Gründung Europas ist direkt verbunden mit der einstigen vorsätzlichen Auslöschung wichtigsten Urwissens. Dieses Dilemma wird zweifellos auf die heute verirrte Menschheit zurückkommen. Denn die unsichtbaren Wesen sind es damals wie heute gewesen, die diesen Planeten formen, die für jegliches Wachstum und jegliche Entwicklung, für alle Reifeprozesse zuständig und verantwortlich sind. Sie sind die Baumeister unserer schönen Schöpfung, sie sind eigentlich die wichtigsten Begleiter der Menschen, ließen sie diese doch in den Anfangszeiten der Menschheitsgeschichte zu großem Wissen kommen und könnten es auch heute noch tun. Die Zeit steht bevor, da auch diese Wahrheit durchdringen wird.

Kapitel III

Karl der Große – Vater Europas oder sein Totengräber?

Im dritten Teil des Buches sollen die Geschichte und das Geschick des fränkischen Königs und späteren Kaisers Karls des Großen beleuchtet werden. Dabei wird kein wissenschaftlicher Anspruch erhoben, sondern es wird an dieser Stelle die Aufarbeitung einiger relevanter Marksteine erfolgen, die aus einem bislang unbeleuchteten Blickwinkel stattfindet.

Karl der Große gilt offiziell als einer der wichtigsten ehemaligen Herrscher im europäischen Geschichtsbewusstsein. Nicht umsonst wurde er bereits zu Lebzeiten als *Pater Europae*, als Vater Europas, bezeichnet. Doch das Werk des Monarchen ist ein zweifelhaftes. Es gehört der heutigen Zeit an, dass die wahren Hergänge im Lichte der Wahrheit beleuchtet werden müssen. Nur auf diese Weise lässt sich das derzeit herrschende Dunkel erkennen und bestenfalls endlich beseitigen.

»Die Geschichte Karls des Großen ist die Geschichte Europas.« Mit diesen bedeutungsvollen Worten beginnt die im Jahre 2003 erschienene Biografie [46] des deutschen Historikers Dieter Hägermann über den einstigen Frankenkönig. Als »Bestandteil des kollektiven europäischen Geschichtsbewusstseins« bezeichnet der Geschichtsexperte den Monarchen, womit er den Nagel auf den Kopf treffen dürfte. Allerdings anders, als vielleicht beabsichtigt. Denn die viele Jahrzehnte währende Regentschaft Karls des Großen während des achten und neunten Jahrhunderts hat ihre Spuren tatsächlich bis heute machtvoll hinterlassen: Die blutige Saat, die der mit allen irdischen Würden ausgestattete Imperialist einst legte, ist aufgegangen und trägt heute böse, übel riechende Früchte – mit Europa geht es zu Ende, der einst blühende Kontinent liegt im Sterben. Es scheint bei näherer Betrachtung jedoch durchaus möglich, dass der große Kaiser zum Ende seines Lebens hin bereits sein schweres Karma zu lösen begann, dass er in seinen letzten Jahren dementsprechend gezwungen wurde, zu erkennen, wohin seine weitere Reise zu gehen schien. Sämtliche Beschreibungen der ihm durchaus stets wohlgesonnenen Kirchenschreiberlinge stützen diese Annahme.

Bei allen Bewertungen und Überlegungen dürfen wir Karl den Großen nicht ohne sein Verhältnis zu Gott denken, da er, gerade zum Ende seines Erdenlebens hin, in einen deutlich engeren Kontakt zum Schöpfer zu gehen suchte, offenbar allmählich auch das Gesetz von Saat und Ernte erkennend.

Karl der Große – schon zu Lebzeiten im Fegefeuer?

»Regen. Im Regen. Er stand im Regen, unten am Läuterungsberg. Endlos stürzte der Regen auf ihn hernieder und schien dennoch die Sünden nicht abwaschen zu können, die ihn befleckten.«

Dies sind die ersten Worte des über 700 Seiten zählenden Buches *Karl der Große, Gewalt und Glaube* [47], das der renommierte Mittelalterhistoriker Johannes Fried im Jahre 2013 veröffentlichte. Die Vision eines sterbenden Mönches war es, die der Autor niederschrieb und sie als mahnende Hinterlassenschaft Karls bezeichnete, die dessen Nachkommen den Weg weisen sollte. Weiter erklärt er:

»Ein Untier zernagte unablässig sein Geschlecht, das umgehend nachwuchs, um wieder zerfressen zu werden, fort und fort. Ein alter Mönch, Wetti mit Namen, einst Schulmeister, nun selbst schon vom Tode gezeichnet, schaute den Büßer am Berg und erschrak. Kaum wagte er, für einige Stunden ins Leben zurückgekehrt, den Namen des Toten zu offenbaren. Doch alle wussten: Es war Karl, der große Kaiser, der Sünder, der da zu büßen hatte.«

Fried beschreibt den Grund für diese Aufzeichnung von einst als Mahnung für die Zukunft, für die Hinterbliebenen:

»Sie drängte die Mächtigen zu umfassenden Innovationen. Sie warnte Jahre nach Karls Tod die Lebenden vor den Gefahren des Jenseits.« Denn »der König war in Sünde gestorben«.

Eine Analyse, die treffender wohl nicht den Lebensabschluss des mächtigen und berühmten Kaisers hätte beschreiben können; und es ist bemerkenswert, dass dieses 1200 Jahre alte Gesicht die Zeit überhaupt bis zum heutigen Tage überdauerte und jetzt aus dem Dunkel noch einmal hervorgezerrt worden war. Freilich wird diese Warnung des Mönches Wetti heute nicht besonders häufig in den historischen Quellen zitiert, da in den vergangenen Jahrzehnten kaum jemand an dieser finsteren Variante des großen Herrschers interessiert war. Zu eifrig war an dessen Ansehen im Laufe der zurückliegenden Jahrhunderte von allen Seiten poliert worden, immer noch mehr lautes, reiches Beiwerk kam hinzu, um den goldenen Schein, der das Haupt des Imperators umgab, immer leuchtender erstrahlen zu lassen. Heute zählt Karl der Große zu den mächtigsten Herrschern, die das christliche Abendland je erlebt hat. Der einstige Kaiser, dessen 1200. Todestag am 28. Januar 2014 sich offiziell jährte, wurde als Bauzeichner und Begründer unseres Kontinents festgeschrieben, der Begriff »Vater Europas« wurde zu seinem Markensiegel erkoren. So liest man es meist in den Geschichtsbüchern unserer Jetztzeit, so heben es auch führende Politiker der heutigen Zeit immer wieder hervor.

Doch noch einmal zurück zu Karls irdischem Ende. Es heißt bei Johannes Fried, dass die grauselige Vision des Mönches Wetti über Karls Ende vor allem den Lebenden Aufforderung sein sollte, mit ihrem Gebet und ihren Fürbitten auch dem leidenden Toten helfend zur Seite zu stehen und Gottes Gnade zu erwirken, »und sie selbst, die Beter, an das künftige Gericht zu mahnen. Würde Gott sich Karls, des Sünders, erinnern, sich seiner erbarmen?« Vermutlich nicht, wenn das stimmen sollte, was Fried weiter ausführt, dass nämlich das Leben zu jener Zeit vom Tod her ausgelegt worden sei. »Der Tod offenbarte den postumen Deutern, ob ein Leben heilsgemäß war oder Satan verfallen, ob ein Mensch in Gottes Gedächtnis bleibe oder ausgeschabt aus dem Buch des Lebens und ins brennende Pech gestoßen werde.« Bei Karl dem Großen scheint die Sache klar gewesen zu sein, eine eigene Seite im Buch des Lebens scheint mehr als fraglich.

Das bestätigt auch eine andere Vision, die hier wiedergegeben werden soll, aufgenommen von einem unbekannten Autor der 1920er-Jahre. Knapp 100 Jahre ist die Niederschrift alt, die in Wirklichkeit bedeutend länger als dieser kurze Ausschnitt ausfällt. Es geht um die berühmte »Sachsenschlacht« zu Verden an der Aller, wo Karl der Große mit seinen fränkischen Soldaten fast 5000 edle Sachsen heimtückisch abgeschlachtet haben soll, die von seinem ärgsten Widersacher, dem Sachsenfürsten Widukind, angeführt worden waren. Wörtlich heißt es in dem Text:

»Langsam hörte das Schlachten auf, die Opfer waren tot. Über die Stätte des Grauens aber schritt eine große, gebietende Gestalt. Rot wallte der Bart bis zum Gürtel, das Haupt schmückte ein goldener Reifen, von dem ein eigentümliches Blitzen und Strahlen ausging. Manches Schwert ward nach ihm gezückt, aber der Arm, der es führte, sank kraftlos herab, ohne Schaden zu tun. ›Dort, dort!‹, keuchte Karl mit entsetzten Augen. ›Seht ihr den

Fürsten? Ist es Widukind oder ein anderer seiner Sippe? Er darf nicht lebend entkommen! Ich setze einen Preis auf sein Haupt!‹ Aber obwohl ganze Scharen von Franken und Söldnern sich dem Rotbart entgegenstellten, gelang es doch keinem, ihn zu treffen. Unangefochten schritt die hohe Gestalt an allen vorbei und kam mit schnellen Schritten immer näher zu dem Platze, wo Karl stand. ›Will keiner mich von meinem Feinde befreien?‹, rief der geängstigte König. In seiner Verzweiflung riss er sein Schwert aus der Scheide, aber der Fremde, der vor ihn trat, schob mit ruhiger Armbewegung die Waffe beiseite. ›König Karl, König Karl‹, sagte er mit einer Stimme, die wie rollender Donner klang, ›was du heute getan, wird dir und den deinen zum Fluche werden! Gott der Erhabene, dessen Namen du auf den Lippen führst, ohne ihn zu kennen, wird auch dich hinfort nicht mehr kennen. Ruhelos sollst du sein auf Erden, bis die Zeit kommt, da alle Geschicke sich lösen werden. Bis dahin sollst du wieder und wieder zur Erde zurückkehren, auf ihr leben, ohne Frieden, ohne Sühne zu finden, bis auch einst Widukind wieder unter den Menschen erscheinen wird. Dann sollst du sein Diener sein.‹«

Verworfen sein. Ruhelos. Ohne Frieden, ohne Sühne. War das Karls weiterer Weg, der für ihn, durch das Jenseits führend, spätestens nach dieser blutigen Schlacht vorgesehen war? Durch ein Fegefeuer hindurch, das die Qualen der dunklen Nacht niemals mehr enden lassen sollte? War es schon das Jüngste Gericht für ihn gewesen? Ganz offensichtlich führte der Weg des römischen Kaisers nach dessen Ableben nicht pfeilschnell hoch in den Himmel, wo liebreizende Engel in lockigem Goldhaar lobsingend auf ihn warteten. Das Gegenteil war eher der Fall. Doch was waren die Gründe dafür, wenn der hochgelobte Bereiter des christlichen Glaubens und eines ausgesuchten Bildungsprogramms doch so viel Gutes für Europa getan haben sollte?

Das finstere Szenario kündigte sich Karl offenbar in dessen letzten Lebensjahren immer öfter an: Augenscheinlich hatten die unselige Entwicklung, die einen fast willkürlichen Wechsel von jahrzehntelangem Glück und Erfolg zu plötzlichem Versagen und Schicksalsschlägen brachte, sowie die erschreckende Tendenz zu üblen Visionen und Schreckensträumen ziemlich direkt nach dem tausendfachen Morden an der Aller begonnen. Trat die Wechselwirkung noch zu Lebzeiten ein? Sollte Karl hier noch erkennen, welche unbeschreibliche Schuld er durch seine Mordbefehle auf sich geladen hatte? Auch Stefan Weinfurter, der als Ordinarius an der Universität Heidelberg Mittelalterliche Geschichte lehrt, schildert in seiner Biografie *Karl der Große, der heilige Barbar* [48] die unheimlichen Ereignisse rund um den schon alten Frankenkönig im Jahre 810. Karl war auf seinem letzten Kriegszug unterwegs gewesen, den er gegen den Dänenkönig Godofried geführt hatte. Letzterer soll bereits mit seiner Flotte die Küsten Galliens und Germaniens unsicher gemacht haben, und er wollte auch Friesland und Sachsen unterwerfen sowie in Aachen »mit großer Heeresmacht erscheinen«. Als Karl, der damit keine leichte Aufgabe vor sich gehabt hätte,

»mit seinem Heer vor Sonnenaufgang aufbrach, sei plötzlich eine ungeheuer große Lichtfackel vom Himmel herabgestürzt und durch die Luft geflogen. Da habe ihn das Pferd, auf dem er saß, so heftig abgeworfen, dass die Spange seines Mantels gebrochen und sein Schwertgurt zerrissen sei. Von der Dienerschaft sei er daraufhin ohne Waffen und ohne Mantel – also ohne herrscherliche Attribute – aufgehoben worden. Der Kaiser lag hilflos am Boden.«

An dieser Stelle mutmaßt der Geschichtsexperte, ob es sich vielleicht um ein Vorzeichen des nahenden Todes gehandelt haben könnte, so, wie es auch der Autor Einhard hat, der die *Vita*

Karoli Magni, die Karl-Biografie, verfasste, wenn er spekulierend die Frage stellte: »Oder zumindest eine Erinnerung an die irdische Hinfälligkeit?« Auch die Tatsache, dass König Karl den Angriff des Dänenkönigs nur deswegen überstanden habe, weil dieser durch den Leibwächter ermordet worden sei, bringen Einhard und Weinfurter in den Zusammenhang des plötzlich nahenden Todes des Monarchen: »Ging es zu Ende mit Karl?«

Gedanken zu den Leiden des Königs

Gewiss war der mächtige Herrscher älter und gebrechlicher geworden, und immerhin ging sein Leben vier Jahre später dann auch tatsächlich zu Ende. Doch die Gründe für die merkwürdigen Ereignisse und Zeichen vor seinem Ableben mögen wohl noch in ganz anderen Ebenen zu finden sein: Denn Karl der Große hatte schwere Sünde auf sich geladen. War er deswegen gezwungen, sich noch zu Lebzeiten auf die lange Reise durch den Hades zu machen? Nicht nur die etwa 5000 Sachsen-Edlen, die er an einem einzigen Tage hinmetzeln ließ, hatte er zu verantworten (womit er zahlreiche große Familiennamen, deren Geschlecht und Gesinnung für Treue, Verantwortung und Kampfesmut gestanden hatte, ausradierte). Vor allem war es das Unglück von Hunderttausenden, wohl gar von Millionen Menschen gewesen, die ihre Heimat, ihren Glauben, ihre Kultur und Identität unter blutigen und schmerzvollen Umständen verloren hatten – nur durch seinen Befehl. Wen wollte es da wundern, wenn die Toten schon bereit zur Abrechnung standen und auf ihn warteten, während er noch mit letzten müden Schritten auf der Erde wandelte?

Folgenschwere Geschehnisse, die sich in dieser schicksalsträchtigen Weise wohl niemals zuvor ereignet hatten, reihten sich nun plötzlich auffällig aneinander und zwangen Karl ständig aufs

Neue, über sein Leben nachzudenken: Über all die weitreichenden Entscheidungen, mit denen er unzählige Male über Leben und Tod geurteilt hatte, saßen jenseitige Richter offenbar längst zu Gericht. War der große König in seiner unbeschreiblichen Verantwortung wirklich immer ein verlässlicher Vertreter für Wahrheit und Gerechtigkeit gewesen, wie Gott es von jedem anderen Menschen auch fordert?

Die Gelegenheiten des Nachsinnens rissen nicht ab. So ereignete sich eines Tages auch in der Aachener Königspfalz, dem wichtigsten Herrschersitz des Frankenkönigs, Ungewöhnliches:

»Ein Blitz schlug ein und riss den goldenen Apfel, der sich auf der Spitze des Daches befunden hatte, herunter. Und in der Marienkirche selbst seien auf der umlaufenden Inschrift die Worte ›Karl der Gebieter‹ *(Karolus princeps)* plötzlich verblasst.«

Ungewöhnlich war auch einer seiner Träume, eine Vision: »Eine Gestalt reichte ihm ein Schwert, auf dem vier Worte zu lesen waren: *›Raht, radoleiba, nasg, enti‹.*« Da es sich um verschlüsselte und »scheinbar deutsche Wörter« gehandelt haben soll, sind sie auch für den Historiker nicht leicht zu deuten. Doch Weinfurter führt aus: »Das Schwert war gewiss das Zeichen für Karls Macht. Das Wort *rath* sollte wohl den bisherigen guten und rechten Zustand des Reiches betonen.« Dass es damit künftig offenbar aber vorbei sein sollte, zeigten die letzten beiden Begriffe, so der Experte: »*Radoleiba* wird als baldiger Rückgang der Erträge gedeutet, *nasg* als die darauffolgende Gewinnsucht und der Niedergang. Mit *enti* war das Ende der Welt angekündigt.« Es scheint sich tatsächlich um eine Ankündigung mit langer Erfüllungsdauer gehandelt zu haben. Jedenfalls stehen heute, über 1200 Jahre nach dieser Vision, die Zeichen für Europa auf Sturm, viele sprechen bereits vom Jüngsten Gericht, vom Ende der alten Zeit. Eben von *»enti«*. Die Vision, von der auch Karls persönlicher Biograf Einhard gewusst haben musste, der diese dem Mainzer Erzbischof Hranbanus Maurus berichtet habe, der sie daraufhin verbreitete, deckt sich mit den Ausführungen der bereits zitierten Vision, die vor etwa 100 Jahren aufgenommen wurde. In diesen Ausführungen wurde Karl offenbar eine Art Fluch auferlegt, der bis zum Ende aller Zeiten, bis zum Jüngsten Gericht, währen sollte. Der Fluch wurde also offenbar verhängt im Zusammenhang mit der Schlacht zu Verden an der Aller 784 n. Chr., auch »Blutgericht von Verden« genannt, wo er Widukind, den berühmten Sachsenfürsten und Karls erbittertsten Widersacher, sowie Tausende weitere Sachsen heimtückisch ermorden ließ. Karl, der Sachsenschlächter! Nach dieser Schlacht fand der Monarch offenbar keine Ruhe mehr. Waren es die zahllosen unschuldig getöteten Seelen, die ihn nun nicht mehr schlafen ließen? Suchte er die sogenannten Götter, die er den Sachsen und Friesen und vielen anderen in unzumutbaren Ritualen zuvor auszutreiben versucht hatte, plötzlich seiner gnädig zu stimmen? Oder war es sogar tiefe Furcht vor dem Allerhöchsten, dessen Namen er so oft benutzt, um all seine Gräueltaten zu rechtfertigen, doch den beziehungsweise dessen Macht er selbst nie wirklich gekannt hatte? Karl versuchte offenbar mit allen möglichen Methoden, seine aufgewühlte Seele der letzten Lebensjahre zu beruhigen. Kam das Unglück jetzt über ihn und sein Volk?

Im Jahre 807 erließ der Herrscher dann im ganzen Reich einen dreitägigen Fastenbefehl; vor allem sollten die Menschen die Hilfe Gottes erflehen. Denn die Verwünschung hatte sich schon deutlich bemerkbar gemacht, wie es ihm die Vertrauensleute von allen Seiten zutrugen: »Überall seien mehr als sonst die Erträge ausgeblieben, eine Hungersnot drohe, Unwetter würden die Ernte vernichten und Seuchen sich verbreiten«, wie Weinfurter auf Seite 249 seines Buches schreibt. Inzwischen scheute sich der

König auch nicht mehr, die Dinge beim Namen zu nennen, er begann, sich den unerklärlichen Problemen zu stellen, die ihn allmählich mürbe gemacht hatten. Vielleicht auch deswegen, um durch ehrliches Erkennen und Sühnen die Gnade des Himmels zurückzuerlangen? All das Unglück, all die äußerlichen Geschehnisse seien Anzeichen dafür, »dass wir in jeglicher Hinsicht Gott in unserem Inneren nicht gefallen«. Und weiter soll Karl ausgeführt haben, »Gott kenne nämlich nicht nur die Taten, sondern auch schon das Vorhaben im Herzen – also die Gedankensünden«.

Von zahlreichen düsteren Ereignissen und Fehlschlägen Karls wird zum Ende seines Lebens hin berichtet. Die Reichsannalen weisen auf diverse Himmelserscheinungen wie Sonnen- und Mondfinsternisse im Jahre 809 hin, die auch Karls Biograf Einhard später als Vorzeichen des baldigen Todes seines kaiserlichen Helden deutet. Wörtlich schreibt dieser weiter:

»Sieben Tage lang sah man einen schwarzen Fleck auf der Sonne; der Säulengang zwischen der Kirche und dem Palast, den er mit großer Mühe hatte errichten lassen, stürzte am Himmelfahrstage plötzlich ein. Auch hatte Karl bei Mainz eine hölzerne Brücke über den Rhein schlagen lassen, die zehn Jahre schwerste Arbeit gekostet hatte und so geschickt gebaut war, dass es schien, als müsste sie ewig bestehen. Durch ein zufällig entstandenes Feuer wurde sie dann binnen dreier Stunden vollkommen eingeäschert, sodass nicht einmal mehr ein Holzspan von ihr übrig blieb.«

Und während all diese unerklärlichen Unglücke Karl und die Seinen in unaufhörlicher Folge heimsuchten, ereilte ein noch herberer Schicksalsschlag den Kaiser: Im Juni des Jahres 810 verstarb Karls Tochter Rotrud. Da der Monarch, wie bekannt war, seine Töchter niemals aus dem Auge zu lassen pflegte, ihnen jegliche Heirat untersagt hatte und diese deswegen zeit ihres Lebens unter der Obhut und unter dem Dach des Vaters lebten, muss dieser Schicksalsschlag niederschmetternd für den alternden Karl gewesen sein, wie Dieter Hägermann auf Seite 554 seines Buches [49] schreibt:

»Karl nahm den Tod seiner geliebten Kinder nicht mit der Fassung und Seelenstärke hin, die ihn sonst in allen Lebenslagen auszuzeichnen pflegte. Pietät und Trauer ließen ihn Tränen vergießen: kein Standbild, kein ehernes Herz, sondern ein betrübter Vater in seinem ganzen Schmerz.«

Kummer, Herzeleid und Sorgen. Aus dem strahlenden Regenten wurde zunehmend ein gezeichneter Mann. Rinderseuchen, Dürreplagen, Hungersnöte wurden zu Karls täglichen Problemen. So beschreiben die fränkischen Reichsannalen jene Schicksalstage Karls unter anderem so:

»Auf dem Feldzug brach eine so heftige Rinderseuche aus, dass fast kein einziges Stück Vieh für ein so zahlreiches Heer am Leben blieb, sondern alle bis auf das letzte zugrunde gingen; und nicht allein hier, sondern in allen dem Kaiser unterworfenen Ländern wütete unter dieser Tierart die Seuche in furchtbarster Weise (…) In diesem Jahre verfinsterten sich die Sonne und der Mond zweimal, die Sonne am 7. Juni und am 30. November, der Mond am 21. Juni und am 15. Dezember (…) Währenddessen verstarb des Kaisers ältester Sohn Karl am 4. Dezember (811).«

Durch weitere bittere Vorkommnisse im Jahre 810 wurde Karl Stück für Stück gezeigt, wie es in Wirklichkeit um ihn und um seine Position vor dem höchsten Richter zu stehen schien. Das Glück hatte ihn ganz offensichtlich verlassen. Wieder einmal hatte der immer noch mächtige König eine dreitägige Fastenzeit erlassen, erneut sandte er flehende Worte ins Land, »Gott möge sich durch die Bitten erbarmen, uns zu zeigen, in welcher Hinsicht wir unseren Lebenswandel ändern müssen«. Eine Art Lebensabrechnung schien sich zu entwickeln und zu zeigen, dass all seine Taten nun auf die Waage des Richters gelegt wurden. Doch konnte er diese strenge Prüfung je überstehen? Das ist mehr als zweifelhaft, und Karl wusste die Antwort zu diesem Zeitpunkt längst selbst. Nicht nur als Regent hatte er schwerstes Karma auf sich geladen, auch als privater Mensch zeigte sich überall sein Versagen: Nach dem Tod seiner letzten Ehefrau Liutgard lebte Karl von zahlreichen Mätressen umgeben – von enthaltsamer, gottgefälliger Lebensführung konnte nicht die Rede sein, wie es Mönch Wetti später auch richtig in seiner Vision wahrnahm. Aus kirchlicher Sicht war es mehr als bedenklich, dass Karl zu allen Zeiten Umgang mit einer Reihe von Konkubinen gepflegt hatte, neben seinen mindestens fünf Ehefrauen, die er nacheinander geehelicht hatte. Über die Maitressen wissen die Geschichtsexperten zwar nur wenig, doch immerhin erläutert der Historiker Johannes Fried dazu folgende Fakten [50]:

»Wir wissen, dass sie mehrere Kinder bekommen haben, zwei Töchter, drei Söhne sind von vier Frauen bezeugt. Wir wissen, dass Karl fünf legitime Frauen hatte nacheinander, und dann, heißt es, nach dem Tod der letzten noch vier Nebenfrauen, von denen wiederum sieben Kinder kamen. Das ist ganz wacker.«

Dass die Kirche zu diesen Zuständen weitgehend schwieg, erklärt Fried so:

»Die Kirche musste schweigen. Er war einfach zu mächtig und zu groß. Da konnte man nicht viel sagen.«

Diese Einschätzung ist nicht überraschend, denn es war der Karolingerkönig stets selbst gewesen, der darüber befand, wie hoch der Beuteanteil jeweils ausfiel, den er den Klerikern in Rom abzugeben pflegte nach den mannigfaltigen Eroberungen und Raubzügen. Und so biss man sich eben auf die Lippen, wenn die Rede auf die zahlreichen Nebenfrauen Karls kam, die samt all den gezeugten Kindern am Hofe lebten. Ein Zustand, der übrigens nach Karls Tod im Jahre 814 von seinem Sohn Ludwig dem Frommen mit eiserner Nachdrücklichkeit beendet wurde. Doch bevor es dazu kam, litt Karl der Große zunehmend. Seine brennende Seele trieb ihn zu Entscheidungen, die wenige Jahre zuvor noch undenkbar für den einst selbstbewussten Regenten gewesen wären. So ließ der Imperator einen Fragebogen erstellen, durch den seine Kirchenvertrauten auf Herz und Nieren geprüft werden sollten. Der Lebenswandel der Bischöfe und Mönche stand im Fokus der Untersuchung, ihre innere Einstellung zu Verantwortung, Leben und Tod. Vor allem aber schien die Frage wichtig gewesen zu sein, wie sie es mit dem »inneren Wandel des Herzens« hielten.

Doch auch hier stellt sich die Frage, ob der König wirklich vornehmlich an der inneren Einstellung seines Umfelds interessiert war. Ging es ihm nicht vielmehr um sich selbst? Erkannte er nun immer deutlicher doch seine eigenen unzähligen Fehlentscheidungen, die sich so oft gegen Glück, Gesundheit und das Wohlergehen der Menschen gerichtet hatten, die ihm als »sein Volk« anvertraut gewesen waren? Er selbst habe sich nicht von der Kritik ausgenommen, so der Historiker Weinfurter auf Seite 250 seines Buches, der Karl dort mit folgenden Worten zitiert:

»Wenn wir Christus, den Aposteln und denen, die den Aposteln in rechter Weise gefolgt sind, in der kirchlichen Zucht nachfolgen wollen, dann müssen wir uns in vielen Dingen ganz anders verhalten, als wir es bis jetzt getan haben, müssen vieles, was wir gewohnt waren zu tun, aufgeben und nicht weniger viel tun, was wir bisher versäumt haben.«

Während der König jahrzehntelang alles getan hatte, um den Bildungsstandard im Volk zu erhöhen, was zum Beispiel das Lesen, Schreiben und Singen anging, so sollte nun auf einmal das Augenmerk auf die innere Entwicklung der Menschen gelegt werden, auf die Herzensbildung. Wieder liegt der Verdacht nahe, dass Karl in Wahrheit eher sich selbst damit meinte. Sein Gewissen war in Aufruhr, und nichts vermochte diesen Zustand zu besänftigen. Verständlich: Denn so der Herrscher sich die Auslegungen der Bibel zu Gemüte geführt haben mochte, musste er dort schnell erkennen, dass es mit der Warnung Christi, der Mensch werde an seinen Früchten (Taten) gerichtet, ein ernsthaftes Problem für ihn gab, das weit über alle irdischen Grenzen hinausging, die ihn zu dieser Zeit noch einigermaßen zu schützen vermochten. Offenbar wurde ihm immer klarer, dass sein weltliches Ende einen Übergang in eine äußerst unerfreuliche Welt bedeuten würde. Denn der höchste Richter würde an den blutigen Kriegen und Unterdrückungen, die über viele Jahrzehnte währten, natürlich keine Freude, sondern nur heiligen Zorn empfinden müssen.

Entgegen der heutigen offiziellen und »korrekten« Geschichtsdarstellung, die zumeist einer endlosen Glorifizierung Karls gleichkommt, waren seine Taten, an denen letztlich jeder Mensch einst erkannt werden wird, nach dem Gesetz der Wechselwirkung am Ende seines Lebens mit höchster Befehlsgewalt über ihn gekommen. Es konnte, vor den Augen des höchsten Richters, nicht mehr als gerecht erscheinen!

Die Macht des Himmels

Unser heute allgemein »zivilisiertes« Verständnis besitzt kaum noch Erinnerungen an die einst von unseren Vorfahren ehrfürchtig befolgten Bestimmungen übergeordneter Mächte. Besser gesagt: Man besinnt sich nicht mehr der strengen Schöpfungsgesetze, die damals noch demütig einzuhalten gesucht wurden durch inneren wie äußeren Gehorsam. Zu jener Zeit wusste man noch viel mehr von den Schöpfungsgesetzen, wie auch von der Vergeltung durch die sogenannten Götter, deren Wirken im Einklang mit den Regeln des Universums steht. Selbst Karl war diese Tatsache nicht unbekannt. Auch wenn er die Sachsen unter deren Höllenqualen zum Abschwur ihrer Schutzbefohlenen, zum Bruch des Treue-Eids, gezwungen hatte, so ließen sich deren Versprechen und Standhaftigkeit, ihre Ehrfurcht und Folgsamkeit vor den höheren Mächten, auch von ihm nicht einfach beiseitewischen.

Hatte Karl der Große nicht sogar selbst einst einer dieser Lichtgestalten gegenübergestanden, nachdem die blutige Schlacht an der Aller beendet und dieser mit großen Schritten und wallendem Rotbart auf ihn zugekommen war? Karl wusste offenbar mehr, als ihm lieb war von der hoheitsvollen Gerechtigkeit dieser Übermächte, zogen diese doch mit klirrender Sachlichkeit jeden zur Rechenschaft, der gefehlt hatte. Bei seinem überladenen Schuldkonto war die Reaktion der Götter klar.

Und doch: Gekrönte Häupter waren meist anders, sie meinten zu allen Zeiten wohl, besondere Rechte zu besitzen. So auch Karl der Große, der jahrzehntelang sich stets nahm, was er begehrte. Aufgrund seines gesellschaftlich einmaligen Sonderstatus schienen ihm also diese außerordentlichen Ansprüche de facto zuzustehen. Im wilden Rausche der alles umgreifenden Macht schob der König die ehernen Gesetze häufig weit von sich; blitzende Klingen und rasselnde Säbel riesiger Heere von Soldaten, die nur auf sein Kommando warteten, trugen den Zauber des eigenen Herrschaftswahns – des Rausches an der eigenen Bedeutung, der angeblichen Unverwundbarkeit auch, der sich durch alle Tage, Wochen, Monate und Jahre hindurchgezogen hatte. Karl gab eiserne Befehle zum Kampf, und die Soldaten ritten los. Sie warfen sich in die Speere der Gegner, wurden über die Pferde gehoben, stürzten und starben, und das alles nur, weil er selbst – Karl der Große –, oft sogar im Namen Gottes, die Order dazu gegeben hatte. Weil er der König, schließlich der Kaiser, war! Die unzähligen Schmerzensrufe der bezwungenen Völker verhallten reaktionslos in der gebietenden Betriebsamkeit der Tage, man musste nichts Unerfreuliches näher an sich herankommen lassen. Allein die hohe Stellung sorgte dafür.

Doch wussten nicht auch die Gekrönten von der strengen, aber gerechten Abrechnung, die eines Tages kommen würde, kommen musste, ahnten sie nicht wenigstens davon? Gott lässt sich nicht verspotten. In der Nacht geschah es dann wohl nicht selten, dass sie die Stimmen der Gestürzten schon vernahmen, Umrisse der leidenden, stöhnenden Gestalten sich ihnen in der Finsternis mit steter Regelmäßigkeit unheimlich näherten. Die Gesetze des Diesseits und des Jenseits, die unmittelbar ineinanderfließen, sind streng und gerecht: Wer tötet, entkommt der Strafe nicht!

Kein einziger Soldat, kein Offizier, kein General und auch nicht der Kaiser selbst besaßen in jenen finsteren Augenblicken die Autorität, die Phantome und Dämonen dunkler Mächte verscheuchen oder gar in Ketten legen zu können: Sie kehrten stets wieder, beharrlich, regelmäßig, perfide grausam. Nacht für Nacht, Woche für Woche, Jahr für Jahr. So erging es auch Karl dem Großen. Grauen übermannte sein lorbeergekränztes Haupt, kam das schwere Gewissen doch mit enormer Gewalt immer wieder über ihn, um ihm rasenden Puls und galoppierenden Herzschlag zu verursachen des Nachts auf weiß gestärktem, edlem Linnen; und heiße Schweißperlen, die ihm jedes Mal in Bächen die Stirn herunterrannen, gruben im Laufe der Jahre schließlich tiefe Furchen in das bleiche Angesicht.

Aber jene bedrohlichen Schreckgespenster, die wohl mit zahllosen Ermordeten, mit den einst Besiegten und immer noch leidenden Seelen sich in düsterem Bund vereint zu haben schienen, vermittelten noch etwas anderes, und dies war grauenvoller als jede andere Bedrohung der Welt. In diesen Augenblicken höchster Pein stand es plötzlich vor ihm, vor dem großen König Karl: Es war die hässliche, grinsende Fratze der eigenen Minderwertigkeit, die jedes Mal aufs Neue ihm grausame Höllenqualen bereiten sollte. Weit entfernt von all dem gleißenden Hofprunk katapultierte ihn jede quälende Nacht wieder zurück in den Hades – kalt, grausam wurde er hinuntergestoßen in die finsteren, feuchten Gewölbe, in eisige Distanz gebracht zu sicherer Betriebsamkeit des florierenden, in Licht getauchten Königspalastes, weit entfernt von emsigen und ergebenen Livrierten, die oben in der Schlossküche derweil goldene Schüsseln und zinnerne Weinkelche polierten, für ihn, den großen Regenten und seine hohen Gesellschaften. Doch in diesen schweren Stunden war er da unten weder Monarch noch Herrscher, vielmehr stand er splitternackt und schutzlos vor dem gestrengen Tribunal des Höchsten Gerichtes: als einfacher, armer Sünder, erfüllt von grausiger Angst und tiefem Entsetzen.

Dieses Szenario, die zitternde Furcht, zahllose bös feixende Geister, die mit wirren Lauten und grauenerregenden Bildern das Innerste der vermeintlich imperialen Seele stets erneut erschütterten, sollten über Jahre hinweg zu seinen regelmäßigen Besuchern der Nacht werden. So etwa dürfte es um Karl bestellt gewesen sein, den großen Kaiser des Mittelalters, vor allem in den letzten Jahren seines ruhelosen Lebens. Zu seinem Ende heißt es in den fränkischen Reichsannalen ganz sachlich:

»Kaiser Karl schied, während er den Winter in Aachen zubrachte, aus diesem Leben am 28. Januar (814), ungefähr im 71. Jahre seines Lebens, im 47. seiner Herrschaft, im 43. seit der Eroberung Italiens und im 14., seitdem er Kaiser und Augustus benannt worden war.«

Gewiss, sein Tod bedeutete eine Zäsur für das Frankenreich, für die Kirche in Rom, für viele Menschen und Völker. Nichtsdestoweniger übernahm direkt nach dem Tode Karls dessen Sohn Ludwig der Fromme das Zepter, um sogleich etliche Änderungen einzuführen. Mit vielen Entscheidungen war er schon zu Lebzeiten des Vaters nicht konform gewesen; so hatte er zum Beispiel ein argwöhnisches Auge auf das ausufernde Geschlechtsleben seines Vaters geworfen. Mit dem Ableben des Imperators wurde dieser haltlose Zustand am Hofe resolut beendet. Als eine seiner ersten Maßnahmen verbannte Ludwig der Fromme die Konkubinen seines Vaters und deren Kinder vom Hof und ließ sie in Klöstern unterbringen.

Schon bald nach dem Tode Karls des Großen im Jahre 814 hob ein Lobgesang an, der über weit mehr als 1000 Jahre währen sollte und dessen öffentliches Bild als »siegreichen, gerechten und gottesfürchtigen Herrscher« sich zu manifestieren begann: Ein Büchlein über das Leben des Frankenkönigs erschien, verfasst von Einhard, dem mit vielen Würden ausgestatteten Kirchenlehrer und langjährigen Wegbegleiter Karls. Diese Biografie kündete den Ruf des großen Frankenkönigs in die ganze Welt hinaus, höchste Verehrung kennzeichnete jede einzelne Seite, die

Karls Weg in die Zukunft posthum zu einem einzigen Erfolgsfilm mit nur wenigen kleinen Blessuren machte. Und so verwundert in diesem Zusammenhang die Tatsache nicht, dass der Beiname »der Große« nicht etwa zu Karls Lebzeiten entstanden war, sondern erst einige Jahrhunderte nach seinem Tod. Der Historiker Johannes Fried erläutert:

»Der Begriff kommt ganz langsam auf. Zunächst ist er für die Zeitgenossen der große Kaiser, Magnus Imperator oder Imperator Magnus. Im Laufe des 10. Jahrhunderts verdichtet sich die Vorstellung von einem großen Karl. Jetzt wird tatsächlich der Beiname zu Carolus Magnus.«

Im Französischen sei er dann seit dem elften, zwölften Jahrhundert fest etabliert worden, Charlemagne auf Französisch, im Deutschen Karl der Große. »Um die Jahrtausendwende war er fest etabliert – Karl der Große.« Wenden wir uns zunächst DER Quelle [51] aller Quellen zu: Einhards V*ita Karoli Magni* oder auch der Niederschrift *Das Leben Karls des Großen.* Mir liegen die Aufzeichnungen in lateinischer und deutscher Sprache vor, zu denen der ehemalige Historiograf des preußischen Staates, der Historiker Leopold von Ranke [52], einst sagte:

»Einhard hatte das unschätzbare Glück, in seinem großen Zeitgenossen [Karl der Große] den würdigsten Gegenstand historischer Arbeit zu finden; indem er ihm, und zwar aus persönlicher Dankbarkeit für die geistige Pflege, die er in seiner Jugend von ihm genossen, ein Denkmal stiftete, machte er sich selbst für alle Jahrhunderte unvergesslich.«

Mit den Worten Rankes wird bestätigt, was auch andere Karolus-Magnus-Autoren meist hervorheben: Einhards Aufzeichnungen standen unter der ganzen Kraft der Anbetung, der Glorifizierung

Karls durch die persönliche Abhängigkeit Einhards von dessen Jugend an. So bedankt dieser sich im Vorwort ausdrücklich für die Erziehung, »die mir König Karl während meiner Kindheit angedeihen ließ, und auch die lebenslange Freundschaft, die mich seit meiner Ankunft am Hof mit ihm und seinen Kindern verband«. Einhard hatte offensichtlich überhaupt nicht vor, einen Hehl aus der gebotenen Verpflichtung seiner Leibeigenschaft zu machen, denn er schreibt weiter: »Daher bin ich ihm sehr verpflichtet, und er hat mich im Leben wie im Tode zu seinem Schuldner gemacht.«

Diesen bedeutungsvollen Satz sollte man am besten als durchgängige Überschrift der Einhard-Annalen benutzen, man darf ihn bei der weiteren Lektüre über die blutigen Auseinandersetzungen zwischen dem Frankenkönig und vor allem den germanischen Sachsen auf keiner einzigen Seite vergessen: Diese 19 Worte relativieren die bisherige Darstellung unserer Geschichte!

Erstaunlich ist immer wieder die Feststellung, dass die meisten Historiker diese augenfällige Abhängigkeit zwar erwähnen, die weiteren Schilderungen Einhards über die geschichtlichen Zusammenhänge jedoch nur selten in das Licht der Abhängigkeit Einhards stellen.

Und so war es aufgrund der posthumen Hofberichterstattung Einhards in seiner *Vita Karoli Magni* mühelos gelungen, Karl jenes Denkmal zu setzen, das bis heute fest zu stehen scheint und inzwischen längst als Sockel für die moderne Europapolitik dient. Dass die Beweggründe und Ziele des Werkes damals, vor über 1200 Jahren, in Wirklichkeit nicht der sachlichen und objektiven Geschichtsaufarbeitung für die Nachwelt dienten, sondern vielmehr auf den ganz persönlichen Anliegen und Wünschen des kirchlichen Autors Einhard basierten, sowie vor allem seiner großen Arbeitgeberin, der Kirche in Rom, scheint dabei heute kaum noch von Relevanz zu sein. Doch genau hier liegt einer der bedeutendsten Fehler in der Informations- und Datenübertragung der zurückliegenden 1200 Jahre in Sachen wahrheitsgemäßer Berichterstattung über die historische Gestalt Karl den Großen. Und so wurde die Geschichte Karls ganz pompös zur Geschichte Europas gemacht.

Der glorifizierte Kaiser

Karl der Große war Herrscher über das sogenannte Frankenreich: ein gigantisches Imperium, in das heute die Länder Deutschland, Frankreich, Belgien und Niederlande passen sowie Gebiete Österreichs, der Schweiz, Italiens und Spaniens. Später sollten noch Skandinavien und die Ostseeküste hinzutreten, »vor allem die Germania, das Land jenseits des Limes«. Die kühnen Feldzüge Karls des Großen aus frühmittelalterlicher Zeit werden in den historischen Berichten als einzigartig hervorgehoben, Karls Lebenswerk wird von Politik und Wirtschaft heute gleichermaßen unumschränkt gefeiert. In einer Ankündigung für Hägermanns Werk über Karl heißt es unter anderem, aus der Reihe der bedeutenden Herrscher des Mittelalters rage Karl der Große geradezu als Lichtgestalt hervor:

»Das von ihm geschaffene Großreich bildete die Keimzelle des modernen Europas. Die auf Antike und Christentum beruhende Kultur des Abendlandes ist ohne sein Wirken undenkbar. In fast ganz Europa gilt er noch heute als Symbolfigur des zusammenwachsenden Kontinents, werden seine staatspolitischen, kulturellen und wirtschaftlichen Leistungen gewürdigt.«

In seiner monumentalen Biografie, die zeitgenössische Quellen und die neueste Forschung zusammenführe, lasse Hägermann die

»faszinierende Persönlichkeit Karls des Großen und den Aufbruchsgeist einer ganzen Epoche lebendig werden«, heißt es weiter.

Auch der bekannte französische Schriftsteller Victor Hugo ließ sich schon im vorletzten Jahrhundert zu ehrfürchtigem Lob über den fränkischen Wegbereiter und dessen angebliche Gottesnähe hinreißen:

»Durch zehn Jahrhunderte strahlt die Gestalt Karls des Großen zu uns, der zu einer doppelten Unsterblichkeit aus dieser Welt ging. ›Magnus et Sanctus‹, groß und heilig, sind die erhabenen Beiwörter, womit Himmel und Erde ein menschliches Haupt krönen können.« [53]

Derartige Elogen sind kein Einzelfall. Fast die gesamte Literatur über den Frankenkönig beschreibt den Mann in leuchtenden Facetten schillerndster Farben. Und auch bereits zu seinen Lebzeiten wurde Karl der Große bejubelt: Sein einflussreiches, hauptsächlich kirchlich geprägtes Umfeld ließ in den überlieferten Schriften keine Gelegenheit aus, dem Herrscher aber auch wirklich jegliche Ehre zuteilwerden zu lassen. Das ist nicht verwunderlich, hatte Karl doch, um sich die Macht zu sichern, nicht nur etliche Kriege geführt, sondern er hatte im Laufe der Jahrzehnte seines Wirkens zahlreiche Klöster, Kirchen und Bistümer gebaut beziehungsweise gestiftet. Um eine positive Chronikübersicht zu garantieren, die durch die damals allein des Schreibens kundigen Kleriker zu einem monopolistischen Merkmal für die Kirche geworden war, gehörte es ebenso zur Tagesordnung, möglichst viele Mönche für sein Seelenheil beten zu lassen. Die Kirchenleute beteten und beteten – und ergeben dankten sie für die schönen Bauwerke, die ihnen Heim, Arbeit und ein gutes Auskommen in Ehren und gesellschaftlicher Anerkennung sicherten. Und so quollen die priesterlichen Archive über Karl den Großen über vor schmeichelhaften Beschreibungen, Huldigungen und Ehrerbietungen; sogar eine ganze Biografie wurde ihm, wie erwähnt, gewidmet: die berühmte *Vita Karoli Magni*, verfasst von Karls persönlichem Berater, Abt Einhard.

Weltweite Geschichtsschreibung durch die *Vita Karoli Magni*

Im Falle Karls des Großen und seines persönlichen, weltberühmten Biografen »Meister Einhard« war die Motivation natürlich ebenso schon klar; der umtriebige Abt, dessen Aufzeichnungen die wichtigsten Hauptquellen für unser heutiges Wissen über das Lebenswerk Karls des Großen darstellen, stand, den meisten heutigen Medienmitarbeitern in der unterwürfigen Art des vorauseilenden Gehorsams sehr ähnlich, als neutrale Quelle nicht zur Verfügung. Einhard war keinesfalls etwa ein sachlicher Beobachter, denn er hatte sein ganzes Leben über in einem außerordentlichen Abhängigkeitsverhältnis zu Karl gestanden, hatte von seiner frühen Jugend an unter dessen Erziehungseinfluss am Hofe gelebt, hatte ihm Stand, Ausbildung und ein fortwährend gehobenes Leben in den allerbesten Kreisen zu verdanken. Tiefe Ehrfurcht, ewige Dankbarkeit und eine schier endlose Hingabebereitschaft gegenüber dem Regenten bildeten die Grundlage der Existenz Einhards, damit vor allem auch seines Schrifttums, das die Grenzen einer äußerst unangenehmen Unterwürfigkeit nicht selten deutlich überschritt.

Die Fachwelt ist sich einig: Von einer objektiven Lebensbeschreibung ist Einhards *Vita Karoli Magni* Lichtjahre entfernt. Was jedoch seltsamerweise ihrer Rolle als »verlässlichstes Dokument« bis in die heutige Zeit hinein keinen Abbruch tut. So heißt es in einer Doktorarbeit [54] von Lars Hageneier über die *Herrscherbiografie der Karolingerzeit* aus dem Jahre 2003 trotz dieser Einsichten, dass Einharts *Vita Karoli Magni* zu Recht als die einzige mittelalterliche Biografie gelte, der das »Prädikat Weltliteratur zugesprochen werden könne«. Nicht nur einem »eng umgrenzten Fachpublikum« sei der »Neubegründer des abendländischen Kaisertums durch das zeitlos-anschauliche Werk« Einhards aufs Beste vertraut; als »geistiger Besitz vieler wird es gelesen, nicht nur interpretiert, es hat unser Bild von Karl dem Großen – dem wohl einzigen im historischen Bewusstsein weiter Kreise präsenten mittelalterlichen Herrscher – bis auf den heutigen Tag geformt.« Und das auch sei im Mittelalter nicht anders gewesen: »Kaum ein Werk fand solch weite und zügige Verbreitung in den Bibliotheken und Skriptorien schon des neunten Jahrhunderts, kaum eines wurde bereits von den Zeitgenossen derart positiv aufgenommen.«

In der historischen Fachwelt hatte Einhards Biografie über Karl den Großen stets einen hohen Stellenwert gehabt, der von Beginn an in der Frage der Glaubwürdigkeit allerdings nie unumstritten blieb. In der Doktorarbeit heißt es weiter: »Zwar riss die Kritik an Glaubwürdigkeit und Eigenständigkeit der Schrift angesichts vieler historischer Glättungen und Bagatellisierungen besonders der karolingischen Frühphase« und Einharts angeblicher »sklavischer Befolgung des suetonischen Grundschemas« nicht mehr ab. Doch überwögen dennoch stets die positiv urteilenden Stimmen. Seitdem stünden nicht die »Fehler und Irrtümer im Mittelpunkt des forschenden Interesses«, vielmehr sollte die Aufmerksamkeit der »spezifischen Wahrnehmung Einharts und ihrer literarischen Umsetzung in einem bestimmten historischen Kontext gelten: Doch blieb dies bisher weitgehend Postulat.«

Stilistisch »auf das Glänzendste niedergeschrieben«, wird Einhards »erster Rezensent«, Lupus von Ferrières (auch Lupus Servatus), zitiert. Und auch der berühmte Reichenauer Abt Walahfrid Strabo, der zwischen 840 und 842 eine eigene Ausgabe des Karls-Lebens schuf und zu diesem Zweck dem Werk einen Prolog voranschickte, bezeichnete Einhards *Vita Karoli Magni* trotz allen Wissens über dessen lebenslanger Abhängigkeit von Karl dem Großen als ein »Zeugnis reinster Wahrheit, verfasst von jemanden, der fast überall dabei war« [55].

Wie günstig war es doch für Karl den Großen gewesen, schon zu Lebzeiten einen solch ergebenen Biografen gewinnen zu können; es war, was den künftigen Ruf Karls des Großen betrifft – und zwar bis zum heutigen Tage – praktisch ein Sechser im Lotto: Mit Einhards weltberühmter Karl-Biografie, der *Vita Karoli Magni*, war die außergewöhnliche Position des Monarchen in der europäischen Geschichte ein für alle Mal gesichert und manifestiert. Der gewissenhafte Biograf, der Abt und Kirchenlehrer Meister Einhard, auch Einhart oder Eginhart genannt, der als einer der wenigen Vertreter dieser bedeutenden frühmittelalterlichen Epoche des Lesens und Schreibens mächtig war, verfasste mit bemerkenswertem Eifer die Lebensbeschreibung Karls des Großen – allerdings erst Jahre nach dessen Ableben. Was dem Kirchenmann gefiel, was vor allem dem Imperator des Römischen Reiches im Nachhinein gut zu Gesicht stand oder ihm gar schmeichelte, das wurde detailliert aufgenommen, in allen Einzelheiten beschrieben und farbenreich ausgeschmückt. Negative Ereignisse jedoch, die Karl hätten im Ansehen beschädigen oder gar belasten können, wurden kaum erwähnt – schnell ging Einhard darüber hinweg oder ließ Erklärungen, Beschreibungen, sogar Namen historisch höchst relevanter Akteure, wie beispielsweise den mutigen Sachsenfürsten Widukind, einfach gleich ganz weg. Allein diese sträfliche Unterlassung führt bis heute dazu, dass so mancher zeitgenössische Historiker die Existenz des Sachsenfürsten Widukind hartnäckig leugnen will.

Doch gehört in dieses Kapitel ganz gewiss diese wichtigste und wohl auch grauenvollste Kriegsaktion Karls des Großen hinein: die berühmte Schlacht zu Verden an der Aller, bei der der Frankenkönig Tausende Sachsen, die unter Widukinds Kommando gestanden hatten, barbarisch hinmetzeln ließ. Diese für Deutschland und Europa bis heute einschneidende Entwicklung ist Einhard in allen seinen Berichten so gut wie keine Erwähnung wert: Der berühmte Sachsenfürst Widukind, um den sich bis heute zahlreiche Erzählungen und Legenden ranken und der Karl dem Großen über drei Jahrzehnte lang, bis zu seinem eigenen Tod, energisch die Stirn geboten und mutig für das Sachsenvolk gekämpft hatte, findet so gut wie keinerlei Einlass in Einhards Beschreibungen. Doch glücklicherweise war der dienstbeflissene Schreiberling nicht der Einzige, der in der Lage gewesen war, Licht ins Dunkel zu bringen. Weitere Kirchenschreiber, unter anderem die von der neuzeitlichen Wissenschaft als die sogenannten »fränkischen Reichsannalen« bezeichneten Dokumente, nahmen zu diesen Entwicklungen Stellung. Ebenso existieren Belege, die auf wundersame Weise die wahren Entwicklungen dieser bedeutenden Zeit dokumentieren. Diese sollen ebenso als wichtige Grundlage des hier aufgezeigten Berichtes dienen.

Es muss einst, vor über 1200 Jahren also, mit Widukind, dem Sachsenfürsten, eine ganz besondere Menschenseele die historisch hochinteressante Ereignisbühne betreten haben, denn trotz Einhards hartnäckiger Ignoranz blieben der Ruf und das Wirken Widukinds bis heute im Gedächtnis der Menschheit bewahrt. Immer wieder flammt sein tapferes Schaffen auf, und immer wieder auch wird im Laufe der Geschichte der eiserne Widerstand einzelner Menschengruppen gegen Kirche und Staatsmacht, wie auch von ihm einst geführt, sichtbar. Stets ebenso, und in welchem Zeitabschnitt auch immer, werden zurückliegende Erinnerungen das Gedächtnis und die Empfindung der

Menschheit wiederbeleben: Der Kampf für Wahrheit und Gerechtigkeit wird niemals sterben. Doch in den meisten Fällen erfolgt darauf derselbe, immer wiederkehrende Mechanismus: Mit aller Macht werden die Körner der Wahrheit, die unseren Blick für das Schicksal Deutschlands und Europas erheblich erweitern könnten, mit unerklärlichem Zorn und nicht zu beschreibendem Widerstand schon im Keim zertreten.

Möglicherweise ist dieses destruktive Verhalten der Tatsache geschuldet, dass dieser für Europa mehr als relevante Geschichtsabschnitt eines Tages noch einmal genauestens unter die Lupe genommen werden muss, ja, möglicherweise wird der Kampf Karls des Großen gegen den Sachsenfürsten Widukind und dessen Volk einst zum Eckstein deutscher Geschichte werden, wenn die Zeit für Licht und Wahrheit angebrochen ist.

Neben Einhards Karl-Biografie stehen dem heute nach Ursache und Wirkung Suchenden eben auch noch als wertvolle Quelle die fränkischen Reichsannalen zur Verfügung. Der 1795 geborene deutsche Historiker Leopold Ranke begründete die Auffassung, dass es sich bei diesen um ein Stück offizieller Geschichtsschreibung handele. Seitdem tragen sie die Bezeichnung *Annales regni Francorum.* Dass die »offizielle Geschichtsschreibung« auch dieser Aufzeichnung ausschließlich von Kirchenangehörigen vorgenommen wurde, wird der Ordnung halber noch einmal erwähnt, um diese Tatsache als wichtiges Faktum stets in Erinnerung zu behalten.

Und doch: Hilfreiche Geister schienen einen jahrhundertelangen unsichtbaren Schutz um auch manch andere Aufzeichnungen gewebt zu haben: Wichtige Teile der bedeutenden Chronik, Einhards Lebensbeschreibung Karls des Großen sowie kleine Jahrbücher, konnten ebenso bis in die Jetztzeit gerettet werden wie auch bislang nicht veröffentlichte Schriften, die nun ebenso wieder in den Lichtkegel gerückt werden. Die genannten Werke bilden die Grundlage für die Historiker aller Zeiten, die bis heute das Wirken Karls des Großen und dessen Gründung Europas näher unter die Lupe nahmen und zu beurteilen suchten.

Noch einmal sei gefragt: Wie neutral also konnte der kaiserliche Schreiberling Einhard aus dem neunten Jahrhundert tatsächlich berichten, der in unmittelbaren Diensten des adeligen Universalherrschers Karl gestanden hatte und der sich ebenso auch unter ständiger Beobachtung der wachsamen Kirchenobersten, der Bischöfe in Rom, der engsten Verbündeten des Kaisers, befand? Wie unparteiisch und vorurteilsfrei konnte die politische Einordnung hinsichtlich des Kaisers und dessen Eroberungszüge, aber auch in Bezug auf die Schachzüge der mächtigen kooperierenden Klerikalen Roms, in Wahrheit ausfallen? Wie objektiv auch die Bewertung und Einordnung aller anderen frühen Geschehnisse?

Historische Epocheneinteilungen bestehen, ebenso wie die heutige Politikentwicklung, seit Urzeiten aus immer ähnlichen Gemischen: Die Ingredienzen heißen meist ein Gewirr von Machtplänen, unvorhergesehenen Ereignissen, kalkulierten Maßnahmen und ungeplanten Gegenreaktionen; sie sind ein Konstrukt, das stets wieder neu entsteht aus menschlichen Fehlern, politischen Fehlentscheidungen, aus Strategien, Machtplänen, Dünkel und Zufällen. Wer will sich noch über den derzeitigen Zustand unserer Welt wundern?

Selbstverständlich könnten und müssten unter diesem Aspekt gesehen *sämtliche* historischen Betrachtungen der zurückliegenden Jahrhunderte neu bewertet werden. Man muss dabei aber wohl nicht so weit gehen wie ein wachsender Kreis von Historikern, der mittlerweile eine komplett gefälschte deutsche und europäische Geschichte beklagt, wie es beispielsweise der Chronologiekritiker Heribert Illig tut, der in seinen Büchern und Beiträgen vom »erfundenen Mittelalter« spricht.

Es gab neben einer wohl über die Lebzeiten hinaus währenden Dankbarkeit des Biografen Einhard übrigens ganz offensichtlich noch weitere Gründe für die Elogen über Karl den Großen in dem Grundsatzwerk *Vita Karoli Magni*. So bestätigt Johannes Fried in seinem letzten Karl-Werk, das er dem 1200. Todestag des einstigen Herrschers widmete und das den Titel *Karl der Große. Gewalt und Glaub*e trägt, auf Seite 599, dass Einhards Schrift etwa 14 Jahre nach dem Hinscheiden des Kaisers entstanden sei, und zwar »während heraufziehender innerer Spannungen des Frankenreiches, denen es auf die Dauer tatsächlich nicht mehr gewachsen war«. Einhard habe dem Nachfolger Karls, dessen Sohn Ludwig dem Frommen, den Spiegel vorhalten wollen, zwar »in dezenter, doch eindeutiger und eindringlicher Weise«. Schon im Vorwort sei auf Einhards »Freundschaft mit Karl selbst und seinen Kindern« verwiesen worden und »konnte jeden, der zu lesen verstand, an die ›unfreundliche‹ Art erinnern, mit der Karls Nachfolger dessen Töchtern und jüngsten Söhnen entgegengetreten war. Für sie alle, die vom Hof Vertriebenen, bewahrte Einhard das Gedächtnis an den Vater.«

Somit dürfte die *Vita Karoli Magni* auch ein erzieherisches Werk für Ludwig den Frommen gewesen sein, um ihn an seine Pflichten gegenüber der bisher mit seinem Vater eng verbündeten Kirche zu erinnern, so der Historiker. Denn dieser hatte längst nicht ein so inniges Verhältnis zu Rom gehabt wie Kaiser Karl, ganz im Gegenteil sogar. Dass Einhard dies nicht gefallen konnte in seiner Rolle als kirchlicher Schreiberling und Verbündeter Roms, dürfte naheliegen. So heißt es bei Fried weiter:

»Der erste Satz des ersten Kapitels musste weitere Alarmglocken in den Ohren eines Herrschers zum Klingen bringen, der ein eher frostiges Verhältnis zum Apostolischen Stuhl unterhielt und den Bischof von Rom kaum besser als die übrigen Bischöfe seines Reiches zu stellen gedachte. ›Der König Childerich (III.)‹, so hieß es da, ›wurde auf Befehl des römischen Papstes Stephan (II.) angesetzt und (zum Mönch) geschoren und in ein Kloster eingewiesen.‹ Einhard habe damit vor allem an die ›Möglichkeit des Thronverlustes‹ bei nicht ausreichender Würdigung Roms erinnert.«

Eine ständige Mahnung wurde die bis heute berühmte Einhard-Schrift also, und zwar auch für spätere Regenten, sich bloß tunlichst mit Rom zu verbünden und engen Austausch zu pflegen, ja, sich dem Papst gewissermaßen unterzuordnen. Einhard machte die unbedingt wichtige Allianz zwischen Staat und Kirche immer wieder klar, fundamentierte sie mit seiner Biografie praktisch für die Zukunft, zeigte auf, dass die eine Seite ohne die andere niemals Einfluss und Macht in dem erforderlichen Maße erringen könnte, sondern nur dieses gemeinsame Bündnis, dem sich beide Seiten gleichermaßen verpflichtet fühlen mussten und damit zu *der* Herrschermacht werden konnten. Einhard als anmaßender Königs- und Kaisererzieher, als der warnende Lehrer, der die Regenten zur Kirche trieb und dafür alle Mittel nutzte. Er wollte sich mit seiner Karl-Biografie offenbar die Gunst der päpstlichen Kirche Roms bis ans Ende seiner Zeiten sichern. Man darf davon ausgehen, dass Einhard sich für diese Positionierung nicht verbiegen musste, sondern von diesen Ansichten zutiefst überzeugt war. Seine Karl-Biografie in einer Zeit neuer Regentschaft, die eben nicht vorhatte, sich der Kirche unterzuordnen, kam ihm als Werkzeug für diese Erziehung anscheinend gerade recht.

Fried konstatiert hier weiter (S. 601), Ludwig der Fromme hätte, so das Ziel seiner Gegner, dem Bischof von Rom anders gegenübertreten müssen, »als er es tat, mit größerem Respekt vor dem Nachfolger und Erben des Apostelfürsten und auch vor Rom. Dieser Kaiser, der römische gegen fränkische Erneuerung vertauschte, trat nicht in die Spuren seines Vaters; er hat sich nie zu einer Rom-Reise aufraffen können.«

Man darf also ferner annehmen, dass Einhard selbstverständlich nicht aus eigenem Antrieb allein, sondern vor allem im Auftrage Roms handelte und unter direkter Führung des Papstes stand, als er die Karl-Biografie verfasste. Zu schön ließ sich aus höchstkirchlicher Warte diese »Erfolgsgeschichte« der 47-jährigen Regentschaft erzählen: Seite an Seite erkämpfte Karl der Große gemeinsam mit der römischen Kirche zahlreiche Länder und Gebiete, christianisierte flächendeckend, »brachte die Menschen damit zum Gottesglauben« und gestand dem Apostolischen Stuhl ungewöhnlich umfangreiche Rechte zu. Er verschaffte dem Volk die Grundlagen von Bildung und Wissenschaft, natürlich ausschließlich durch die vielfachen kirchlichen Einflüsse. Wären all diese Errungenschaften ohne das einflussreiche Bündnis von Staat und Kirche, von Kaiser und Papst, je möglich gewesen? Auf keinen Fall wollte die Kirche auf diese Verdienste verzichten, niemals hätte sie freiwillig die gewaltige Machtposition aufgegeben, in die Karl der Große die römische Kirche einst gehoben hatte.

Einhard, der Leiter der Hofschule, schrieb Karl schön – gewiss, und damit tat er der Wahrheit nicht mehr oder weniger als einen gewaltigen Bärendienst. Doch mindestens ebenso wichtig dürfte ihm, und natürlich den Bischöfen Roms, das Ziel des weiterhin grandiosen Einflusses der Kirche auf die Politik gewesen sein, hatte diese doch durch den zurückliegenden »erfolgreichen« Pakt viele Tausend Schäfchen zugeführt bekommen, so wie sie ebenfalls an der Beuteausschüttung der unzähligen Raubzüge quer durch die eroberten Länder beteiligt worden war: Gold, Geld, Ländereien, Kirchenmitglieder waren nach Rom gespült worden – ein Konzept, das auf verheerende Weise zur Blaupause wurde für die Jahrhunderte später beginnende grausame Kolonialisierungsgeschichte durch die Europäer. Niemals dachte man nur im Traum daran, auch nur einen Krümel dieses riesigen Kuchens an andere Kräfte abzugeben, niemals: Die *Vita Karoli Magni* war *das* Machtinstrument für die Kirche gewesen! Wer wollte einer solchen Erfolgsgeschichte, wie sie aufs Papier gezaubert worden war, je widersprechen?

Zwar war Einhard stets ein treu ergebener Mitarbeiter Karls gewesen, doch war er nicht noch viel mehr ein einflussreiches Mitglied der Kirche gewesen? Er hatte in Karls Palästen geweilt, war persönlich eng mit dem Herrscher verbunden gewesen, konnte seinen Einfluss jederzeit geltend machen, sobald Rom den Wunsch dahingehend äußerte. Doch nun war der Kaiser tot, und dessen Nachfolger Ludwig der Fromme dachte nicht daran, die enge Zusammenarbeit mit Rom fortzuführen. Was also blieb Einhard? Wer hielt jetzt zu ihm? Wer gab ihm Rückhalt? Wie wirkte er sich aus, dieser neue Wind, und aus welcher Richtung würde er weiterhin wehen? Wo fand er, Einhard, künftig Sicherheit und einen geregelten Lebensabend? Natürlich bei der Kirche. Hier galt es als Allererstes, sie in eine ihm günstige Stimmung zu versetzen, denn sie allein konnte ihm helfen, weiter in Wohlstand zu existieren. Und er, Einhard, war mit seinen Plänen für die Karl-Biografie natürlich für Rom ein Riesengeschenk.

Die *Vita Karoli Magni* ist also auf verschiedenen Ebenen zum Einsatz gekommen: als erzieherisches Moment für Ludwig den Frommen und alle möglichen weiteren Herrscher, sich mit der

Kirche gut zu stellen, und sie ist ebenso ein emphatisches Pamphlet für den verstorbenen Karl den Großen, der gerade wegen seiner Nähe zum Papsttum sehr erfolgreich gewesen war. Doch noch viel mehr und wohl in allererster Linie hatte Einhard sich damit seine eigene Zukunft in Rom sichern wollen sowie den Einfluss Roms über alle Zeiten hinaus.

Das Denkmal Karls des Großen war also bereits kurz nach seinem Tode zu einer Erfolgsgeschichte emporgezogen worden, Wahrheit und Dichtung fließen seither ineinander wie die Milch in den Kaffee – oder umgekehrt, je nachdem, aus welcher Richtung der politische Wind auch heute gerade weht, ganz nach dem klugen Satz, der sowohl Napoleon Bonaparte als auch Voltaire zugeschrieben wird und lautet: »Geschichte ist die Lüge, auf die man sich geeinigt hat.«

Über die Zahl bedeutender Feldzüge Karls des Großen gibt es unterschiedliche Angaben. Doch werden sie mit mindestens 60 beziffert. Eine stattliche Leistung in seinen knapp 47 Herrscherjahren. Man könnte sagen: Statistisch gesehen hatte Karl der Große als König und Kaiser etwa 1,3 Waffengänge pro Jahr organisiert. Was das bedeutet, kann sich jedermann vorstellen: Das Leben des Monarchen war durchweg von Schlachten, Kriegen und Eroberungen gekennzeichnet.

Zu unserem Geschichtsverständnis scheint es wie selbstverständlich zu gehören, dass bestimmte historisch relevante Persönlichkeiten, auch viele Jahrzehnte oder Jahrhunderte nach ihrem Ableben, für die Arbeitsziele zeitgenössischer Politiker herhalten müssen, damit diese die berühmten Lebensläufe als Vorbild für eigene Vorhaben oder aber auch als Objekt der Abschreckung nutzen können – je nachdem, wie der gewünschte politische Plan aussieht. Dabei wird auf die wahrhaftigen Inhalte der Vergangenheit meist kaum Rücksicht genommen, auch nicht auf die spezielle Sichtweise der historisch bedingten Umstände und Lebensweise des jeweiligen Zeitabschnittes. Wichtiger ist vielmehr die Schablone, die man der verblichenen Persönlichkeit auflegen kann, um ein passendes Bild zu erzielen, das dem eigenen Vorhaben dient.

Karls recht ausschweifendes Leben wurde, wie erwähnt, in der historischen Nachbetrachtung über Jahrhunderte hinweg weitgehend ausgespart; jedenfalls war das, was einen negativen Beigeschmack hätte erzeugen können, jahrhundertelang in den Berichten häufig unter den Tisch gekehrt worden. Nahezu emphatisch feierte man den Monarchen zu vielen Zeiten. Die Wirkung seiner Person war über den Verlauf der Jahrhunderte hinweg gewaltig geworden und ist wohl mit keinem anderen mittelalterlichen Herrscher vergleichbar. Karl galt über das gesamte Mittelalter hinaus grundsätzlich als idealer Kaiser, als kraftvoller Herrscher, als Befürworter flächendeckender Bildung sowie als Freund und Förderer des christlichen Glaubens. Auch im Spätmittelalter wurde der Franke als Idealherrscher betrachtet, war er doch 1165 auf das Drängen leitender Aachener Kleriker hin gar heiliggesprochen worden. Darüber hinaus entstand schließlich im Hochmittelalter die Legende, Karl der Große sei ins Heilige Land gezogen und habe die Heiden aus Jerusalem vertrieben. Dafür habe er im Gegenzug wertvolle Reliquien erhalten, darunter gar die Dornenkrone Christi. Man verpasste ihm zu dieser Zeit eine Art Heiligenschein, der noch lange Zeit in die Welt leuchten sollte.

Im 19. Jahrhundert schließlich erhielt das Image des Frankenkönigs in Wort und Schrift, in Zeitungen und Literatur einen weiteren Imageschub, wieder zu dem Zweck, der damaligen Politik und ihren Zielen zuzuarbeiten. Die Person Karls des Großen wurde nun vor allem aus nationaler Perspektive betrachtet; plötzlich stand er für die in der damaligen Zeit wichtigen Tugenden wie Wehrhaftigkeit, Verantwortung, Treue und Ordnungsliebe. Hauptsächlich Deutschland und Frankreich vereinnahmten den Monarchen für ihre Zwecke. So wurde Karl in Deutschland als deutscher Herrscher, in Frankreich als Franzose in Anspruch genommen. Angesichts der europäischen Konflikte in dieser Zeit könnte man durchaus von einer politischen Vereinnahmung sprechen, die übrigens bis zum heutigen Tage währt.

Während also der Kaiser aufgrund des machtvollen Einflusses der ausnahmslos kirchlichen Autoren sämtlicher zeitgeschichtlicher Chroniken über lange Zeit hinweg in blendendem Licht dargestellt wurde, erklangen jedoch dann zum Ende des 19. Jahrhunderts zum ersten Mal schließlich erbitterte Gegenstimmen, worauf die Rede hier noch kommen wird. Und auch in der Jetztzeit erhebt sich wieder manche kritische Stimme, vor allem unter den Historikern. Der merkwürdige Zwiespalt, der auch vor 100 Jahren schon einmal aufgeflammt war, belebt immer öfter neue Sichtweisen, die den Tatsachen und wahren Ereignissen endlich näherzukommen scheinen: Karl der Große war ein anderer, als das über lange Jahrhunderte hinweg vorwiegend von der Kirche gepflegte Geschichtsbild es den Menschen vermittelte.

Jüngst erschienene Biografien tragen denn auch nicht selten sogar recht ausdrucksstarke (Unter-)Titel: *Karl der Große. Gewalt und Glaube*, heißt es bei dem Geschichtsexperten Johannes Fried. Und dessen Kollege Stefan Weinfurtner wird noch deutlicher: *Karl der Große. Der heilige Barbar*.

Es wird, aller derzeit immer noch offiziell herrschenden Europaeuphorie zum Trotz, langsam sichtbar, wie groß die Verfehlungen und Sünden des einstigen Imperators gegen die von ihm besiegten Völker waren. Aufgrund der ungenauen, weil einseitigen Aufzeichnungen in frühester Zeit durch die Kirchenschreiber wird eine genaue Recherche derzeit jedoch kaum noch möglich sein: Unsere Geschichte ist und bleibt verfälscht. Nur das Licht der Wahrheit, das eines Tages durchbrechen wird, wird die wahren Ereignisse endlich richtig beleuchten.

Der Historiker Johannes Fried beanstandet an manchen Stellen die Verfehlungen des Karolingers, doch kommt er letztlich nicht umhin, alles in allem dennoch bei einer würdigenden Haltung gegenüber dem Frankenkönig zu bleiben: In seinem 2013 erschienenen Werk, so heißt es in einer Rezension [56], wird Karl »als Held präsentiert. Ein Selfmade-Staatsmann, der aus einem Barbarenhaufen eine weltläufige Intelligenzia formte, der, wenn er auch nicht schreiben konnte, so doch souverän allen fränkischen Eliten, dem Papst und dem oströmischen Kaiser immer zwei Züge voraus war.«

Karls angebliche eigene Klugheit sowie seine Bildungsfreundlichkeit werden bis heute als herausragende Errungenschaft seines Wirkens hervorgehoben; vor allem ist jedoch die flächendeckende Manifestierung des christlichen Glaubens als sein gesellschaftliches Hauptwerk zu betrachten, wenn man den historischen und politischen Rückblicken Beachtung schenken will. Dass die blutigen Ereignisse, die der Frankenkönig mit der gewaltsamen Christianisierung herbeiführte, nicht im Sinne des Schöpfers sein konnten, wird von den Fachleuten allerdings so gut wie niemals berücksichtigt. Auch hier kann Fried anscheinend nicht anders [57], als dem lange verstorbenen König Respekt und Anerkennung – übrigens mit ähnlich verquasten Deutungen, wie man sie sonst nur von der Kirche kennt – zuteilwerden zu lassen:

»Die Kirche war alles. Sie wölbte sich im Spirituellen als Leib Christi über die gesamte Christenheit und schloss den König und seine Herrschaftssphäre mit ein (…) Natürlich gab es die Funktionstrennung, also die Bischöfe, die Priester, die den Altardienst zu versehen hatten. Aber Karl der Große selbst sah und fühlte sich selbst auch als Herr über diese Kirche.«

Nur in den speziellen Glaubensfragen, wenn es um dogmatische, um kirchenrechtliche Dinge ging, sei der Papst zentral relevant gewesen:

»Aber um sie durchzusetzen, dafür war der König nötig. Wir haben sogar einen Beleg, dass der König den Papst mahnt: ›Bleib immer gläubig und verlasse den rechten Weg nicht.‹ Das ist schon toll, dass der weltliche Herr den geistlichen Princeps mahnt, er soll auch seiner Funktion gemäß leben!«

Für den Frankenkönig sei der Glaube praktisch ein Herrschaftsinstrument gewesen:

»Er hat eine ganze Reihe von zentralen kirchlichen Reformakten in die Wege geleitet. Die betonen ganz regelmäßig die Position des Königs als dessen, der diese Dinge in die Wege leitet: Der König sagt, was gemacht wird!«

Und wie sah dieser christliche Glaube in Wirklichkeit aus, der mit »Schwert und Feuer« in dem mächtigen Reich durchgesetzt worden war, gemeinsam mit der Kirche Roms? Schaut man genauer auf die Vorgänge, so wird klar, dass diese Form des Christentums, die man zu jener Zeit Hunderttausenden Menschen gewaltsam überstülpte, in Wahrheit ein stark verfälschtes Produkt dessen war, was der Gottessohn Jesus Christus den Menschen einst selbst gebracht hatte: Karl wütete in den Ländern, mordete, unterwarf die Menschen gewaltsam, was zu unendlich viel Leid und Elend führte. Während Christus doch von Nächstenliebe gesprochen hatte, von Wahrheit und Verständnis, von den Geboten ebenso, die da heißen: Du sollst nicht töten! Du sollst nicht stehlen! Du sollst nicht begehren deines Nächsten Haus und Hof! Wie ließen sich diese gegensätzlichen Positionen vereinen?

Die Antwort ist einfach: Überhaupt nicht. Und wer heute nach den Ursachen für den derzeitigen Zusammenbruch Europas sucht, der wird, man kann es nicht oft genug sagen, vor allem hier fündig. Gewiss, dies ist eine bislang noch unpopuläre Haltung, doch wird die nahe Zukunft zeigen, dass die Menschheit umdenken und gerade nach jenen bislang unbekannten Antworten suchen muss, die vornehmlich in den spirituellen, also geistigen Ebenen zu finden sind.

Nur in dünnen Fragmenten waren die wahren Christus-Lehren in der Haltung Roms zu erkennen, schon damals, wie auch bis in die heutige Zeit, hatte doch auch der sogenannte Heilige Stuhl vornehmlich nur eines im Sinn: zu expandieren, um zu immer noch mehr Macht zu gelangen und diese zu erhalten. Einmal abgesehen davon, dass viele Bibel-Kapitel von Aposteln verfasst wurden, die vieles schon nicht verstehen konnten, was der Gottessohn noch zu irdischer Lebenszeit ihnen mitzuteilen versuchte. Sollten sie nach dessen Heimgang tatsächlich plötzlich ein besseres Begreifen gehabt haben, vor allem Jahrzehnte später, nachdem sie mit ihren Aufzeichnungen ja erst begonnen hatten?

Nein, die christliche Lehre war von Beginn an lückenhaft, sie wurde zurechtgebogen und verfälscht, gerade wie man sich erinnerte oder wie man es jeweils brauchte, ganz nach den Bedürfnissen der Mächtigen. Durch den engen Zusammenschluss von

Karl dem Großen mit den Bischöfen in Rom war schnell die unheilvolle Allianz entstanden, die sich gegenseitig mit Aufgaben und Genehmigungen ausstattete, um die hochgesteckten Ziele zu erreichen. Um das Seelenheil der Gläubigen ging es dagegen zu keinem Zeitpunkt, noch weniger um den Willen des Höchsten, in dessen Namen man kollektiv frevelte. Wie sollte und konnte das nach den Schöpfungsgesetzen ohne Folgen bleiben?

Wie Weltgeschichte umgeschrieben wird

Das wohl beeindruckendste Beispiel für die Instrumentalisierung des einstigen Regenten Karl des Großen zum politischen Zugpferd heutiger Tage liegt noch gar nicht so lange zurück: Es geschah in der Zeit des Zweiten Weltkrieges. Die Verbindungswurzeln der wohlklingenden Geschichte des Frankenkönigs als Erbauer des heutigen Europa wurden in dieser historisch verheerenden, doch leider relevanten Epoche angezüchtet; der angestrebte Gedanke der Vereinigung aller europäischen Völker zu einer einzigen mächtigen, zentralgesteuerten Allianz, den »Vereinigten Staaten Europas«, fand hier die politischen Anfänge. Ausgedacht hatten sich dies mächtige Strippenzieher, die ihre Marionetten bis heute in alle Regierungssessel der Welt drücken und sie so lenken, wie es ihren Zwecken gerade dient.

Für das Ziel, ein zentralistisches Europa zu begründen, schuf man kurz vor und während der Zeit des Zweiten Weltkrieges die Basis. Der Name Karls des Großen kam da gerade recht. Und es war niemand anderer als »der Führer«, Reichskanzler Adolf Hitler, selbst gewesen, der die ersten sichtbaren Konturen des großen Europahelden Karl öffentlich für propagandistische Zwecke zu zeichnen und zu veröffentlichen begann.

Dennoch gab es im Dritten Reich zunächst erst einmal Ablehnung gegen den berühmt-berüchtigten Frankenkönig. Denn in den Jahrzehnten zuvor hatten sich vielseitige Heimatbewegungen entwickelt, in denen etliche Deutsche sich der Treue-Tugenden des größten Widersachers Karls, des Sachsenfürsten Widukind, erinnerten und dessen Persönlichkeit mit großen Veranstaltungen und Gedenkstätten gedacht hatten. Widukind wurde als Volksheld gefeiert, er hatte zahlreiche Verehrer und Anhänger gefunden, während der Frankenkönig, der einen über 30 Jahre währenden Krieg gegen die Sachsen geführt und Hunderttausende ermorden lassen hatte, in keinem guten Lichte da stand.

Das kollektive Gedächtnis der Menschen konnte Widukind nicht vergessen, trotz aller Faktenunterdrückung und Wahrheitsverdrehung vonseiten auch der kirchlichen Schreiberlinge, welche die Geschichtschroniken über viele Hundert Jahre verantwortet hatten. So war es niemals im Sinne des persönlichen Karl-Biografen Einhard gewesen, dem größten Konterpart des Frankenkönigs, Widukind, einen Platz in den historischen Annalen einzuräumen: Einhard hatte die gesamte Sachsenschlacht mit fast 5000 ermordeten Opfern in seinen Aufzeichnungen so gut wie niemals erwähnt. Die von ihm verfasste *Vita Karoli Magni* jedoch zählt bis heute zu den wichtigsten Informationsquellen. Diese vorsätzliche Informationsunterdrückung, die man durchaus als propagandistisches Werkzeug der Kirche betrachten kann, hat bis heute zur Folge, dass manche Geschichtsexperten das »Blutgericht zu Verden« als nicht existent betrachten wollen. Doch all diese manipulierenden Maßnahmen, die zu den traurigsten Tatsachen unserer Geschichtsverdrehungen gehören, konnten dem Denkmal Widukinds, der vor über 1200 Jahren gelebt und über 30 Jahre lang heldenhaft für sein Volk gekämpft hatte, erstaunlicherweise so gut wie nichts anhaben.

Und während die Heldentaten des Sachsenfürsten jahrhundertelang immer wieder reichlich Stoff für Legenden und Erzählungen boten, während gerade die Menschen zwischen Norddeutschland und Westfalen im vorletzten Jahrhundert durch zahlreiche Widukind-Gedenkstätten und -Erinnerungstage, den Bau von Statuen, Denkmälern und Museen, auch immer wieder sichtbare Zeichen für ihre Verehrung setzten, steuerte die Menschheit allmählich auf ihre größten Katastrophe zu: den Ersten und Zweiten Weltkrieg. In diesem dunklen Kapitel unserer Geschichte sollte abermals am Schicksalsrad des römischen Imperators Karl des Großen manipuliert werden, weswegen auch das Geschick Widukinds umgeschrieben werden musste. Denn auch wenn die Begegnung dieser beiden außergewöhnlichen Persönlichkeiten vor langer Zeit unter dramatischen Umständen stattgefunden haben mochte, so waren die frühen Ereignisse der Entstehungsgeschichte Europas für die Politiker und Entscheidungsgremien in der Zeit nach 1945 doch bestens geeignet, die politischen und geopolitischen Verhältnisse vor allem in und um Deutschland mit einer neuen Legendenbildung nachhaltig zu beeinflussen und neu zu formen, die schließlich als Grundlage für jenen »europäischen Gedanken« diente, der uns heute schon in so manche missliche Situation führte.

Auch wenn es sich heutzutage bis zu manchem aufgeschlossenen Menschengeist herumgesprochen haben dürfte, dass der Wahrheitsgehalt unserer gesamten Geschichtsschreibung durch das weltweite, fast 1500 Jahre währende Monopol der Kirchenschreiberlinge mehr als zweifelhaft sein dürfte, so hatte sich auch nach der Erfindung der Buchdruckkunst im 15. Jahrhundert durch Johannes Gutenberg, mit der schon bald die ersten säkularen Archive zur Niederschrift aktueller Ereignisse entstanden waren, dennoch nicht viel geändert. Die Gründe, warum die historischen Ereignisse auch weiterhin nicht wahrheitsgemäß zu

Papier gebracht wurden, lauten immer gleich: Auch nach der Loslösung von den kirchlichen Chronisten und dem Übergang in eine säkulare Autorenschaft wurde der Griffel hauptsächlich durch alle möglichen Handlanger der politischen Einflussnahme geführt, um die wahren Gründe für Kriege, Unterwerfung, Niederschlagung und Drangsal gegen die Völker jeweils zu rechtfertigen beziehungsweise zu vernebeln oder zu vertuschen. Bis heute ist es so geblieben: Auch aktuell nehmen mächtige Vertreter des globalen Kapitalsammelbeckens, die über Politik, Wirtschaft, Geschäftswelt und anderen Interessenverbänden stehen, massiven Einfluss auf sämtliche Entscheidungen; dabei haben sie die Medien fest im Griff und lenken sie ganz bewusst dorthin, wo und wie es ihren Zielen gerade dienlich ist. Diese Vorgehensweise steht den üblen Propagandamethoden aus der Vergangenheit, aus den Weltkriegen und den sozialistischen Systemen in nichts nach.

Mit der Kapitulation Deutschlands und der Besetzung durch die Alliierten im Jahre 1945 fand eine weitere, die entscheidende Wende für die Geschichtsschreibung dieses Landes statt. Da gäbe es eine lange Reihe von Themen, die, bei Licht betrachtet, zum Teil völlig neue Erkenntnisse bieten würden.

Wir müssen ein Stück weiter ausholen, um das Geschick Karls des Großen als politisches Instrument bis in die Jetztzeit zu verstehen. Schon zu Beginn des 19. Jahrhunderts flammten heftige Diskussionen und erhitzte Forscherdebatten um Karl und Widukind auf, diese beiden historisch wichtigen Persönlichkeiten, bei denen es natürlich ebenso um politische Ansprüche ging, da beide nun einmal – nach heutigem Geografieverständnis – aus deutschen Landen stammten und ihre Rechte zu verteidigen gedachten. Wer waren die Sachsen gewesen, die Widukind damals anführte? Der westgermanische Stammesverband wurde etwa ab dem zweiten und dritten Jahrhundert im heutigen Nordwestdeutschland und Teilen der Niederlande auffällig. Die Menschen waren weitläufig mit den Angeln verwandt. Später entwickelten sich in England aus beiden Stämmen übrigens die Angelsachsen. Das sächsische Siedlungsgebiet reichte in etwa von Friesland über das heutige Ruhrgebiet, West- und Ostfalen, Hessen und Thüringen bis nach Hamburg.

Mit dem Beginn der niedersächsischen Heimatbewegungen Ende des 19. Jahrhunderts nun wurde mit den lange zurückliegenden Sachsenkriegen eine wichtige Geschichtsvorlage genutzt, um das Ziel der Stärkung der nationalen Identität zu erreichen, die nach den napoleonischen Befreiungskriegen (1813–1815) schließlich die Basis für den deutschen Nationalismus im 19. und 20. Jahrhundert mit gebildet hatte. Und so waren durch diese sogenannte Heimatbewegung Ende des 19. Jahrhunderts eine Vielzahl von Heimat- und Trachten-, Geschichts- und Volkskunstvereinen entstanden, die schließlich in den berühmten Zusammenschluss der »Wandervögel« mündeten. In den offiziellen Beschreibungen [58] heute heißt es eher geringschätzig dazu:

»Spezifisch für die Heimatbewegung waren die starke Romantisierung und Idealisierung von Natur, die Fiktion eines ›unverdorbenen Landlebens‹ sowie die Zivilisationskritik an der industriellen Revolution und den damit einhergehenden Verarmungs- und Verstädterungsprozessen.«

Doch ist es wirklich verwunderlich, dass sich ein Volk nach schweren Kriegen und Krisen, in denen ihm für gewöhnlich durch brachiale Fremdherrschaft vor allem die eigene Identität genommen werden sollte, im anschließenden Genesungsprozess seiner natürlichen Wurzeln besann und diese durch nationale Rückerinnerung, durch das Andenken an eigenes Traditions-,

Brauchtums- und Kulturgut der Ahnen, nachhaltig zu stärken suchte? Man will, man muss sich ja selbst »wiederfinden«, um innerlich gesunden zu können. Das ist ein wichtiger und ganz natürlicher Mechanismus, mit dem der stets wirkende Überlebenswille der Menschheit aktiviert wird, egal, auf welchen Kontinenten sie auch leben mag. Ein Mechanismus, der naturgemäß tief verankert bleibt, gleichgültig, welchen Repressionen die jeweiligen Völker auch ausgesetzt sein mögen. Es ist das »Empfinden seligen Verbundenseins mit heimatlichem Boden, das ganze Völker in wahrhaftester Begeisterung entflammen lassen kann, wenn es ein Feind habgierig zu verletzen sucht« (*Im Lichte der Wahrheit*, Bd. 3, III-60/56).

Gibt es nicht in heutiger Zeit auch schon wieder vermehrt auftretende Zeichen für die wachsende Sehnsucht der Menschen in Deutschland nach den natürlichen Ursprüngen, nach ihren Wurzeln? Man schaue dazu einmal nur auf die grandiosen Erfolge der Themen Landleben, Natur und Selbstversorgung im eigenen Garten, die in Zeitschriften und Fernsehsendungen derzeit für gewaltige Auflagen und Einschaltquoten sorgen. Diese beachtenswerte Entwicklung entsteht trotz zahlreicher Versuche und Einflussnahmen vonseiten der rot-grünen, zuweilen aggressiv-extremistischen Gleichmachungspolitik, sämtliche »Heimatschwärmereien«, die man gerne gleichzusetzen sucht mit den einstigen üblen Zielen der Nationalsozialisten, ein für alle Mal aus dem Bewusstsein der Menschen zu löschen.

In Deutschland war der Begriff Heimat also auch in der Zeit der Befreiungskriege und der gleichzeitig einsetzenden Geistesbewegung der Romantik um 1800 bis 1850, die sich in Literatur und Musik mit den eigenen Wurzeln von Natur und eigener Kultur beschäftigt, politisch zu einem bedeutsamen Signal geworden. Zunehmend befürchteten die Menschen jener Zeit (wie auch heute wieder angesichts der unkontrollierten Einwanderungsflut meist islamisch geprägter Kulturen) das Absterben ihrer kulturellen Existenz, eine Verflachung des geistigen und traditionellen Lebens. Spätestens mit der Gründung des Deutschen Heimatbundes im Jahre 1904 in Dresden gehörte zu den offiziellen Schwerpunktaufgaben – neben einem ausgeprägten Umwelt- und Naturschutz – die Denkmalpflege mit dem Erhalt der Kulturlandschaften: Ein neues Bewusstsein erstand wieder auf, dessen Grundmauern jedoch so alt wie die Menschheit selbst waren.

Wessen Wurzeln vertrocknen müssen, weil er sie vernachlässigt und nicht pflegt, der wird mit leichter Hand aus der Erde zu ziehen sein. Wer sich seine Ursprünge jedoch bewahren und verteidigen konnte, wird stets ein standhafter und ernsthafter Gegner sein können, der Anfeindungen, welcher Art auch immer sie sein mögen, leicht zurückschlagen kann, steht er doch fest verankert auf sicherem Grund.

Die verstärkte und notwendige Identifikation mit der eigenen deutschen Kultur durch die Gründung zahlreicher Heimatbewegungen Anfang des 19. Jahrhunderts bedeutete noch etwas anderes, was als wichtiger Punkt hervorgehoben werden soll: Hiermit fand natürlich auch eine stärkere Hinwendung zur Sagen- und Mythenwelt des frühen Mittelalters statt, die zweifellos die berühmten, über 30-jährigen Kämpfe Karls des Großen gegen die Sachsen im achten Jahrhundert nicht ausnehmen, deren namhafter Anführer Widukind eine außerordentlich wichtige Rolle spielte. Die Sachsenvölker waren zu jener frühmittelalterlichen Zeit an dem damals propagierten christlichen Glauben der Kirche wenig interessiert. Sie glaubten an den Höchsten und Alleinigen, dem sie in freier Natur begegneten und dem sie huldigten; sie glaubten darüber hinaus an ihre sogenannten Götter, waren verbunden mit ihnen, sie lebten und arbeiteten mit ihnen zusammen, sie wussten um ihre Existenz, sie sahen sie zuweilen sogar. Alle diese lichten und vertrauten Erinnerungen fernster Zeit, das wundersame Erinnern an den naturgemäßen Austausch und das selbstverständliche Zusammenwirken mit den wesenhaften Elementen, sollte und musste ausradiert werden, zunächst durch Karl den Großen, der sich dabei der rückhaltlosen Unterstützung durch den »Heiligen Stuhl« in Rom sicher sein konnte. Und später, in den dunklen Zeiten der grausamen Inquisition des 15. und 16. Jahrhunderts, war es wiederum die römische Kirche gewesen, die der Menschheit altes Wissen gewaltsam austrieb, durch Verbrennung von Wissenden, aber auch völlig Unschuldigen auf dem Scheiterhaufen und durch schwerste Folter, durch Fluch und Bann, durch Ausschluss und Mord.

Zu Beginn des 19. Jahrhunderts schließlich flammten, mit der Wiederentdeckung des Heimatbegriffs und dem Vorsatz, diesen fürderhin zu pflegen, die Debatten über alte Sagen und Mythen wieder auf. Die damit eng verbundene Diskussion um Karl den Großen und seinen berühmten Widersacher Widukind fand ihren Höhepunkt schließlich in der NS-Zeit im 20. Jahrhundert, wo sie bald in heftigste Auseinandersetzungen mündete: Karl der Große rückte zunehmend in den Fokus der Nationalsozialisten, die den »Beigründer Europas unter germanischer Führung« zwar hervorhoben. Gleichzeitig entwickelte sich jedoch die politische Vereinnahmung der Person Widukinds, in der die Nationalsozialisten ihre höchsten Ideale von Tapferkeit und Heldentum vereinigt sahen: Widukind wurde zur Leitfigur vieler Nationalsozialisten auserkoren.

Etwas Schlimmeres konnte nicht passieren, denn wie wir heute lernen müssen, ist mit der einstigen Sympathie oder gar Einvernahme durch die Nazis bereits der Untergang eines jeden Begriffs, einer Person, Angelegenheit oder Sache besiegelt. Wer in der Zeit des dunkelsten Kapitels Deutschlands, aus welchem Grunde auch immer, gelobt und gefeiert wurde, und sei es auch nur posthum, der geriet automatisch in das trübe Badewasser deutscher Nachkriegszeit, mit dem letztlich auch das letzte Kind noch ausgeschüttet wurde.

Widukind, der zu seinen Lebzeiten natürlich nichts von der üblen Nazizeit und deren hintertriebigen Auftraggebern wissen konnte, wurde im 20. Jahrhundert also umfunktioniert zu einem Helden – zunächst, wohlgemerkt! Karl der Große hingegen passte als dessen Gegenspieler genau in die Schablone des erfolgreichen »Europagründers« oder musste gar als Vorlage für ganz konkrete politische Pläne dienen, die damals den Beginn bilden sollten für ein EU-System, das die Abschaffung der europäischen Nationalstaaten vorsah, was in der Jetztzeit mit allem Nachdruck vorangetrieben wird und was ja erkennbar auch schon fast abgehakt ist. Man kann darüber spekulieren, ob dies wie ein gefundenes Fressen erschien oder aber ein von Beginn an ausgeklügelter Plan sogenannter Eliten, der Vertreter des globalen Kapitalsammelbeckens, war, die schon damals (wie heute immer noch) die Macht über die Welt anstrebten.

Fakt ist, dass in jener Zeit die mächtigen Auftraggeber der Weltkriege, deren Ziel unter anderem die Vereinigten Staaten Europas geworden waren, offenbar beschlossen hatten, dass der besiegte Verlierer Deutschland, der vor seinen beiden Weltkriegsniederlagen offenbar wieder einmal allzu mächtig geworden war, als die bislang starke Mitte des Kontinents keine große Rolle mehr spielen sollte.

Wen überrascht es dann noch, dass es die Zeit nach 1949 war, in der Karl der Große politisch erst richtig groß gemacht wurde durch gezielten politischen Einsatz, eng verzahnt mit linientreuer, kontrollierter Medienberichterstattung? Überrascht es in diesem Zusammenhang noch, dass der inzwischen weltberühmte Karlspreis, der bis heute alljährlich politisch hochrangigen Persönlichkeiten in Aachen verliehen wird, zum ersten Mal im Jahr 1949 vergeben wurde?

Der einstige Widersacher des von den Nationalsozialisten verehrten Widukind, der frühere Frankenkönig und spätere römische Kaiser Karl, wurde nun, nach dem Zweiten Weltkrieg, systematisch als historisch bedeutsame Herrschergestalt aufgebaut, die angeblich »nur« im christlichen Sinne gehandelt habe, indem sie ganze Völker (gewaltsam) zum christlichen Glauben brachte. Schließlich war diese Behauptung zur Grundlage des christlichen Abendlandes geworden – und nun bemächtigten sich ihrer die EU-Strategen, diejenigen also, die ein starkes Europa planten, bei dem Deutschland geschwächt werden sollte.

Es war die Nachkriegszeit in Deutschland, in der die Rolle Karls des Großen den herrschenden politischen Verhältnissen entsprechend endgültig umgeschrieben und angepasst wurde. Gerade recht kam er daher, sozusagen als Retter in der Not. In den heutigen Schulbüchern und im Unterricht lernt inzwischen jedes Kind, welche großen Verdienste Karl der Große durch die flächendeckende Christianisierung erwarb – und was wir ihm alles zu verdanken haben. Dass seitdem im selben Zuge Widukind seiner von Ewigkeit an wirksamen Menschentugenden in Form von Tapferkeit und Heldenmut im Andenken der Menschen beraubt wird, indem man diese – bis heute! – als Nazi-Verhaltensweisen abstempelt und verurteilt, mag schmerzen. Doch es war, wie zu allen Zeiten unserer fingierten und manipulierten Geschichtsschreibung, stets gleich: Die Wechselprozesse der Sichtweisen lösten sich jeweils mit den gerade herrschenden politischen Verhältnissen ab.

Wie viele unterschiedliche Darstellungen in der zurückliegenden Zeit existiert haben mochten, und dass es immer auch Gegenbewegungen zu den jeweils herrschenden Politikprogrammen gab, zeigt sich schon allein in einem Einleitungstext des Widukind-Museums im niedersächsischen Engern. Dort heißt es wörtlich:

»Während Widukind für die Franken ein Anti-Held war, erschien er den sächsischen Autoren des Mittelalters als Vorbild für ihre Gegenwart: ein berühmter Krieger und wohltätiger Christ. Die Adelshäuser der frühen Neuzeit machten aus ihm einen bedeutenden Stammvater. Die Schriftsteller, Künstler und Historiker des 19. Jahrhunderts stellten Widukind als charismatischen Helden dar. Der Nationalsozialismus sah in dem ›Sachsenführer‹ Widukind ein Idol für ›Rassenreinheit‹, Kampfesmut und ›Volksgemeinschaft‹.«

Politisch korrekter Geschichtsunterricht

Die deutsche ehemalige Studentin der neueren Geschichte an der Universität Vechta, Sabine Kuhlmann, hat sich in ihrer 2010 erschienenen Magisterarbeit mit diesen bedeutsamen Zusammenhängen auseinandergesetzt. [59] Unter dem Titel *Der Streit um Karl den Großen und den ›Tag in Verden‹ in der NS-Zeit* unternimmt sie auf fast 200 Seiten zahlreiche Versuche, das Idealbild Karls des Großen und dessen Status als Erbauer Europas weiterhin nachhaltig zu stärken und zu zementieren, während sie den Sachsenfürsten Widukind in für heute politisch korrekter Sichtweise, die für Forscher allein aus monetären Gründen offenbar nicht selten unausweichlich zu sein scheint, als germanische, ideologisch verklärte und völkisch romantisierte Figur zeichnet. Bereits der Buchtitel zeigt ja, dass das vornehmliche Ziel die Beleuchtung dieser Thematik zur Zeit des Ersten und Zweiten Weltkrieg ist. Und so wurde die geschichtlich inzwischen relevante »Karl-Schraube« noch fester gedreht, damit unser heutiges Geschichtsverständnis weiter manifestiert werden kann. Wenn vielleicht manchmal ungewollt, so liefert Kuhlmann an einigen Stellen doch äußerst wertvolle Hinweise und Hintergrundinformationen, die Licht in manches Dunkel bringen, wenn man sie sachlich ordnet und mittels einer eben nicht ideologisch eingefärbten Brille betrachtet. Dankenswerterweise befasst sich die Autorin in ihrer Arbeit vornehmlich und eingehend mit der Auseinandersetzung Widukinds und Karls des Großen, während etliche Historiker es dem berühmten Biografen Karls, dem Klerikalen Einhard, gleichtun und lieber den Mantel des Schweigens über diesen unschönen Fleck auf der angeblich leuchtend weißen Weste des großen Karolinger-Herrschers hüllen möchten.

Die Magisterarbeit Kuhlmanns offenbart sich an zahlreichen Stellen genau so, wie es in heutiger Zeit politisch korrekt erwartet werden darf. Die Autorin kann sich auf keiner einzigen Seite ihrer Arbeit entschließen, *für* die Haltung Widukinds einzutreten, war dieser schließlich ja einst von den Nationalsozialisten – zumindest für einen bestimmten Zeitraum – verehrt worden. Dass der Sachsenfürst über 1100 Jahre *vor* der Zeit des Nationalsozialismus gelebt hatte, mit dieser Politik also rein gar nichts zu tun haben konnte, dass auch seine heimatbezogenen Tugenden wie Mut und Treue wie selbstverständlich zum Volkscharakter der Germanen gehört hatten, dass Widukinds Kampf und seine traditions- und kulturbewahrenden Taten natürlich auch nicht nur Anlass zu heutiger Kritik geben können, egal, auf welcher Seite man auch stehen mag, und dass Widukind, wie jede andere historische Figur, ein Recht auf objektive Beleuchtung gehabt hätte, kommt nirgendwo zum Ausdruck. Im Gegenteil, die ansonsten recht sachlichen Berichte und Recherchen der angehenden Historikerin geraten hier teilweise völlig aus der Form.

Vor allem die Weihestätten zu Ehren des Sachsenfürsten werden beleuchtet. So gerät zum Beispiel das Widukind-Denkmal in der niedersächsischen Stadt Engern ins Visier der Geschichtsforscherin:

»Als die Widukind-Propaganda Teil der nationalsozialistischen Propaganda wurde, pilgerten zahlreiche NS-Organisationen zur Engeraner Stiftskirche, um dort ›Weihestunden‹ an der Widukind-Tumba abzuhalten.«

An anderer Stelle heißt es: »Wie in den Eröffnungsreden, so erschien Widukind auch in der Ausstellung der Gedächtnisstätte als leuchtendes Beispiel für das ›Kämpfertum‹ der Deutschen. Emotionalisierende, pseudosakrale Präsentationen der Exponate sollten in den Besuchern eine ebensolche Kampf- und Opferbereitschaft für das von Hitler ›gegen den Willen einer feindlichen Welt‹ geschaffene ›Großdeutsche Reich‹ erwecken.«

Oder:

»So fand sich beispielsweise im sogenannten ›Weiheraum‹ der Gedächtnisstätte, in dem der Besucher ›emotional eingestimmt‹ werden sollte, eine in diffuses Licht getauchte Widukind-Büste der Herforder Künstlerin Paula Münter. Über der Büste, die Widukind mit energisch markanten Gesichtszügen und einen Schwertknauf umfassend als ›schlichten germanischen Kämpfer‹ zeigte, prangte der die politischen Mobilisierungsabsichten der Initiatoren verratende Sinnspruch: ›Solange noch ein einziger Deutscher lebt, stirbt WIDUKIND nicht.‹«

Und zur »Nationalen Weihestätte« zu Ehren Widukinds, dem Sachsenhain, schreibt Sabine Kuhlmann unter anderem:

»Die Nationalsozialisten beschränkten sich nicht auf eine Verbreitung ihrer Geschichtsauffassung in Wort und Schrift. Zu Ehren der von ihnen als ›Helden‹ propagierten geschichtlichen Persönlichkeiten errichteten sie Gedenkstätten an Orten, die – historisch nicht immer korrekt – im allgemeinen Bewusstsein mit diesen Personen in Verbindung gebracht wurden.«

Weiter schreibt die Autorin:

»Als Kult- und Weihestätten konzipiert, sollten diese Erinnerungsorte nicht der historischen Dokumentation und Information dienen, sondern den Besucher vor allem emotional ergreifen und ihm die nationalsozialistische Ideologie nahebringen.«

Nationalsozialistische Ideologie? Ist denn heutzutage das nationale Interesse an der eigenen Heimat nur noch ein verbotenes Sinnbild der Nazis? Herrscht der Nationalstolz nicht in Wahrheit überall auf der Welt, und ist er nicht schließlich sogar enorm wichtig und unabdingbar für den Zusammenhalt und letztlich das Überleben eines Volkes? Hatten früher die Soldaten ihr Land an der Front verteidigt, so sind es heute häufig die Spitzensportler, die sehr wohl »für ihr Land» kämpfen, mit Nationalstolz im Herzen und wehender Flagge in den Händen. In den stets wiederkehrenden Zeiten von Fußballwelt- und Fußballeuropameisterschaften sieht man auch hierzulande Tausende Flaggen und Fähnchen im Wind flattern, mit den Nationalfarben Deutschlands versehen, obwohl dieses Flagge-Zeigen nach diesen Wettbewerben sofort wieder als politisch völlig unkorrekt gilt.

Bei der Autorin Sabine Kuhlmann wird Widukinds einstiger Kampf für das Überleben seines Volkes, sein jahrzehntelanger und hartnäckiger Widerstand gegen die teilweise brutale Einvernahme durch Karl den Großen und dessen blutige Christianisierung, als »nationalsozialistische Ideologie« gebrandmarkt und abgeurteilt – und das mehr als 1000 Jahre, bevor es zur Entstehung des Nationalsozialismus kam! Unabhängig davon berücksichtigt Sabine Kuhlmann dabei weder die spezielle Kulturauffassung noch das auf Heimat und Treue aufgebaute Traditionsleben der frühen Sachsenvölker des achten Jahrhunderts, dessen Hauptgrundlage nun einmal Tugenden wie Tapferkeit, Heldenmut und Sippenverantwortung beinhalteten. Als sei es ihr (politisch korrektes?) Recht der Jetztzeit, Sittlichkeit, Moral und die fast kindliche Aufrichtigkeit dieser frühmittelalterlichen Volksgruppe einfach als »Nazitum« vom Tisch zu wischen.

Anschließend allerdings präsentiert die angehende Geschichtsforscherin eine äußerst spannende Wendung in der Nazizeit, in der, wie durch unsichtbaren Befehl von höchster politischer Stelle, plötzlich gänzlich von der Verehrung Widukinds abgelassen wurde und man sich schlagartig auf eine völlige Neuauslegung, eine Umkehr der Widukind-Karl-Geschichte, geeinigt zu haben schien. Warum? Kuhlmann berichtet von einem Zusammentreffen des Reichsführers SS Himmler mit dem NS-Chefideologen Rosenberg am 21. Juni 1935 zur Einweihung der Widukind-Gedächtnis-Stätte Sachsenhain (Waldgebiet zwischen Weser und Aller). Sie zitiert Rosenberg, der bekräftigt haben soll, »dass der Einfall ›Karls des Franken‹ in Deutschland ›eine furchtbare Niederlage für das deutsche Volk‹ gewesen sei und ließ seine Rede in einer Vision enden: ›An dieser Stätte sollen sich nunmehr Jahr für Jahr die Kinder Niedersachsens, die Nachkommen jener, die hier erschlagen wurden, zusammenfinden, um erneut ein Bekenntnis für den großen, jahrtausendealten Freiheitskampf der Ahnen abzulegen. Wir wissen, dass der Kampf der Sachsen ein Freiheitskampf für ganz Deutschland war, und bekennen uns zu dem Schluss des alten Niedersachsenliedes ›Heil Herzog Wittekinds Stamm‹.«

An dieser Stelle wechselt die Autorin lediglich auf den nächsten Absatz, um dann, ohne tiefere Erklärung, mit folgender Feststellung fortzufahren, die ein klares Zeugnis ist für die an dieser Stelle begonnene, abermalige komplette Umschreibung der deutschen Geschichte:

»Die Verwirklichung von Himmlers und Rosenbergs Visionen wurde jedoch durchkreuzt vom Umschwung in der nationalsozialistischen Karl-Widukind-Deutung. Nachdem Hitler sich für Karl den Großen ausgesprochen hatte, schien ein Ort, der an dessen ›schlimmstes Verbrechen‹ erinnerte, als gesamtdeutscher Wallfahrtsort nicht mehr geeignet. So fanden, als die Anlage im Jahr 1936 endlich fertiggestellt war, keinerlei Abschlussfeierlichkeiten statt. Der Sachsenhain wurde von der 1936 gegründeten, SS-eigenen ›Gesellschaft für Förderung und Pflege deutscher Kulturdenkmäler e. V.‹ übernommen und diente in erster Linie nur noch als Schulungs- und Begegnungsstätte regionaler SS-Verbände.«

Was war plötzlich geschehen? Wer hatte das Denken und die Ziele Adolf Hitlers auf einmal derart beeinflusst, dass dieser seine Gesinnung praktisch über Nacht geändert hatte? Hatte »der Führer« kurz zuvor noch für Widukinds Werte wie germanische Treue und Verlässlichkeit eingestanden, war es plötzlich dessen Widersacher Karl, der Sachsenschlächter, der fortan für ganz neue Pläne instrumentalisiert wurde, nämlich für einen handfesten politischen Umbruch, für eine komplette Neuausrichtung der damals herrschenden Pläne. Was war passiert, wer hatte nun auf einmal das Ruder übernommen? Waren doch etwa zeitgleich aus den bekannten Nationalsozialisten nun die Nazis geworden? Es war vor allem Adolf Hitler, der dafür gesorgt hatte, dass das Bild Karls des Großen ab dieser Zeit zielgerichtet aufgebaut wurde für ein zentralistisch gesteuertes Europa, ebenso für die allmähliche Abschaffung der Nationalstaaten Europas, wie wir es heute zentral erleben.

Erstaunlich: Kuhlmann und zahlreiche weitere Historiker, die sich seit dem Zweiten Weltkrieg in die Widukind-Diskussion eingeschaltet hatten, aufgrund welcher politisch korrekten Einflüsse auch immer, hatten also eine neue »wissenschaftliche« Deutung zum Thema Sachsenkriege aus dem achten Jahrhundert entworfen und für alle künftigen Zeiten festgelegt: Wer sich fortan nicht an den Lobgesängen über Karl den Großen beteiligen mochte, wer vielmehr den heldenhaften, über 30 Jahre dauernden Widerstandskrieg der Sachsen anerkannte, die über lange Zeit von Widukind angeführt worden waren, der geriet mit dieser Sichtweise automatisch unter die Vertretergruppe der »völkischen und nationalsozialistischen Deutung«: ein ausgesprochenes Selbstmordkommando.

Interessant in diesem Zusammenhang ist, dass sich offenbar so gut wie kein renommierter Historiker je die Mühe gemacht hat, die Existenz Widukinds aus den Klauen des üblen Nazi-Images wieder herauszulösen, um seine einstigen Verdienste im kulturellen Gedächtnis der Völker möglichst objektiv aufzubewahren. Davon scheint man heute tatsächlich weiter entfernt denn je. Denn sogar der Begriff der »Germanen« scheint in der Jetztzeit gleich mit eliminiert zu werden, nachdem auch diese Kultur von den Nazis mit glorifizierender Hartnäckigkeit missbraucht und umgedeutet worden war. Und so erläutert der renommierte Historiker Johannes Fried die Zusammenhänge ganz nach politisch korrekter Manier, wenn er auf die Interviewfrage des ehemaligen ARD-Journalisten Ulrich Wickert, warum es in dieser Zeit zunächst eine Ablehnung gegen Karl den Großen gegeben habe, folgendermaßen antwortet [60]:

»Die Ablehnung im Dritten Reich stammt aus dieser Germanophilie, die bei einem Teil der Nazigrößen anzutreffen war. Rosenberg, der Chef des Parteiorgans, kam aus dem Baltikum. Da kann man verstärkt einen solchen nordisch-germanischen Mythos erkennen. Wir Mittelalterhistoriker haben uns mittlerweile angewöhnt, nicht mehr von ›den Germanen‹ zu sprechen, weil es die gar nicht gab – es gab verschiedene Völkerschaften, die eine germanische Sprache gesprochen haben, aber zu keiner Zeit ein Einheitsbewusstsein hatten. Dieser (Mythen-)Wahn ist also wirksam geworden, gerade auch über Rosenberg.«

An dieser Stelle behauptet der international angesehene Geschichtsexperte also klar, dass es die Germanen gar nicht gab: Er leugnet ihre Existenz. Zwar gilt in den offiziellen Quellen als ältester Beleg für das Wort »Germanen« eine Art Kalender aus dem Jahre 222 v. Chr., der *Fasti Triumphales*, wo der Sieg des Marcus Claudius Marcellus bei Clastidum *»de Galleis et Germaneis«* genannt wird. Damals bezeichnete man demnach die Gallier nördlich der Alpen als Germanen. Selbst wenn die Erwähnung im *Fasti* als Beleg für eine frühe Erwähnung des Germanennamens in der Geschichtsforschung inzwischen ebenso umstritten ist, so begannen die historischen Überlieferungen über die Germanen spätestens in den Berichten antiker Schriftsteller im ersten Jahrhundert vor Christus. Vor allem die berühmte Varusschlacht, in der die Germanen unter Hermann, dem Cherusker, drei Legionen der römischen Armee vernichteten und dem Gegner damit eine seiner verheerendsten Niederlagen beibrachten, zeugen von ihrer Existenz. Der römische Geschichtsschreiber Tacitus prägte in diesem Zusammenhang die berühmte Formel »Befreier Germaniens«.

Der politisch korrekte Geschichtsexperte, der in unserer Jetztzeit den jahrtausendealten Kultur- und Volksnamen der Germanen abschaffen will, setzt genau das fort, was viele seiner Vorgänger schon taten: Sie versuchten ebenfalls, eigenmächtig die Geschichte umzuschreiben. Wer dieses Beispiel zu Ende denkt, kann sich ausrechnen, dass schon in wenigen Jahrzehnten der Begriff der Germanen nicht mehr existent, sondern wissenschaftlich ausradiert sein dürfte. Doch der mit zahlreichen Auszeichnungen geschmückte Mediävist Fried geht noch weiter: Er dementiert zwar nicht die Gräueltat des Frankenkönigs im Jahre 782, die Blutschlacht zu Verden an der Aller, ausdrücklich, doch er findet erklärende Worte, gerade so, als gehe es dabei nicht um Tausende Tote, sondern schlicht um kaiserliche Notwendigkeiten. Großzügig meint er [61]: »Die Heilsvermittlung scheute keine Gewalt, aber diese richtete sich gegen die fremden Kulte, nicht gegen die Menschen, deren Seelenheil es zu schützen galt.«

Ulrich Wickert kommt in diesem Interview mit Fried übrigens auch noch einmal auf die Rehabilitierung Karls des Großen durch Adolf Hitler zu sprechen und erwähnt, dass es später sogar »eine Waffen-SS-Division namens Charlemagne« gegeben habe: »Wollte man damit die französischen Freiwilligen ködern?« Die überraschende Antwort des Historikers lautet darauf: »Die Division Charlemagne waren im Wesentlichen französische Freiwillige. Vielleicht waren die Offiziere Deutsche, aber die Mannschaften stellten zum großen Teil französische Freiwillige.« Es sei hochinteressant, »dass eine ganze SS-Division so ausgestattet werden konnte«, so Fried. »Aber Hitler hat 1935 schon diese Sachsenschlächterei beendet und gesagt: Karl der Große ist ein ganz herausragender Mann – er musste mit Gewalt operieren, sonst hätte man das deutsche Volk nie einen können.«

Praktisch über Nacht war in der Nazizeit Karl der Große noch größer geworden, während sein germanischer Gegner Widukind in das Tal der Vergessenen geschickt wurde. Sind dies nicht die bekannten Werkzeuge von Propaganda und Denkverboten? Wer würde es denn heute noch wagen, eine Sache oder Person gutzuheißen, die sogar mit dem »wissenschaftlich erforschten« Nazi-Stempel versehen ist?

Die Geschichtsexpertin Kuhlmann schreibt:

»Nach dem Ende des Zweiten Weltkrieges 1945 gab es nur noch vereinzelte und freilich nicht offen auftretende Stimmen, die verbissen an der völkischen und nationalsozialistischen Deutung der Sachsenkriege festhielten. Ein anonym verfasster Hassausbruch bezeichnete beispielsweise das ›Nürnberger Rachetribunal am Ende des Zweiten (sic) Weltkrieges‹ als eine Wiederholung der ›Abschlachtung der Sachsen von Verden an der Aller‹ und beschimpfte die alliierten Siegermächte ebenso wie die Franken des achten Jahrhunderts als Marionetten Roms und Jerusalems.«

Und so gibt die Geschichtswissenschaftlerin Sabine Kuhlmann denn auch offen über die Zeit nach 1945 zu:

»Insgesamt verschwand das öffentliche Interesse an den Sachsenkriegen weitgehend, und während Widukind seine Stellung in Schule, Wissenschaft und Literatur verlor, rückte die Gestalt Karls des Großen verstärkt in den Vordergrund.«

Doch an Karls künftiger Rolle mussten nun noch Korrekturen vorgenommen werden. Denn mit der Kapitulation Deutschlands 1945 wurde unter anderem die Frage aufgeworfen, ob der weltberühmte römische Kaiser, der einst aus dem Frankenland stammte, überhaupt noch als Deutscher betrachtet werden sollte und dürfte. Der Historiker Matthias Pape stellt dazu fest, dass es der mediävistischen (mittelalterlichen) Forschung in ihrem Bestreben, »die historische Gestalt des Kaisers sowohl von den nationalsozialistischen Klischees als auch von den sehr viel stärker nachwirkenden national verengten Fragestellungen zu lösen«, nicht mehr möglich gewesen sei, »Karl als großen Deutschen« zu betrachten.

Wie leicht die Umschreibung unserer Geschichte vonstattengehen kann, zeigt sich auch weiterhin im Fall Karls des Großen und des Sachsenfürsten Widukind. Die Historikerin Sabine Kuhlmann fasst exemplarisch die Thesen ihres Kollegen Richard Winston zusammen, dessen Werk über Karl den Großen im Jahre 1969 erschien. Hier wird auf einfache Weise deutlich, wie historische Fakten, die nicht in den politischen Kontext passen, einfach passend gemacht werden:

»Langsam setzt sich die (…) Einsicht durch, dass Karl weder Deutscher noch Franzose, sondern Franke gewesen sei. ›Was aber noch vor wenigen Jahren Streit und Forschungsproblem der Gelehrten war, ist für die heutige Generation längst Selbstverständlichkeit.‹«

Die laufende Umgestaltung des offiziellen deutschen Geschichtsverlaufs war damit wieder einmal mehr bewiesen worden. Mit der erneuten Idealisierung Karls des Großen nach dem Zweiten Weltkrieg gerieten auch seine schweren Gräueltaten aus dem neunten Jahrhundert, unter anderem gegen die Sachsenvölker, die er im schicksalhaften Schulterschluss mit der Kirche Roms verübt hatte und die über 30 Jahre lang gewährt und Hunderttausende Menschenleben ausgelöscht hatten, in der Versenkung des menschlichen Wissens und Bewusstseins. Sympathien für Widukind wurden fortan als völkisch-nationalsozialistische Gesinnung gebrandmarkt und somit für alle kommenden Zeiten stigmatisiert.

Doch die Propaganda hatte damit noch längst nicht ihr Ende gefunden. Während mit der gezielten Ausradierung Widukinds aus dem Bewusstsein der Menschen, die nach dem Zweiten Weltkrieg systematisch vorgenommen worden war, gleichzeitig auch dessen herausragende Tugenden wie Treue, Verlässlichkeit, Mut und Standhaftigkeit gebrandmarkt wurden, die für den Seelenerhalt eines Volkes unverzichtbar sind, feilten und stutzten die beauftragten Historiker, ganz in gewünschtem Sinne, sorgfältig weiter an dem offiziellen Erscheinungsbild Karls des Großen herum, um die historisch nun immer bedeutsamer werdende Figur noch besser dienstbar zu machen für weitreichende, politische Weichenstellungen:

»Um sich bewusst von den nationalsozialistischen Auffassungen abzugrenzen, propagierte man nun ein christlich-abendländisches Mittelalterbild und sah in Karl das Ideal eines christlichen Herrschers. In gewisser Weise anknüpfen ließ sich auch an das in den letzten Kriegsjahren in den Vordergrund getretene Bild von Karl als Begründer und Ordner Europas. Doch ging es nun selbstverständlich nicht mehr darum, einen deutschen Führungsanspruch in Europa zu rechtfertigen«,

gab die Geschichtsexpertin Sabine Kuhlmann im Jahre 2010 unumwunden zu und zeigte mit ihrer weiteren Ausführung, wie einfach es doch ist, aktuelle politisch gewollte Ziele und Entwicklungen durch eine neu erfundene Deutung längst zurückliegender Ereignisse und Personen nachhaltig zu manipulieren und zu verändern. Sie schrieb: »Unter dem Eindruck der verheerenden Folgen des Nationalismus und des Zweiten Weltkriegs wurde der Karls-Kult nach 1945 vielmehr in den Dienst einer Aussöhnung zwischen Frankreich und der BRD gestellt, die im Zeichen einer christlich-abendländischen Europaidee erfolgen sollte.«

Dass diese Aussöhnung in Wirklichkeit zu einem programmierten Kräftemessen zwischen den beiden Großnationen Frankreich und Deutschland benutzt werden sollte, dessen Ausgang offenbar mit dem Beginn bereits schon festgelegt worden war, ist nur ein weiterer Punkt in einer langen Reihe von Sinnverdrehungen und Schwindel. Ein starkes Deutschland stand offenbar nie im Interesse der großen und einflussreichen Politikentscheider dieser Welt; zu allen Zeiten wurde das (einstige) Land der Dichter und Denker, der Erfinder und Genies, bekämpft und fremden Mächten unterzuordnen gesucht.

Geschichtswissenschaftler nennen sie sich; meist von staatlichen Mitteln, also Steuergeldern, bezahlte Forscher, die durch neu erfundene Betrachtungen und Einordnungen historischer Ereignisse, die sie dann zu einer »wissenschaftlichen Erkenntnis« erklären, die Politik der jeweiligen Staatsführungen unterstützen. Das Karls-Bild in der Geschichtsforschung jedenfalls hat von Beiginn an etliche Wege genommen und so manche Formen übergestülpt bekommen, bis der Herrscher zu jenem Helden wurde, als der er heute gilt: In der Geschichtswissenschaft, und damit in sämtlichen Lehr- und Schulbüchern, in Dokumentationen von Film und Fernsehen ist und bleibt Karl der Große der mutige Erbauer Europas, dem unser Kontinent vieles zu verdanken habe.

Den Grundstein zur eigenmächtigen Geschichtsfärbung, die mit den Tatsachen wenig zu tun hatte, legte ja, wie hinreichend bekannt ist, als Erster der berühmte Karl-Biograf Einhard bereits im neunten Jahrhundert, dessen auffällige Ausschmückungen und zuweilen unterwürfige, verbale Ehrerbietungen seinem einstigen Herrn und Kaiser gegenüber dessen Erscheinungsbild bereits auffällig verschleiert und verändert hatten. Das wird auch von nahezu sämtlichen Historikern ähnlich empfunden, dennoch bleibt Einhards Biografie die stärkste Quelle. Bis heute wird das Bewusstsein und Denken der Menschen auf diese Weise nachhaltig verändert, für Jahrzehnte, Jahrhunderte, ja, für Jahrtausende beeinflusst, ohne dass am Ende überhaupt noch jemand die reine Wahrheit von dem riesigen Meer der Fantasiegebilde und ideenreichen Erfindungen je unterscheiden könnte. Ein dringend erforderliches, gesundes Hinterfragen erfolgt in nur sehr seltenen Fällen.

Der Kaiser des Heiligen Römischen Reiches Deutscher Nation, Karl der Große, erhielt also – sage und schreibe 1200 Jahre nach seinem eigentlichen Wirken! – erst in der Zeit deutscher Nachkriegsgeschichte seinen berühmten »Europa-Stempel«, wurde endgültig zum »Vater Europas« auserkoren, und das natürlich aus gutem Grunde und mit durchaus vorsätzlichem Kalkül in der für Deutschland wohl einschneidendsten Veränderungsphase aller Zeiten. Nicht nur in geopolitischer Hinsicht hatte er die Weichen gestellt, sondern der Regent wurde gleichzeitig auch noch als Begründer des Christentums inthronisiert, der die religiöse Grundlage für unseren Kontinent schuf durch die flächendeckende Christianisierung. Als für immer unvergleichlich wurde sein Image dadurch geschaffen, dass man ihn in den Stand eines wichtigen »Helfer Gottes« erhob, dessen »Erfolge«, die Menschen zum Glauben geführt zu haben, nun messiasgleich besungen und manifestiert wurden. »Vorrangig ging es nun um die Beistätigung der – nicht unwidersprochen gebliebenen – Vorstellung, Europa habe unter Karl dem Großen eine religiös-kulturelle Einheit gebildet, die den von den Nationalsozialisten hervorgehobenen Gegensatz von germanischer und romanischer Welt nicht gekannt habe«, so der deutsche Historiker Arno Borst [62], der von Sabine Kuhlmann auf Seite 148 ihrer Schrift zu diesem Thema zitiert wird. Es liegt auf der Hand: Auf diese Weise wurde die alte Kultur der Germanen praktisch zur erbitterten Gegnerschaft der christlichen Kirche aufgebaut und aufgestellt, sie verlor damit Ansehen, Glaubwürdigkeit, sie verlor letztendlich, wie man heute leicht erkennen kann, ihre Daseinsberechtigung.

Spannend dabei ist und bleibt, dass Hitlers Image bis heute jedoch ganz anders, nämlich als germanisch-völkisch, betrachtet wird; niemand weiß offenbar wirklich Bescheid darüber, dass das heutige Streben nach Abschaffung der Nationalstaaten und die Zentralisierung Europas in Wahrheit Bestrebungen und Ziele von Adolf Hitler selbst waren, wer oder was immer auch für diesen Gesinnungswandel bei ihm gesorgt hatte.

In den Tenor fallen dann auch einige namhafte Mittelalterforscher der Jetztzeit ein, die sich mit der politischen Vereinnahmung, mit der eigens umgeschriebenen Rolle der Karl-Figur nach dem Zweiten Weltkrieg, beschäftigen. Diese relevante Diskussion findet jedoch, wen mag es noch überraschen, vornehmlich im engen wissenschaftlichen, fast geheimen Expertenkreis statt und nicht etwa in der Öffentlichkeit. Auch in die Lehr- und Schulbücher dringt dieses Wissen nicht, ebenso wenig wie in die Reihen von Studenten und Lehramtsanwärtern. Lediglich einige wenige der hochrangigen Experten, die Sabine Kuhlmann in ihrer Arbeit zusammengetragen hatte, wenden sich dem ganz offensichtlichen geschichtlichen Umbruch mit den so weitreichenden Folgen zu, allerdings ohne dabei näher auf die Rolle Adolf Hitlers und der Nazis einzugehen, wie man in der Zusammenfassung der folgenden Aussagen erkennen kann:

»In Politik und Publizistik diente Karl – als zentrale Symbolfigur der christlich-abendländischen Europaidee – der geschichtlichen Legitimierung der Europapolitik Adenauers und der Westbindung der BRD und zugleich dem Kampf gegen den Kommunismus in den Jahren des Kalten Krieges«, werden die Historiker

Matthias Pape, Dieter Hägermann sowie Rudolph Wahls zitiert. Und weiter heißt es:

»Das Wort vom ›Vater Europas‹ erlangt große Popularität, und 1949 wurde in Aachen der Karlspreis für Verdienste und die ›abendländische Einigung‹ in Politik, Wirtschaft und Kultur gestiftet. Die europäische Aufbruchsstimmung, verstärkt durch die Gründung der Europäischen Wirtschaftsgemeinschaft im März 1957, spiegelte sich auch 1965 in der Karlsausstellung des Europarates in Aachen«,

berichtet Sabine Kuhlmann (S. 148).

»So hieß es im Ausstellungskatalog, als der ›erste Kaiser, der Europa zu vereinen wusste‹, habe Karl eine Weltmacht geschaffen, deren Ausdehnung im Großen und Ganzen mit der heutigen EWG zusammenfällt.«

Und 1969 konnte man bei Richard Winston lesen:

»Immer, wenn der Gedanke an ein Vereinigtes Europa auflebt, wird die Erinnerung lebendig an Karl den Großen, den Ahnherrn Europas.«

»Widukind und die Sachsenkriege traten gegenüber diesen Betrachtungen vollkommen in den Hintergrund«, stellt Kuhlmann fest (S. 149).

Und so war die Geschichte Deutschlands und Europas abermals umgeschrieben worden. Wer hätte auch dagegen aufbegehren wollen in einem schwer traumatisierten Deutschland, das innerhalb von 30 Jahren zwei Weltkriege verloren hatte, kapitulieren musste vor sich selbst und der Welt angesichts unvorstellbarer

Ereignisse, angesichts einer offenbar nie mehr zu sühnenden Schuld. Deutschland war ja soeben zu einem totalen Verliererstaat geworden, gebändigt und gebunden, kontrolliert, schwer zerstört an Leben und Seele, an Material und Zukunft. Letztere war gewiss alles andere als rosig beschienen angesichts der vielschichtigen Vorstellungen und Pläne, auf die sich die sogenannten *Befreier* des Landes in Wort und Schrift nun geeinigt, diese niedergelegt und verbrieft hatten, welche die schlussendliche Vernichtung der Identität Deutschlands endlich zu Ende bringen sollten. Wer wollte noch aufbegehren gegen die Umschreibung der eigenen Geschichte, die jetzt doch keinen Pfifferling mehr wert war, gegen die Beseitigung des Wurzelwerkes allen Stammbaums, aller Ahnen und Urväter, aller einstigen Werte, die je die große Kultur hervorgebracht hatten?

Und ehrlich: Wer will erst recht heute, gut 70 Jahre später, noch das Wort erheben? Es ist doch nichts besser geworden mit dem Ansehen der Deutschen, ganz im Gegenteil: Es hat weiter schwer gelitten, die einstigen Kratzer sind nun zu tiefen Furchen geworden, die nie wieder heilen werden. Die deutsche Kraft ist offenbar versiegt. Ein Einwurf in der genannten Sache wäre mehr als politisch unkorrekt, gilt doch alles und jedes Ding heute immer noch wie eine gefährliche Ansteckung mit Pestilenz, welche die Nationalsozialisten, die man heute mit den Nazis gleichstellt, je guthießen. Die letzte Bemerkung könnte beim Leser eventuell Verwirrung stiften, doch sollte hier klar werden, dass die Nationalsozialisten bis 1933 mit dem Terrorregime der Nazis unter Adolf Hitler nicht pauschal gleichzusetzen sind, wie die hier beschriebene Episode um Karl den Großen und Widukind ja auch eindrucksvoll zeigt.

Da wirkt es fast wie ein Wunder, wenn ein Historiker wie Matthias Springer die Vorgänge in seinem Buch *Die Sachsen* genauer unter die Lupe nimmt und kritisch feststellt: »Man wird nicht behaupten können, dass die Wissenschaft der letzten Jahrzehnte der Unterwerfung Sachsens die gebührende Aufmerksamkeit gewidmet hätte. Unter den zahlreichen Sammelwerken, die sich mit Karl dem Großen beschäftigen, sind nicht wenige, die das bedeutsame Ereignis gar nicht behandeln. Das blutige Wüten passt nicht zu dem Bild, das heute von dem Kaiser gemalt wird. Es fragt sich, ob das heutige Bild von Karl dem Großen zu Karl dem Großen passt.«

Das Blutgericht von Verden und die Wissenschaft

Kehren wir zurück zu der berühmten Schlacht zu Verden an der Aller im Jahre 788 n. Chr., dem sogenannten »Blutgericht«, das uns vornehmlich beschäftigen soll. Auch in diesem Fall kam es im Laufe der zurückliegenden Jahrhunderte immer wieder zu unterschiedlichen »Erkenntnissen« beziehungsweise Bewertungen von Wissenschaftlern, Geschichtsforschern und seit dem vergangenen Jahrhundert vor allem auch durch politisch motivierte Akteure.

Einer der letzten Höhepunkte des über 1200 Jahre währenden Fachstreits ereignete sich Mitte der 1930er-Jahre, als die Nazis die legendäre Verden-Schlacht zu einem ihrer Lieblingsthemen erklärten. Nur allzu gut passten ihre vermeintlichen Tugendvorstellungen von Kampfgeist, Vaterlandsmut, Zuverlässigkeit und unverbrüchlicher Treue zu den typischen Charaktereigenschaften der Germanen, die alsdann für die Kultzwecke der Nazis herhalten mussten.

Für das Auffinden der Wahrheit war dies ein herber Schlag, und es wäre nur wünschenswert gewesen, dass dies niemals hätte geschehen mögen. Denn bekanntlich ist jede Sache und Angelegenheit, die die Nazis einstmals für sich als richtig erkannten, bis heute nicht mehr sachlich diskutierbar und daher ohne den Hauch einer Chance. Unrühmlichstes und für uns gerade heute schmerzhaftestes Beispiel ist die nahezu vollständige Abschaffung des gesellschaftlichen Wertefundamentes, das mit den Folgegenerationen des Dritten Reiches, den sogenannten 68ern, den Anfang von seinem Ende nahm.

Das Resultat: Mittlerweile ist es hierzulande praktisch unmöglich geworden, öffentlich noch konservative Werte einzufordern. Sogar die einst als bodenständig bekannten christlichen Parteien wendeten sich nach und nach von ihren kultur- und traditionsbezogenen Inhalten ab; auch bis dato unwandelbare Grundpfeiler für unsere Gesellschaft, wie sie beispielsweise die traditionelle Familienpolitik darstellte, bestehen jetzt nur noch aus letzten zusammengefallenen Fragmenten ihres einstigen mächtigen und für den Menschen überlebenswichtigen Gerüstes. Klassische Werte, ethische Normen, bodenständige Traditionen sind nun als altmodisch erkannt und gehören weitgehend der Vergangenheit an. Schließlich werden diese menschlichen Selbstverständlichkeiten, welche die Welt über Jahrtausende hinweg fundamentierten, heute sogar mit einer bestechenden Unsachlichkeit von den zahlreichen, nicht nur politisch links-grün motivierten Öffentlichkeitsvertretern gar als »Gedankengut der Nazis« ausgemacht. Dabei scheint es den Ideologen völlig gleichgültig geworden zu sein, dass dieses Wertegerüst natürlich stets und zu allen Zeiten die Menschen und Völker dieser Erde eng zusammenhielt; ohne dieses gäbe es das Menschentum, das sich derzeit vor allem auf europäischem Boden selbst abschafft, heute nicht mehr. Allein diesen Umstand zu erkennen wird heutzutage schlichtweg unmöglich gemacht; es gar laut zu benennen, dass Europa mit seinem inzwischen unlösbaren demografischen Problem mit strammem Schritt dem Abgrund entgegenmarschiert, sorgt für umfangreiche politisch korrekte Empörung in den Reihen der Medien- und Politikvertreter. Auch hier gilt die wichtige Erkenntnis: Das Kind wurde mit dem Bade ausgeschüttet.

Doch soll das begeisterte Eintreten der Nationalsozialisten für die Germanen den Suchenden jetzt davon abhalten, Licht ins Dunkel unserer frühen deutschen und europäischen Geschichte zu bringen? Nun, einige mag dies von ihrem Vorhaben abgeschreckt haben, hier weiter ihre Forschungen anzustellen, schon aus der Befürchtung heraus, am Ende mit den Inhalten und Zielen der Nazis in Verbindung gebracht zu werden. Diese kleinmütigen Geister mögen weiter im politisch korrekten Meinungsstrom mitschwimmen, als Aufklärer, als Wahrheitssucher taugen sie für unsere Gesellschaft nicht, sind sie keinen Cent wert. Hier braucht es freie Geister, die die Binde von den Augen streifen und ihren Blick nach oben richten. Denn gerade sämtliche Geschehnisse um den Sachsenfürsten Widukind, ja, die Vernichtung der Wurzeln seines Volkes, der Sachsen, durch Karl den Großen erfordern das ganze entschlossene Eintreten für die Suche nach der Wahrheit.

Die vorsätzliche Verherrlichung des Frankenkönigs

In einem sind sich nahezu sämtliche Forscher und Historiker, die sich von Beginn der grausamen Schlacht im Jahre 784 an bis zum heutigen Tag mit allen Einzelheiten der Sachsenkriege beschäftigt haben, doch weitgehend einig: Geradezu alle Berichte, die um das achte Jahrhundert herum zu den zahlreichen Kriegen des Frankenkönigs und späteren Kaisers verfasst wurden, wurden vorsätzlich zugunsten Karls geschönt und verfälscht. Jeder der damaligen Autoren des Frühmittelalters, ob es sich um den Karl-Biografen Einhard oder auch um die zum Teil unbekannten Verfasser der fränkischen Reichsannalen sowie weiterer Jahrbücher handelte: Sie alle weisen eine enorme Abhängigkeitshaltung aus, die vor allem durch salbungsvolle und pathetische Schilderungen über den Regenten zum Ausdruck kommen. Keine Tat, die ihm nicht gelungen wäre, kein Ausspruch, der nicht als weise gedeutet, und kein Krieg, der nicht von hoher Bedeutung gewesen wäre. Als der Frommste aller Frommen wurde er dargestellt, als Weiser, Barmherziger, als kinderlieber Menschenfreund.

Es sind maßlose Übertreibungen, ergebene Hörigkeitsbezeugungen, die den Herrscher zu einem übermenschlichen Helden erheben und seine königliche beziehungsweise kaiserliche Aura zu einem gleißenden Heiligenschein glorifizieren. Es ist in jedem Falle davon auszugehen, dass der Frankenkönig selbst die Anweisung dazu gab, seinen Ruf in den Jahrbüchern und Hofberichten auf das Makelloseste erscheinen zu lassen und diesen für die Nachwelt ruhmreich zu manifestieren.

Nahezu sämtliche Wissenschaftler, die bis zum heutigen Tag über Karl den Großen forschen, machen denn auch keinen Hehl aus dieser vereinten Auffassung, dass die Hofberichterstatter und Schreiberlinge einst allesamt weisungsgebunden arbeiteten. Doch neben Karl gab es noch weitere Herren, die ihnen die gewünschten Worte aufs Papier diktierten: die Inhaber des römischen Petri-Stuhles und deren eng vertraute Kirchenfürsten, ebenso wie die zahllosen Mönche und Kuttenträger, die durch die noch fremden Länder pilgerten, predigten, missionierten und christianisierten, die ebenso die Heiligtümer der Sachsen zerstörten, um an diesen strategisch wichtigen Punkten ihre eigenen Klöster und dunklen Kirchenhäuser hochzuziehen. Mit diesen ausgeklügelten Plänen, zunächst für die arglosen Sachsen undurchschaubar, wurde den Soldaten Karls bereits der Weg zur späteren Landeinnahme bereitet. Dass dies alles im Namen Gottes erfolgte und bis heute daran auch nicht gerüttelt wurde, erhebt die schicksalhafte Situation schon in ihren Anfängen in den Stand einer nachhaltigen und schweren Tragödie.

Und so wurden damals wie selbstverständlich die geschickten Feldzüge, die vorausplanende Landeinnahme des Frankenkönigs von Beginn an zu militärischen Erfolgen umgeschrieben, die immer offener zum Ausdruck kommende Brutalität wurde zum notwendigen Gebot des Handelns erklärt, die flächendeckende blutige Christianisierung war aus Sicht der Biografen und Hofschreiber schließlich gar ein notwendiges Übel, um die »Heiden« in die Kirchen zu jagen, damit sie den Christengott anbeten sollten. Unter anderem heißt es in den allgemein verbreiteten Texten dazu [63]:

»Die Reichsannalen haben einen unverkennbaren offiziösen Charakter; man muss sie als ein Instrument der karolingischen Herrscher interpretieren, um ihre Vorgehensweisen politischer als auch militärischer Natur zu rechtfertigen. Die *Annales regni Francorum* wurden wohl meist dazu benutzt, nicht existierende Entscheidungsgrundlagen zu schaffen, beispielsweise angebliche Provokationen anderer Herrscher, um etwa einen Krieg nicht als Angriffskrieg erscheinen zu lassen. Sie sind trotz ihrer oft zweifelhaften Glaubwürdigkeit eine der wichtigsten Quellen zur frühen Karolingerzeit.«

Es ist verblüffend und entsetzend gleichermaßen, dass angesichts dieser durchweg einseitigen Berichterstattung über Karl den Großen die historischen Untersuchungen und Einordnungen niemals kritischer ausgefallen sind. Genügt es tatsächlich bereits, dass sich die Historiker auf der Welt weitgehend einig darüber sind und dass damit einer wahrheitsgetreuen Untersuchung der Zugang weiterhin verwehrt bleiben kann, auch und gerade heute?

Allein das zielstrebige Vorgehen des in Wirklichkeit umstrittenen Regenten vor 1200 Jahren, sich u.a. das sächsische Volk gänzlich einverleiben zu wollen, ist auch noch aus heutiger Sicht ein empörender Tatbestand. Karl der Große plante dies ohne Rücksicht auf die reichhaltigen Traditionen der Sachsen, auf ihre Kultur, wozu an erster Stelle die Treue zum Schöpfer, zu ihrem Allvater gehörte, und dessen hohen Helfern, den sogenannten Göttern. Diesen hohen Himmelsinstitutionen einschließlich des Schöpfers hatte jeder einzelne Sachse seine Treue bis zum Lebensende und darüber hinaus gelobt. Ihr Gottesglaube war aufrichtig, treu und wahrhaftig, sie nahmen ihn ernst.

Wäre es Karl wirklich darum gegangen, ein blühendes Land auf Erfolg und Frieden zu begründen, so hätte er zweifellos anders vorgehen müssen. Doch hatte er offenbar nicht mit der Zähigkeit und Tapferkeit der Nordmenschen gerechnet: 33 Jahre lang biss sich der Herrscher seine königlichen Zähne an den mutigen und starken Germanen aus, er zerstörte ihre Heiligtümer und Burgen, mordete unzählige Frauen, Männer und Kinder, bis er endlich an seinem Ziel war: Nein, Karl hatte nicht gewonnen, sondern er hatte die Wurzeln der Sachsen ausgerissen, es waren germanische, es waren unsere Wurzeln! Karl der Große als Erbauer Europas? Gab er nicht vielmehr angesichts dieser unvorstellbar unbarmherzigen Vorgehensweise einen verantwortungslosen, besitzgierigen und ehrgeizigen Totengräber ab?

Karl, der »Kirchianisierer« – und seine Vorgänger

Karl der Große, der zuvor Dutzende Jahre lang als der Sachsenschlächter, als roher Imperialist, als engster Verbündeter einer mordenden, machthungrigen Kirche gegolten hatte, wurde nun, in der Nazizeit, also wieder aus der Mottenkiste hervorgezaubert und abermals zum glorreichen Erretter und Eroberer des christlichen Abendlandes stilisiert. Abermals rühmte man seine Taten, wie in all den Jahrhunderten zuvor auch schon, gleichgültig, wie blutig die Kämpfe auch gewesen sein mochten, die er ausgelöst hatte, um sich fremden Grund und Boden sowie die Völker und Menschen gleich mit einzuverleiben. Man berief sich auf den, wie es hieß, erfolgreichen Krieg gegen die Avaren (791–796), wo Karl bereits als *Pater Europae* verehrt worden sei, wo man ihm angeblich auch schon den Beinamen »den Großen« verliehen habe. So herrschten die Avaren, um nur ein erstes Beispiel zu geben, im Frühmittelalter über ein Reich, das die heutigen Länder Ungarn, Tschechien, die Slowakei, Slowenien, Rumänien sowie Teile Polens, Österreichs, Kroatiens, Serbiens und Bulgariens umfasste. Dazu zählen der heutige Balkan und große Teile Osteuropas. Obwohl die Avaren – man spricht über mongolische Ursprünge – über 200 Jahre lang wichtigster Machtfaktor zwischen dem einstigen Frankenreich und dem Byzantinischen Reich waren, verloren sie nach den Eroberungskriegen Karls des Großen zu Beginn des neunten Jahrhunderts ihre politische Bedeutung, vor allem aber ihre kulturelle Identität, wozu der Glaube und die Traditionen des Volkes gehörten. Man könnte es auch anders ausdrücken: Die Avaren, deren Einflussgebiet einst von der Ostsee bis zur Wolga gereicht hatte, wurden mit der Einnahme Karls des Großen als Kulturvolk praktisch von der Landkarte ausradiert.

Ein Krieg ist immer grausam, vor allem für die betroffenen Völker, für die Menschen, welche die allermeisten Kriege niemals wollten. Die Erfolge sind stets einseitig, wenn man, langfristig gesehen, davon überhaupt sprechen kann: Sie dienen den Mächtigen, um ihnen zu noch größerer Macht zu verhelfen. Was von Beginn an in den Geschichtsbüchern als ein Fortschritt des damaligen Königs Karl dem Großen gefeiert wurde, umfasste in Wirklichkeit schwerwiegende und einschneidende Veränderungen für die jeweils von ihm unterworfenen Völker, verbunden mit unvorstellbarem Schmerz und Leid. Nicht genug, dass die Besiegten ihre sämtlichen irdischen Besitz- und Rechtsansprüche verloren, sie mussten auch ihren eigenen Naturglauben aufgeben, der stets den wichtigsten Bestandteil ihrer Identität darstellte. Dieser wurde vorsätzlich durch das brutale Missionieren der römischen Kirche, die sogenannte Christianisierung, stets als Barbaren- oder Heidentum gebrandmarkt und gänzlich ausgelöscht, indem man die Opferstätten, die Heiligtümer, die bedeutungsvollen Versammlungsstätten, restlos zerstörte und den Völkern weitere Kontakte zu ihren sogenannten Göttern verbot. Zu keiner Zeit interessierten sich etwa Kaiser und Könige, aber noch weniger die Kirchenfürsten für das, was die Glaubensbilder der Urvölker ausmachte. Rücksichtslos wurden die Wurzeln ausgerissen und mit ihnen nicht selten das Seelenheil ganzer Völkergruppen.

Natürlich hatte man gleich »Besseres« parat, was den Entwurzelten, den Entsetzten, übergestülpt werden musste, damit sie erst zu »richtigen« Menschen werden konnten: die angeblich christliche Gotteslehre. Doch wie weit war man damals schon entfernt von dem wahren Wissen und der Umsetzung dessen, was der Gottessohn fast 1000 Jahre zuvor der so tief gesunkenen Menschheit gebracht hatte! Längst war die reine Wahrheitslehre verzerrt, entstellt worden zu einem unüberschaubaren Knäuel an hingebogenen, zurechtgestutzten, ideologischen Denk- und Glaubensmustern, die den Menschen nicht etwa den Weg aus der Finsternis wiesen, sondern in erster Linie dem Machterhalt Roms dienten, sowohl dem Kaisersitz als auch dem sogenannten »Heiligen Stuhle Petri«.

Diese Verwirrung existierte bereits von Beginn der Christenlehre an, und stetig nahmen die Absplitterungen zu. Mit der wachsenden Zahl der Christen zu Beginn des ersten Jahrtausends vergrößerte sich die Gefahr der verschiedenen Auslegungen zunehmend und damit auch die Probleme der Sektenbildungen, welche die Einheit der Christen mehr und mehr durchdrangen.

Diese Gefährdung hatte schon Konstantin der Große 400 Jahre zuvor erkannt, der im vierten Jahrhundert als römischer Kaiser über das Imperium geherrscht hatte und dessen vor allem politisches Ziel die Einheit des Christentums gewesen war. Es lohnt sich, einen kurzen Blick auf diese bedeutsame Epoche zu lenken:

Sicherlich war Kaiser Konstantin im herkömmlichen Sinne nicht wirklich ein Gläubiger gewesen, der den Weg für das Volk aus Überzeugung freizumachen suchte. Es war vielmehr politisches und wirtschaftliches Kalkül gewesen, das er mit großem Geschick in Richtung »Genesung« des Römischen Reiches zu lenken suchte. Schon bei dem berühmten Konzil von Nicäa, das er 325 einberief, wurden die zahlreichen verschiedenen Auslegungen der Christenlehre bereits deutlich, die der Kaiser noch auszuräumen suchte in der Formulierung einer einheitlichen These, die von den 200 bis 318 Bischöfen, die an der Versammlung teilgenommen hatten, schließlich auch abgesegnet wurde. Bei dem inhaltlichen Hauptmerkmal ging es um den Streit über das Wesen Jesu Christi, dessen Vater und die Trinität. Kaiser Konstantin beendete die Diskussion schließlich mit der von allen Anwesenden unterzeichneten Erklärung, dass »der Sohn eines Wesens mit dem Vater« sei.

Schon zu dieser frühen Zeit nahmen die Spaltungen innerhalb des Christentums massiv zu, die katastrophalen Folgen waren wachsende Unruhen und blutige Zusammenstöße: Schließlich standen Christen Christen gegenüber. Wie soll angesichts dieser verheerenden frühmittelalterlichen Entwicklungen heute denn auch eine reine, *die richtige* Gotteslehre flächendeckend herrschen können? Das ist unmöglich! Und die Spaltung beziehungsweise Abwendung von der Christenlehre machte selbst innerhalb der kaiserlichen Familie Konstantins nicht halt. So hatte der Neffe Konstantins des Großen, der römische Kaiser Julianus Apostata – man nennt ihn auch den letzten heidnischen Kaiser –, seine durch den Onkel beeinflusste streng religiöse Erziehung zum gläubigen Christen bald hinter sich gelassen und sein Leben fortan lieber seinen Göttern gewidmet, denen er immer vertrauen konnte. Zu suspekt erschien ihm offenbar das, was alles unter dem Christentum zusammengefasst war. In diesem Zusammenhang hatte Julianus auch erklärt, er habe noch keine wilden Tiere gefunden, die so grausam gegen die Menschen wären wie die meisten Christen gegen ihre christlichen Mitbrüder. Die Bemühungen seines Onkels waren hier also ohne Erfolg geblieben. [64] Julianus hatte nicht nur seinen Götterglauben bekannt, sondern »er fühlte sich von (dem griechischen Sonnengott) Helios selbst dazu auserwählt, das Reich zu den Goldenen Zeiten zurückzuführen, als die Tempel noch offen waren, der Weihrauch noch von den Altären aufstieg und das Christentum keine außergewöhnliche Rolle spielte« [65].

Wie zerrissen einerseits zwar, allerdings beherrschend andererseits das Christentum bereits knapp vier Jahrhunderte nach der Sendung des Gottessohnes war, stellt Elisabeth Begemann, Wissenschaftliche Mitarbeiterin am Max-Weber-Kolleg für kultur- und sozialwissenschaftliche Studien, fest:

»Auch wenn die heidnischen Kulte noch existierten und weiterhin – besonders im Westen des Reiches und in Rom – eine große Rolle spielten, so schien die Zukunft des Reiches doch in den Händen des Gekreuzigten zu liegen. Diskussionen um die Natur Christi beeinflussten die Politik des Reiches, Bischöfe übten

Autorität über christliche Kaiser aus, Streit innerhalb der Gemeinden entwickelte sich zu bürgerkriegsähnlichen Konflikten (…) Die Kirche des vierten Jahrhunderts nach Christus war stark und hatte schon seit einiger Zeit auch in Zeiten der Unruhen und Krisen einen ruhigen Pol dargestellt. Nun, nachdem sie staatlicherseits anerkannt worden war, konnte sie unter Beweis stellen, welche Kraft in ihr ruhte, und wie weit sie in ihrer eigenen organisatorischen Entwicklung gekommen war – und dass sie in der Lage war, eine politikbestimmende Rolle zu spielen. Schon bald galt der Kaiser nicht mehr als oberster Priester, sondern als Sohn der Kirche (…) und konnte von jedem Bischof zur Ordnung gerufen werden. Ja, ein gutes halbes Jahrhundert nach Konstantin konnte Ambrosius von Mailand den christlichen Kaiser Theodosius zur Kirchenbuße zwingen, indem er ihm mit der Exkommunion drohte – Verlust des Seelenheils, Verlust aber mittlerweile auch eines Regierungsanspruches innerhalb der Ökumene.«

Die zu allen Zeiten unheilvolle Allianz von Staat und Kirche erlangte massiven Einfluss auf sämtliche Entwicklungen des damaligen frühen Mittelalters. Man legte sich in gegenseitige Abhängigkeiten, vor allem das Schicksal des Kaisers hing von der Gnade des Papsttums, der Bischöfe ab. Da Konstantin der Große genau wusste, was Macht und Reichtum bedeuteten und vor allem bewirken konnten, führte er die Kirchenfürsten absichtlich eng an Macht und Besitz heran. Er ließ die Klerikalen gewähren, ließ sie christianisieren und damit auch Geld einnehmen. Er wusste ja, dass letztlich doch alles auch dem (maroden) Staate zugutekam. Und so baute der Kaiser die Kirche und ihre Organisation in den staatlichen Apparat ein und stabilisierte somit (vor allem materiell) das bereits auseinanderbrechende Reich für weitere Jahrhunderte.

Es waren letztlich also durchaus ganz materielle, irdische Gründe, die Konstantin den Großen veranlasst hatten, alles zu tun, damit die zu jener Zeit weitverbreiteten Christenverfolgungen ein Ende fanden. Die Kirche belohnte ihn umfangreich, auch sein Namenszusatz »der Große« wurde in Rom festgelegt, wie auch alle anderen »Großen«, ob es der Frankenkönig Karl war oder einer seiner frühen Vorgänger, Theodosius, stets handelte es sich um Belohnungen des »Heiligen Stuhls« für »besondere Verdienste«.

Diese frühmittelalterliche Zeit war, was die Entwicklung des Christentums angeht, von großer Bedeutung für die ganze Welt und jegliche weitere Entwicklung: Das Christentum wurde erstmals zur Staatsreligion. Das sogenannte Heidentum, die Lehre der »Götter«, die als große Helfer zwischen Himmel und Erde walten, wurde als staatsfeindlich erklärt.

Der Beginn des falschen Christentums

Ab diesem Zeitpunkt kehrten sich die Verhältnisse um: Durch die Religionspolitik Konstantin des Großen waren nun nicht mehr die Christen die hauptsächlich Verfolgten, sondern die »Heiden«. Zwar war das Wissen um die hohen Helfer im Bewusstsein der Menschen verankert, doch wo blieben die wirklichen Chancen für die Zukunft? Die Weichen für das (falsche) Christentum waren gestellt, und durch den imperialistischen Eifer Karls des Großen im neunten Jahrhundert fanden die meisten Naturgläubigen schließlich ihr religiöses Glaubensende. Ohne Übertreibung kann man sagen, dass diese Epoche das Schicksal der ganzen Welt veränderte. Kein Kontinent, kaum ein Land dieser Erde blieb von der einschneidenden Entwicklung verschont: Die Zwangschristianisierung sämtlicher Völker, ob in Afrika, Asien, Nord- und Südamerika oder Australien, wurde hier bereits programmiert. Verhängnisvoll, wenn man bedenkt, dass Jesus Christus ganz anderes vorgehabt hatte. Von seiner reinen Wahrheitslehre war nur noch wenig übrig geblieben.

Doch welche christliche Lehre war es wirklich, die der Herrscher unterstützte? Die Glaubensauseinandersetzungen innerhalb der Kirche waren zu dieser Zeit beträchtlich: Streitigkeiten, Dogmen, Häresien hatten sich bereits durch Jahrhunderte gezogen, die zu Trennungen, Abspaltungen, zu Schismen geführt hatten und die natürlich bis zum heutigen Tage noch nicht überwunden sind. Der Streit um die »wahre Lehre« tobte, denn Christus' Lebenszeit war durch den Mord am Kreuz stark verkürzt worden, sodass ihm keine Zeit für weitere Erklärungen geblieben war. Und auch seinen Jüngern, die meist einfache Leute gewesen und wohl nur selten des Lesens und Schreibens mächtig gewesen waren, traute man nicht viel zu. Was hatte der Meister wirklich gesagt? Wie hatte er es gemeint? Durch das gewaltsame Eingreifen der Kirche, durch die Missgunst und den Neid der Pharisäer und Schriftgelehrten, war Jesus' Leben ein viel zu frühes Ende gesetzt worden. Durch die Schuld der Menschen von einst blieb dem Gottessohn nicht die notwendige Zeit, seine lichten Lehren zu festigen und zu verankern, sie zu erklären und zu der wahren Lehre für die Menschheit werden zu lassen. Und so musste er ein heilloses Durcheinander zurücklassen, das von den Menschen nicht etwa geordnet werden konnte, sondern das an Verwirrung und Schwierigkeiten stets nur noch zugenommen hatte, bis zum heutigen Tage. Während früher immerhin das christliche Gebot der Nächstenliebe die Gläubigen häufig noch zusammenhielt und die Disziplinierungen meist freundschaftlicher vor sich gingen, kann davon heute keine mehr Rede sein. Selbiges galt im achten und neunten Jahrhundert während der Regentschaft Karls des Großen. Die wahren Gesetze Christi, die auf den Zehn Geboten Gottes beruhten, die Moses einst entschlüsseln durfte, galten zu jener

Zeit ebenso wenig wie heute. Dieses Durcheinander an verschiedensten Auslegungen der Christenlehre war es, das Karl der Große zu seiner Staatsreligion erhob und sämtlichen damaligen Völkern des heutigen Europas überstülpte. Die Auslöschung der kulturellen Identität, die einer Gesellschaft praktisch das Rückgrat bricht, diese heimatlos macht, die ihm seine Würde, sein letztes Daseinsrecht nimmt, zieht sich wie ein roter Faden durch sämtliche grausigen Feldzüge des Königs und Kaisers Karl des Großen, von Nord bis Süd, von Ost bis West, auf dieser Welt.

Schlusswort

Nicht selten gibt es in den Bewertungen bestimmter historischer Zeitläufe unterschiedliche Einschätzungen. Diese hängen meist vom jeweiligen Erkenntnisstand der »modernen« Forschung ab, also vom gerade herrschenden Zeitgeist und Takt, der sich im Wechsel der Zeit auch immer wieder ändern kann. Was heute richtig erscheint, kann sich demnach morgen schon als völlig falsch erweisen, wie wir an dem Wandel Karls des Großen in unserem Bewusstsein erkennen können. Wobei diese modernen Einsichten natürlich niemals gleichbedeutend sein können mit der Richtigkeit der Inhalte, mit der Wahrheit, sondern eher vom jeweils geltenden politischen Regierungsprogramm abhängen, wie die Vergangenheit immer wieder zeigte.

Das ist nur ein ausdrucksstarkes Zeichen für die in Wirklichkeit bislang stets vorherrschende Ahnungslosigkeit der Menschen auf der ganzen Welt über die Zusammenhänge aller Schöpfungsgesetze: Solange diese nicht in vollem Umfang anerkannt und umgesetzt werden (wollen), so lange wird kein Regierungssystem dieser Welt langfristig Erfolg, also Frieden, Glück und Freiheit, bringen können. Nur wer seine gesamten Handlungen in die Schöpfungsgesetze zu integrieren versucht, um als Teil des Großen und Ganzen richtig mitzuschwingen, wird diesen Weg meistern können. Es ist Zeit, umzudenken.

Die Sicht aus dem Blickwinkel des jeweils herrschenden Zeitgeistes war noch zu keiner Zeit ein guter Ratgeber, wenn es darum ging, Bewertungen und Diagnosen für grundlegende geschichtliche Ursachen und Entwicklungen vorzunehmen, im Gegenteil: Die meist vorsätzlich gelegten Fesseln der aus »modernen« Erkenntnissen resultierenden Betrachtungen halten oft über Jahrzehnte, manches Mal gar Jahrhunderte und Jahrtausende, ganze Völker und Gesellschaften in falschem Bann. Durch wissenschaftlich-öffentlich-amtliche Befugnis werden die jeweils neuen Sichtweisen nicht selten für lange Zeiträume sodann als »richtig« zementiert, häufig werden ganzen Generationen diese »wissenschaftlichen« Spekulationen als »korrekt« übergestülpt, Reihen von Geschichtskapiteln werden damit umgeschrieben und erlauben kaum noch den Zugang zu weiterer sachlicher Prüfung und Wahrheitssuche.

Erst viel später dann – bei wieder befreitem Blicke zurück, weil ein neuer Zeitgeist, eine andere politische Sicht und Bewertung eingezogen ist, die Vorheriges als unmodern, rückständig oder totalitär erklärt – erlaubt man sich vielleicht die viel früher fällige notwendige Analyse: Die nachfolgenden Jahrgänge sind es dann meistens, die selbstverständlichen Aufschluss über zum Teil grandiose Fehleinschätzungen verlangen, die ihre Vorfahren nahezu widerspruchslos mittrugen und hinnahmen. Das ist der Moment, in dem das berühmte Pendel zurückschlägt. Das in diesen Zusammenhängen bereits altbekannte Schulterzucken und die entlarvende Antwort der Ahnen, man habe ja schließlich von nichts gewusst, trieben schon so manche junge Menschengenerationen in hilflosen Zorn und maßlose Enttäuschung. Wen wundern da noch so manche heftige Gegenbewegungen im Verlauf der Zeitgeschichte, die nicht selten dazu führten, dass massenweise die berühmten »Kinder mit dem Bade ausgeschüttet«, also auch funktionierende Systeme in rasanter Wut völlig aufgelöst und vernichtet wurden?

Es sind zu allen Zeiten meist nur wenige mutige Persönlichkeiten gewesen, die über ihren jeweils aktuellen Tellerrand hinausschauen konnten und die geschichtlichen Geschehnisse und Zusammenhänge selbstständig, ohne offizielle Vorgaben und Erlaubnisse, im großen Gesamtüberblick durch einen breiten Weitwinkel zu bewerten fähig waren. Politischer Zeitgeist, gleichbedeutend mit politisch-korrekten Vorgaben, sowie auch der für nicht gerade wenige der politischen Akteure typische Kleingeist schmälern, wie schon berichtet, die Sicht der meisten Menschen auf die notwendige Objektivität und verhindern damit eine unbeeinflusste Analyse durch die Masse. Zwar empfinden viele Menschen die Richtung der möglichen Wahrheit, doch folgen die meisten lieber den Vorgaben der Offiziellen, um nur nicht unangenehm aufzufallen. Viel wurde in diesem Zusammenhang schon über die berühmte Schweigespirale geschrieben, in die sich die meisten Menschen kollektiv hineinbegeben, um unnötigen Ärger in ihren jeweiligen Lebens- und Arbeitsbereichen zu vermeiden. Deswegen bedarf es dieser wenigen couragierten Zeitgenossen unbedingt, die sich aus der gefährlichen Meinungsschraube zu befreien wissen, um sich unbeeinflusst von politischer Korrektheit und Propaganda ein eigenes, unabhängiges Bild zu machen. Manchmal gelang es solchen starken Persönlichkeiten gar, mit ihrer schonungslosen Analyse die Weichen der Geschichtsschreibung umzustellen. Diese Erfolge dauern zwar meist etwas länger, doch bekanntermaßen ist allein schon die Tatsache, eine Gegenmeinung zu postulieren, gleichbedeutend mit dem berühmten Geist, der aus der Flasche gelassen wird: Eine alternative Idee schwebt dann plötzlich im Raum, die durch Mund-zu-Mund-Kommunikation ihre Verbreitung und somit zunächst heimliche Anhänger (in der umgangssprachlichen politischen Korrektheit spricht man heute von sogenannten Verschwörungstheorien) findet.

Der Durchbruch ist geschafft, wenn die Masse zunehmend feststellt, dass immer mehr Menschen hinter vorgehaltener Hand die »unerwünschte, unerlaubte« Ansicht teilen und die bis dato einseitig propagierte offizielle Haltung damit mehr und mehr ihren Boden verliert. Die Dynamik kann mitunter beeindruckend sein:

Auch in der ehemaligen DDR hatte man noch ein Jahr vor dem Fall der Mauer niemals damit gerechnet, dass Ost- und Westdeutschland so schnell wiedervereinigt sein würden, wie es auch vor wenigen Jahren unvorstellbar gewesen wäre, dass die öffentlich-rechtlichen Nachrichtensendungen eines Tages von großen Teilen der Bevölkerung als »Lügenpresse« bezeichnet werden.

Um hinter das Geheimnis des derzeitigen Umbruchs auf unserem Kontinent zu gelangen, bedarf es eines größeren, geistigen Sprungs. Wie bereits erwähnt, gerät Europa jetzt zunehmend in den Strudel der Wechselwirkungen. Das dringende Gebot heißt nun, jenes Material, das einst unser Fundament bildete, genauer unter die Lupe zu nehmen, um Qualität und Beschaffenheit bewerten zu können, die unserem europäischen Leben als erste Basis und Ausgangspunkt dienten.

Die Tragik des modernen Menschen

Wir Menschen sind Teile dieser Schöpfung, wollen sie dabei heute mehr beherrschen denn je. Das sollen wir auch, aber in bestimmten Grenzen, auf einem Mindest-Level von Anstand, Ethik und Moralvermögen, versteht sich. Denn wir sind die einzigen Kreaturen, die über ein Bewusstsein unseres Selbst verfügen. Ebenso erhielten wir die freie Willensentscheidung. Mit diesen Werkzeugen ausgerüstet, könnte der Mensch zum höchsten Geschöpf auf Erden werden, so war es wohl auch der Plan.

Doch wie soll das funktionieren, wenn wir immer weniger über den tatsächlichen Aufbau unseres Universums und unseres Planeten wissen, wenn wir immer weniger Verbindung haben zum Wissen der Vorvorderen, ja nicht einmal ermessen können, wer wir selbst sind, also das ganze System gar nicht kennen? Es ist wie beim Fahren eines Autos: Wer alle Fahreigenschaften kennt, der kann sich das Vehikel nutzbar machen. Wer sich jedoch hinter das Steuer setzt und losfährt, ohne je in die Funktionen eines Kraftfahrzeugs eingewiesen worden zu sein, wer nie lernte, das Gaspedal von der Bremse zu unterscheiden, für den wird die Reise zu einem zweifelhaften, möglicherweise sogar lebensgefährlichen Unterfangen.

Wissen ist Macht. Doch was wissen wir schon über die Dinge zwischen Himmel und Erde? Über die Gesetze, die im Unsichtbaren herrschen, deren Auswirkungen jedoch unser ganzes Leben beeinflussen, jeden Tag, jede Nacht, jede Stunde, Minute, Sekunde? Welche Kenntnis bleibt uns denn in Wahrheit noch über Grundsätze und Regeln, die über Glück und Unglück, über Gesundheit und Krankheit entscheiden, über Gedeih und Verderb?

Wie unwissende Anfänger stolpern wir durch die Zeiten, umgeben zwar von wundersamem unsichtbarem Wirken und Walten, das wir jedoch nicht erkennen und einordnen können, das wir nicht einmal ahnen. Im Gegenteil: In trotzigem Widersinn und mit wachsender Eitelkeit weisen wir jeden gut gemeinten Hinweis darauf entschieden von uns, wähnen uns dabei noch modern und entwickelt, während wir an dem Natürlichsten einfach vorübergehen, es achtlos beiseiteschieben, ohne es endlich sinnvoll für uns zu nutzen.

Es ist tragisch, aber wahr: Vor einigen Jahrhunderten noch waren die Menschen geistig weiter als heute. Sie hatten umfassendere Kenntnisse über die feinstofflichen Vorgänge, die uns erst bestimmte Zusammenhänge in der Natur und im menschlichen Entwicklungsbereich verdeutlichen, und konnten auf diese Weise die erste Ziegelreihe im notwendigen Wissensfundament legen. Doch wurden, wie bereits geschildert, diese ersten wichtigen

Steine eingerissen und zertrümmert, noch ehe die Basis überhaupt richtig aufgebaut war. Die umfassende Zerstörungsaktion wurde dabei so gründlich ausgeführt, so nachhaltig, dass viele bis heute nicht einmal mehr wissen, *dass* uns etwas ganz Entscheidendes fehlt. Und sollte die Sprache doch einmal auf die Notwendigkeit des verborgenen, unsichtbaren Wissens kommen, so wird der Redner schnell angegriffen, wegen »wunderlicher Fantastereien« diffamiert. Das Resultat: Kaum jemand wagt es noch.

Ganz auffällig ist dies zum Beispiel in den Wissenschaften zu beobachten, deren Vertreter sich nur sehr selten trauen, ihrer Intuition, der inneren Stimme oder verborgenen Hinweisen zu folgen, indem sie dort weiterforschen, wohin der Geist sie drängen möchte. Sie ahnen, dass sie auf diesem besonderen Wege vielleicht weiter vordringen könnten in Kenntnisbereiche, die heute alle überraschen würden, die an die alte Weisheit erinnern und daran anknüpfen, welche die Hochkulturen einst ja schon besaßen, bevor man sie den Menschen gewaltsam wieder nahm. Doch wissen solche auserwählten Forscher gleichzeitig nur zu genau, dass ihre irdische Reputation durch die Offenbarung dieser »verbotenen Wege« schweren Schaden nehmen könnte, dass sie erheblich gefährdet wären, ausgeschlossen zu werden aus der »normalen« Wissenschaft. Ja, die hoch dotierten Forschungsgelder könnten schnell gestrichen werden, sollte es zu derartigen Grenzfällen kommen; außerdem wäre ihnen der Hohn der meisten Kollegen sicher. Letztendlich würden sie es mit ihrer beruflichen Existenz bezahlen müssen, genauso wie in jenen Zeiten also, als man mit den Vertreibungsmaßnahmen einst vorsätzlich begann: vor vielen Hundert Jahren.

Mit diesem verhängnisvollen Geschehen, das den Aufbau der folgerichtigen Geistesentwicklung für die Menschheit jäh unterbrach, ging dieser die Möglichkeit für das Erreichen der Meisterschaft des Lebens verloren, ehe sie diese überhaupt jemals in ihren Grundlagen erlangen konnte. Der Plan des Schöpfers sah wohl ganz anders für uns aus: Wir hätten heute bereits »fertig« sein sollen, hätten ausreichende Kenntnis haben müssen über die Entwicklungen in der Schöpfung, über den Aufbau der Natur, in der wir leben. Stufenweise sollte der Mensch in die Geheimnisse der universellen Gesetze geführt werden, sollte den Gleichklang mit den übrigen Kreaturen einstudieren lernen, um in Harmonie, Eintracht und Frieden nebeneinander existieren zu können, um geistig seiner notwendigen Entwicklung entgegenzuwachsen, damit er schließlich glücklich werden kann. Stufenweise, Schritt für Schritt, ein sukzessiver Aufbau sollte es sein.

Heute nagt die längst verklungene Melodie an unseren Herzen, als anklagende Mahnung an unsere seelische Gesundheit, denn wir haben die Verbindung zu höherem Wissen abgeschnitten. Nun ist es verloren, wir haben den Anschluss verpasst, und wir gehen mit unserer zerstörten Welt dem Ende entgegen.

Und doch: Es gibt einen Weg zurück! Genau genommen ist er auch gar nicht so schwer zu finden, wenn wir nur wollten. Das jedoch scheint das Schwierigste zu sein, denn wie will man etwas wollen, von dem man nicht einmal weiß, dass es existiert? Geschweige denn, dass es uns als Einziges retten kann? Es ist unabdingbar, dass wir eine bedeutsame Aussage [66] des Gottessohnes Christus näher betrachten und sie so ernst wie möglich zu nehmen versuchen. Denn hier allein finden wir unsere Chance für den ersten wichtigen Schritt in die Umkehr, zurück in das ewige Schöpfungswissen. Jesus sagte zu seinen Jüngern, die ihn gefragt hatten, wer der Größte im Himmelreich sei: »Wahrlich, ich sage euch: Wenn ihr nicht umkehrt und werdet wie die Kinder, so werdet ihr nicht ins Himmelreich kommen.«

In diesen wenigen Worten liegt das ganze große derzeitige Problem, das Rätsel der Menschheit, verborgen. Denn Kinder sind es allein, die sich noch leiten lassen durch ihre innere Stimme, bevor sie »erwachsen« und »klug« gemacht werden. Mit großen aufmerksamen Augen und offenen Sinnen betrachten sie die vielen Wunder in der Natur, die Blumen, Bäume und Tiere, sie sind bereit zu prüfen, alles genau zu untersuchen, unbeeinflusst noch von den mit mildem Lächeln vorgetragenen rationalen Erklärungen der Erwachsenen, die ihnen jedoch mit jedem weiteren Lebensjahr die »ganz reale Welt« näherbringen wollen und sie damit nicht etwa einer Illusion, sondern der wunderbaren Wirklichkeit berauben. Dieses neugierige Verhalten, das nur kleinen Kindern noch zu eigen ist, müssen wir wiederfinden.

Kinder sind es, die atemlos den Märchen lauschen, ihre Fantasie beflügelt die Vorstellungskraft. Fabelwesen, Riesen, Elfen und Feen erstehen, leben und handeln, sie werden zur Realität, und dieses geheimnisvolle Wirken, das für die Kinder wirklich und wahr wird, begründet in ihrem tiefsten Inneren das wichtigste Fundament des Wertesystems, das grundsätzlich aus Gut und Böse besteht. Sie glauben noch vieles, was der zivil entwickelte Erwachsene heute achtlos beiseiteschiebt, was jedoch in Wirklichkeit tatsächlich springlebendig und wichtig für uns ist: Manche Kleinen können die Wesen gar sehen, sie sprechen und spielen mit ihnen, bis die ungehaltene Mutter oder der erzürnte Vater dies als Unfug wegwischt und es vielleicht sogar untersagt. Die Eltern nehmen ihren Kindern damit jedoch die wichtigste Lebensgrundlage und führen das verhängnisvolle Kontinuum fort, mit dem man bereits ihnen einst wichtiges Wissen raubte, als sie selbst noch Kinder waren; sie ahnen nicht einmal, dass es die lebensnotwendige Wirklichkeit für uns Erdenmenschen ist, dass wir diese unsichtbare, doch so wunderbare Welt für uns festhalten, pflegen, bewahren müssen, uns mit ihr austauschen sollen, um die Schöpfungsgesetze ganz verstehen zu lernen, Stufe um Stufe, bis ganz nach oben. Dafür wurde der Mensch erschaffen, und dies allein zeigt den Weg in wahres, ewiges Glück.

Der Mensch ist, im Gegensatz zu allen anderen Kreaturen, ein duales Wesen, er besteht aus Geist und Verstand, aus Seele und Körper. Es ist nicht schwer zu verstehen: So wie erst im Laufe der Jahrhunderte auch unsere materielle Welt sich entwickeln konnte, mit allen technischen Entdeckungen und Errungenschaften, mit allen wissenschaftlichen Erfindungen, so wie das Maschinenzeitalter oder die Verbreitung der heute modernen Kommunikationssysteme keinesfalls vor 1000 Jahren hätte stattfinden können, weil der dazu nötige Unterbau technischen Wissens vollständig gefehlt hätte, weil die Menschen von ihrem Entwicklungsstand her einfach noch nicht so weit waren, sondern weil sie erst vor einigen Jahrzehnten durch entsprechende Reife und Bildung in diesen Zeitabschnitt eintreten konnten, genau so hätte auch unsere geistige Entwicklung ablaufen müssen, das Wissen um die ewigen Schöpfungsgesetze: Ein allmählicher Aufbau sollte es sein. Stattdessen geschah das Gegenteil.

Wer sich heute auf die Suche begibt nach der wesenhaften Welt, wer seinen Geist, sein Herz öffnet, um das unsichtbare Schwingen zu erfassen, wer nicht nachlässt bei seiner Suche nach den wesenhaften Helfern, die unsere Freunde sind, wer den hehren Plan niemals aufgibt, Gott und seine Gesetze wirklich zu erfassen, gleichgültig, was andere Leute dazu sagen, wessen Herz dabei unbelastet bleibt und wieder zu einem reinen Hort der Kindlichkeit werden kann, einem Hort des Urvertrauens, der Zuversicht, der allein erhält bei immerwährendem Wollen, sein hohes Ziel zu erreichen, das Wissen um die Meisterschaft des Lebens zu einer bestimmten Stunde zurück.

Ein neues Weltbild

Seit Urzeiten herrscht ein Kampf zwischen der Kirche und der Menschheit, man könnte auch sagen, zwischen dem Künstlichen und dem Natürlichen. Denn von Beginn der Zeiten an vertrat diese irdische Institution und ihre Vertreter in erster Linie ihre Eigeninteressen. Die obersten Kirchenfürsten in Rom sowie zahlreiche ihrer Handlanger in aller Welt bogen sich die Wahrheit so hin, wie sie ihnen gerade diente. Den meisten von ihnen war es gleichgültig, wie die Sachverhalte wirklich lagen, was Gott tatsächlich für die Menschen wollte: Wenn die Wahrheit nicht in ihre Pläne passte, so musste sie eben passend gemacht werden. Das war verheerend! Als Rom in den darauffolgenden Jahrhunderten die unselige Allianz mit Königen und Kaisern, mit den Mächtigen und Herrschern, einging und damit das einflussreiche Bollwerk Einfluss von Staat und Kirche begründet wurde, gab dieses System der Lüge und Unwahrheit freien Lauf: Wertvolles Wissen, das die Menschen unabhängig machte von irdischen Institutionen, das sie allein in ihrer persönlichen Verantwortung vor den Schöpfer stellte, wurde vorsätzlich und unter unvorstellbaren Blutqualen der Menschen ausgerottet und vernichtet.

Mit dem Beginn der karolingischen Zeit im siebten Jahrhundert nach Christus begann ein beispielloser Leidenszug der Menschen in Europa, der bis zum heutigen Tage anhält. Richtiger gesagt: Heute, kurz vor dem Zerfall sämtlicher Systeme, findet er seinen Höhepunkt. Die Politiker, die Regierenden, die hohen Entscheider dieser Welt, sie werden uns kaum noch helfen können beziehungsweise dies wollen. Denn es liegt auch heute keinesfalls in ihrem Interesse. Ebenso wenig wie die mächtigen Kirchenfürsten, die unsere sterbende Welt nach wie vor noch mit beherrschen. Sie alle werden herzlich wenig tun, denn gerade ihre Spezies war es ja, die Entscheidendes beitrug zu dieser verhängnisvollen Situation, zum Zusammenbruch der Welt. Die meisten dieser Leute haben, ohne je an künftige Generationen, an die Zukunft der Welt zu denken, von Beginn an mit ihren Programmen und Strategien rücksichtslos eigensüchtige, rein persönliche Positionen manifestiert, haben nur an sich gedacht. Noch sitzen sie bequem und sicher in ihren dicken Polstern des jedoch bereits in einem Höllentempo bergab rasenden Schicksalszuges nach Nirgendwo. Seit Jahrhunderten und Jahrtausenden meiden und leugnen sie hartnäckig die Wahrheit, die der Welt allein Rettung bringen könnte, sie bestreiten sie ganz bewusst, sie wollen sie nicht. Andernfalls, das wissen sie genau, wäre das Spiel für sie schnell aus. Und so grassieren seit Langem schon vor allem Lüge, Betrug und Unterdrückung auf unserer Erde. Ein dichtes Netz ist es inzwischen, das sorgfältig von den Mächtigen gesponnen wurde und in das täglich neue hässliche Maschen gewebt werden, das zu durchdringen inzwischen jedoch praktisch unmöglich geworden ist.

Und die Menschen? Die Bürger? Das Volk? Die Völker dieser Erde? Die Masse trottet angesichts dieser offensichtlichen Beklemmungen noch erstaunlich gemächlich dahin, zögernd nur hin und wieder skeptisch nach oben schauend, um den Blick doch schnell wieder auf die Fußspitzen zu senken, ehe es noch Ärger gibt.

Eine Art Lähmung liegt über der Erde, immer noch unaufbrechbar, denn der passende Hebel dafür fehlt. Mit herkömmlichen Methoden lässt sich das Schicksalssteuer nicht mehr herumreißen, mit neuen politischen Programmen und Taktiken oder mit möglichen Umschichtungen von Macht und Einfluss sind erst recht keine Lösungen auszumachen, denn nicht nur die Wurzeln unseres Weltsystems sind faul und übel riechend, sondern es stinkt vor allem auch »vom mächtigen Kopfe her« über den Globus. Gewiss, es werden nun langsam immer mehr, die aufzuwachen und die verfahrene Lage zu erkennen beginnen, doch es geht noch so langsam, viel zu langsam.

Es muss eine andere Einsicht her, ein für heutiges Fühlen völlig neuer Gedanke, eine kühne, starke Idee, die den ersten Schritt in jene Richtung zeigen könnte, die uns wirklich hilft; ein Plan, der zwar längst für uns gedacht und vorgesehen ist, der definitiv existiert und endlich auf Entdeckung wartet, der uns jedoch vor Urzeiten genommen wurde und in völlige Vergessenheit geriet. Die heimatliche Melodie ist verklungen, die Töne sind lange verhallt.

In den Anfängen des dritten Jahrtausends äußerte der weltberühmte Physiker Steven Hawking eine erstaunliche und hilfreiche Erkenntnis. Er sagte wörtlich:

»Die Fortschritte unseres Verständnisses vollziehen sich nicht immer in kleinen und stetigen Zuwächsen, die auf der vorhandenen Arbeit aufbauen. Manchmal ist ein geistiger Sprung zu einem neuen Weltbild erforderlich.«

Ein geistiger Sprung! Ein völlig neues Weltbild! Das würde bedeuten, dass unser derzeitiges falsch ist. Dass fast acht Milliarden Menschen in Irrtümern leben. In verhängnisvollen Irrtümern, wie die kurze Bestandsaufnahme des derzeitigen Zustandes der Erde ja deutlich zeigt. Ein neues Weltbild also? Schon immer gab es Menschen, die nach dieser Erkenntnis suchten. Sie ahnten stets, dass unser Wissen lückenhaft ist, dass da noch viel mehr sein muss, was »die Welt im Innersten zusammenhält«. Und so ist es auch. Hier müssen wir ansetzen und suchen. Hier finden wir den ersten Schritt in die richtige Richtung.

Gewiss, man braucht dazu großen Mut, denn die Massen, die einem zunächst geballt und geschlossen entgegentreten werden, angeführt von den mächtigen, globalen Entscheidern, werden alles von Beginn an ersticken wollen – durch Spott, Hohn, Diskriminierung, aber auch durch Druck und Verfolgung. Denn dieser junge, gerade aufkeimende Gedanke ist natürlich nichts für Rationalisten und Materialisten, für Leute, die nur das glauben, was sie sehen und hören können und deren Geist weitgehend lahmgelegt wurde.

Und damit sind wir beim eigentlichen Problem. Denn unsere Welt ist inzwischen voll mit diesen Leuten. Es regieren weitgehend nur noch Kopf und Verstand. Das Herz bleibt immer öfter still, die Empfindung wird abgewürgt. Mechanisches Funktionieren im täglichen Handeln, automatischer Stechschritt durchs tägliche Dasein. Die Sinne ruhen, sind wie tot. Wir Menschen haben die Verbindung zum Pulsschlag der Schöpfung verloren.

Wird die Zeit reichen, um das Leben noch zurückzuholen? Um das Innenleben zu reaktivieren, um das Erkennen des Großen und Hohen noch möglich zu machen? Es ist kein schlagartiger Vorgang, sondern ein Begreifen und Vorwärtsgehen in Stufen, ein Ineinandergreifen der Erkenntnisse, damit der Aufbau des richtigen Wissens gelingen kann. Eine Herkules-Aufgabe aus jetziger Sicht. Wer die Sehnsucht dazu nicht verspürt, ist schon verloren. Ein Riesenstück Arbeit!

Blicken wir kurz zurück und fassen wir zusammen: Vor Tausenden Jahren lebte der (Vor-)Mensch recht einfach in der Natur. Er war verbunden mit den Elementen, kannte die Sprache des Windes, wusste auch ohne Uhr die Zeit einzuteilen und fügte sich willig ein in die Gesetze von Tag und Nacht: Mit dem Sonnenaufgang begann sein Tag, der mit der einbrechenden Dunkelheit beendet war. Man ließ sich von den meist unsichtbaren Naturgeistern in die Welt der Nutzbarkeit von Pflanze, Feld und Tier führen, denn man hatte Kontakt zu ihnen. Der Verstand war noch nicht in dem Maße ausgebildet wie heute, mit einer gewissen, jedoch notwendigen Kindlichkeit folgte man den Zeichen und Signalen im Wirken der Natur, schuf auf diese Weise eine Verbindung mit den Wesenhaften. Und man dachte damals viel weniger darüber nach, welche irdischen Ziele man sich etwa bis zum Lebensende zu erfüllen gedachte, man lebte jeden Tag neu, ohne komplizierte Planungen und Strategien. Der (Ur-)Mensch erkannte damals die sogenannten Götter als die Helfer des Höchsten an, die er sich stets durch Opfergaben und Wohlverhalten gewogen zu halten suchte, damit nicht der Zorn Gottes über ihn hereinbrechen und ihm etwa Unglück bringen mochte. Dieses Wissen um die stets erfolgende Wechselwirkung sorgte dafür, dass die Menschen ein weitgehend gesundes Maß an ethischen und moralischen Werten aufrechterhielten, sie mühten sich, auch ohne Strafgesetzbuch, möglichst sündenfrei, ohne Vergehen gegen andere, durchs Leben zu kommen. Der damalige Mensch besaß die ersten Grundkenntnisse über jene Helfer der unsichtbaren Welt, die sich ihm mit Rat und Tat zur Seite stellten und die unsere Erde einst erbauten. Bis zum heutigen Tag sind diese für die stete Entwicklung hier zuständig, für das Wachstum und Gedeihen in der Natur, für Aufbau, Blüte, Reife und den Verfall. Sie sind die entscheidenden Institutionen, die über Leben und Sterben mit entscheiden, doch nicht nach ihrem eigenen Willen oder gar durch Willkür, sondern schwingend in den urewigen Schöpfungsgesetzen, die immer gleich bleiben werden und denen nichts und niemand entgeht. Damals wusste der Mensch noch mehr davon.

Als vor 2000 Jahren dann der Gottessohn Jesus die Erde betrat, war der Zeitpunkt gekommen, das bestehende Wissen der Erdenmenschen über die unsichtbare Himmelsleiter, auf der zahllose Wesenhafte pflegend und aufbauend für den Planeten und die Lebewesen wirken, zu erweitern: Die nächste Erkenntnisstufe stand bevor. Christus brachte die reine Lehre vom Höchsten, von Gott, seinem Vater, von dessen übermächtiger Anwesenheit die Menschen zu diesem Zeitpunkt zwar vage wussten, den sie teilweise auch als absolut übergeordnete Instanz ehrfurchtsvoll anbeteten, doch waren ihnen nur wenige genauere Zusammenhänge und Regeln darüber hinaus bekannt. Zwar waren durch das Alte Testament die Zehn Gebote durch Moses und die Lehren der Propheten in die Welt gekommen, doch diese kannte man nicht als flächendeckende Weisheit in der westlichen Welt. Mit dem »neuen Wissen« des Gottessohnes sollte nun ein vollkommenes Bild über die Schöpfung, über ihre klaren und einfachen Gesetze und ihr ganzheitliches Schaffen im Menschenbewusstsein manifestiert werden. Nur wer das gemeinsame Schaffen des sichtbaren und unsichtbaren Lebens in der Natur kennt, das allein den Willen des Schöpfers erfüllt und in diesem schwingt, der kann dessen Größe überhaupt erahnen.

Jesus sprach viel darüber, in Gleichnissen versuchte er, den damaligen Menschen Erklärungen dazu abzugeben, und er erweckte den Funken der Gottesliebe in den Menschenseelen. Auch die Liebe gegenüber allen Menschen im Miteinander, als Grundvoraussetzung für ein gedeihliches Zusammenleben, formulierte Christus in dem einfachen, doch mahnenden Satz: »Liebe deinen Nächsten wie dich selbst.« Mit anderen Worten: Tust du dies nicht, wird es auch dir selbst nicht gut bekommen. Diese mächtige Lehre, in aller Einfachheit gebracht, von vielen jedoch noch nicht erkannt und deswegen kleingeredet, bestimmt letztlich die ganze Erde bis zum heutigen Tage. Die Sendung des Gottessohnes sollte den Menschen also den nächsten Entwicklungsschritt bringen. Doch zu diesem Wissensaufbau kam es nicht. Dafür sorgten in erster Linie die Mächtigen in Staat und Kirche. Schon kurze Zeit nach dem irdischen Abscheiden Christi begannen sie, mit roher Gewalt der Menschen wertvolles Generationenwissen rund um die Natur, um das Leben und das Sterben zu zerstören. Sie trieben ihnen gewaltsam die uralten Erinnerungen an das lebendige Treiben zwischen Himmel und Erde aus, ihr Bewusstsein über die sogenannten Götter und Riesen, die von vielen Menschen damals gesehen werden konnten. Ebenso wurde das Wissen um die kleinen Naturwesen ausgelöscht, ohne die unser Planet jedoch niemals existieren könnte. Die Kräuter- und Heilkunde, der Werkzeugbau, die Lehre über das Wachsen der Früchte und Pflanzen, all das stammte einst von den unvergänglichen Wesenhaften – sie waren es, die es unseren Vorfahren in geduldiger Freundschaft und liebevoller Besonnenheit vermittelten. Sie könnten es bis heute tun, denn sie sind noch an ihrem Platze, wie sie es ewig sein werden. Der Mensch indes ahnt nichts davon.

Alle diese wunderbaren Schöpfungshelfer wurden vor langer Zeit schon aus unserem Bewusstsein entfernt. Überheblich verwies man sie in das ferne Land der Sagen und Legenden und legte sie dort, weitab unseres Erkennens, höhnisch in geistige Ketten. Es wurde verboten, über sie zu sprechen, verboten, ihre Existenz zu bejahen, verboten, mit ihnen in Verbindung zu treten. Es waren schwere Geschütze, die aufgefahren wurden; wer sich nicht fügte, wurde bestialisch ermordet, verbrannt vor den Augen der johlenden, manchmal auch entsetzt schweigenden Menge, die mit jedem neuen Fall gewarnt wurde: Halt! Wir werden auch beim nächsten Fall genauso erbarmungslos verfahren. Hütet euch!

Auch wurde der Kirchenbann über das Thema gelegt, ebenso wie über die wichtige Reinkarnationslehre, die im sechsten Jahrhundert nach Christus aus den Kirchenlehren gestrichen worden war. Die wesenhaften Helfer des Schöpfers, die über lange Zeit in engem Austausch mit den Menschen lebten und ohne die ein lebendiges Wirken auf diesem Planeten überhaupt nicht möglich wäre, wurden somit gewaltsam aus dem menschlichen Denken entfernt. Damit wurde den Menschen vor allem die lebendige Verbindung zum Schöpfer abgeschnitten.

Doch nur wir Menschen verloren sie, und wir schadeten uns damit ausschließlich selbst. Denn ob es den Kirchen und Regenten passte oder nicht, diese Wesen existierten selbstverständlich fort, bis zum heutigen Tage. Und auch in der Jetztzeit sind manche begnadeten Menschen noch fähig, diese wunderbaren Wesenheiten schauen zu dürfen. Die meisten tun es still, sie verschweigen ihre Eignung lieber, denn auch heute wären Häme und Bissigkeit die sichere Antwort darauf – so gründliche Arbeit hatte man damals geleistet. Jetzt steht der größte Teil der Menschen auf der Welt mit leeren Händen da, hilflos sind diese, weil ihnen jegliches Werkzeug zum Leben fehlt.

Heute leben wir Menschen in einer Zeit des gewaltigen Umbruchs, und immer mehr Menschen können dies auch spüren. Immer öfter ist vom Jüngsten Gericht die Rede, das doch schon vor Urzeiten von den Propheten gekündet wurde. Die Zeichen der Zeit stellen uns vor diese wachsende Erkenntnis.

Der Mensch hat den Planeten Erde bereits nahezu vollständig zerstört: das Wasser, die Meere, die Wälder, die Böden, ausgelaugt, verschmutzt, vergiftet. Die Tiere, Vögel, Fische, Säuger, sie werden gequält durch Menschenhand Milliarden Male täglich. Der Rausch, die Gier nach Macht und Geld hat sämtliche Positionen verschoben, die Umverteilung von fleißig nach reich ist zum einzig florierenden System unseres Erdballs geworden.

Die wenigen immer reicher Werdenden plündern die immer ärmer werdenden Ärmsten der Armen aus. Unsere politischen Systeme funktionieren nicht mehr, die sogenannten Volksparteien sind schon lange keine Parteien für das Volk mehr, sie werden bei den Wahlen abgestraft, manche gehen bereits ihrer Auflösung entgegen. Ihre öffentlichen Vertreter spüren zunehmend, dass der bevorstehende Wandel ihre Existenzgrundlage vernichten wird. Die Bürger machen keinen Hehl mehr aus ihrer Unzufriedenheit, das Rad dreht sich immer schneller, niemand, der heute noch ganz oben fest im Sattel sitzt, hat die Garantie, dass er sich dort auch morgen noch findet. Schon beginnen die Fragen: Was kommt dann? Welches System, wenn nicht die politischen Parteien, die derzeit noch fast weltweit herrschen, wird für Ordnung sorgen können?

Eigentlich ist diese Frage nicht schwer zu beantworten. Anfänge dafür sind bereits in der aktuellen Naturwissenschaft, der Physik, Chemie, Biologie und auch im Energiesektor, in der Technik, in der Informatik sichtbar, wo sich eine wachsende Zahl von Forschern längst darüber im Klaren ist, dass nur umweltgerechtes Handeln im Einklang mit der Natur noch von langfristiger und segensreicher Bedeutung sein kann: In den Zuständen höchster Not und Verwirrung auf dieser Erde finden wir zu den Schöpfungsgesetzen zurück!

Auch sogenannte Bionikforscher [67] gehen davon aus, dass die belebte Natur immer perfekte Strukturen entwickelt, von denen der Mensch lernen kann. So finden sich seit einigen Jahren immer mehr an der Bionik interessierte Naturwissenschaftler und Ingenieure, Architekten, Philosophen und Designer zusammen. Ihnen geht es um das Erkennen und Umsetzen von Lösungen aus der belebten Natur. Prominentester Vordenker war das italienische Gesamtgenie Leonardo da Vinci, der bereits Anfang des 16.

Jahrhunderts den Vogelflug analysierte und seine Erkenntnisse auf Flugmaschinen zu übertragen suchte. Ein weiteres beeindruckendes Beispiel aus unserem täglichen Alltag wird immer wieder gerne hervorgehoben, das die logische Einfachheit beweist, mit der die Natur »denkt« und Lösungen für unser tägliches Leben anbietet: der von Kletten inspirierte Klettverschluss.

Was in allen praktischen und technischen Prozessen sich als segensreich erweist, könnte doch auch als Vorbild für unser gesellschaftliches Miteinander dienen, oder? Wo finden wir sie hier, die Schöpfungsgesetze, die uns ein gedeihliches Gemeinschaftsauskommen garantieren? Wenn es um das Überleben der Menschheit geht, die sich derzeit unbestritten in einem selbst bereiteten dramatischen Absturz befindet, entstehen viele Fragen: Wie konnte es so weit kommen, ohne dass die Herrschenden dem Zerfall Einhalt geboten hätten? Was fehlte ihnen, was fehlt uns, um Glück und Harmonie miteinander entwickeln zu können? Hat es dies überhaupt je gegeben, und wäre der Mensch dazu überhaupt in der Lage? Was kann uns noch retten?

Man muss kein studierter Philosoph sein, um auch hier recht zügig zu ganz natürlichen und einleuchtenden Antworten zu finden. Wie kann ein menschliches Zusammenleben dauerhaft ohne die inzwischen leider weitgehend abgeschafften Tugenden wie Ethik, Moral, Treue und Verantwortungsbewusstsein funktionieren? Die gewaltige Aufgabe, vor der wir jetzt stehen, lässt sich nicht mehr im Alleingang lösen, sie verlangt eine Hilfe universalen Ausmaßes. Wer Christentum predigt, doch seine Schäfchen einst mit Schwert und Feuer zur Einsicht bringen wollte, will sich über die heutigen Folgen wie Mord und Totschlag wundern? Das ist paradox! Ein Christentum, das nie auf einem gesunden Fundament stand, das aus reinem Gottesglauben besteht, wird niemals langfristig eine glückliche Gesellschaft wachsen lassen können. Wer wirklich an Gott, den Schöpfer, und nicht an die Institution Kirche glaubt, der wird sich stetig um die Einhaltung der Schöpfungsgesetze mühen, er erkennt Gottes Willen im Kleinen wie auch im Großen und richtet sich danach. Wenn er dann mitschwingt im großen Fluss des Universums, wenn es ihm unmöglich wird, gegen die Gebote zu verstoßen, weil auch die irdisch herrschenden Institutionen und Regenten unter dem höchsten Geleit ihre Gesellschaftssysteme entwickeln und streng auf deren Einhaltung bestehen, so haben grauenhafte Verbrechen, Kriege, Korruption, Zerstörung und Machtgier keinen Platz mehr auf dieser Erde. Erst dann, wenn wir Menschen bereit sind, diese notwendige Entwicklung zu akzeptieren, wird es endlich auch den ersehnten Frieden geben können.

Die Genesung

Wer heute eine neue Welt fordert, weil er zu Recht erkennt, dass das jetzige System kurz vor dem Ende steht, der hat einen wichtigen Weg vor sich: den Weg der Selbsterkenntnis und der eigenen inneren Wandlung. Als wichtigster Schritt dient dazu als Erstes die freie Willensentscheidung, dieses Ziel überhaupt zu wollen und zu wählen. Dem folgt als Nächstes die Selbstkontrolle, die zu möglichst jedem Moment eingeschaltet bleiben sollte. Denn jeder Mensch ist ganz allein für sich selbst verantwortlich, für alles, was von ihm ausgeht: für seine Gedanken, für seine Taten und für seine Worte. Die Gedanken werden erst in der Folge zu Worten und Taten, sie entstehen kurz nach der Empfindung, also am Anfang der Handlungskette. Ihnen sei deswegen ein besonders großes Augenmerk gewidmet. Denn bereits hier kann der Mensch die Entscheidung für oder gegen das Gute treffen. Er kann in diesem Stadium noch leichter lenken, wohin die Reise geht. Die Selbstkontrolle der Gedanken spielt daher eine erhebliche Rolle. Wer sich hingegen »denken lässt«, ohne die eigenmächtige Lenkung zu übernehmen, ist nicht selten verloren. Er wird zum Spielball von Strömungen, die er zunächst häufig nicht selbst bestimmte. Er beginnt eventuell damit, mit dem Gehirn eines anderen oder vieler anderer zu denken und vielleicht mit den Gehirnen, die dem seinen an Urteilskraft, Weitblick, Geschmack und Besonnenheit unterlegen sind. Er hat seinen klaren Verstand durch eine trübe Strömung ersetzt. Wichtig ist es also, sich viel bewusster mit seinen Gedanken zu beschäftigen, diese zu überprüfen und zu lenken.

Der Schüler des renommierten Hamburger Wissenschaftlers und Naturphilosophen Hans Driesch [68], der österreichische Forscher Karl Jellinek [69], der vor Jahrzehnten sein Werk über *Das Weltengeheimnis* seinem berühmten Lehrer widmete, äußert sich darin über die Gedankenkraft des Menschen und ihre wichtigen Folgen [70]:

»Wirklich ist dasjenige, was wirkt. Dass nun meine Gedanken auf mein Seelenleben, auf mein Geistesleben wirken, ist klar. Sie sind zunächst also in meiner Seele, in meinem Geiste wirklich. Nun wirken meine Gedanken aber vielfach auch auf andere Menschen, denen ich sie zusende, ein. Überhaupt wirkt die Gedankenatmosphäre eines Menschen auf andere Menschen ein. Wer weiß nicht, dass sich einem plötzlich wider Willen bestimmte Gedanken aufdrängen? Sie werden mir von anderen geistigen Wesen geschickt, sie wirken auf mich wider meinen Willen ein. Gedanken haben auch Existenz in der Welt außerhalb der Seele, des Geistes, des sie zeugenden Wesens. Das Denken eines geistigen Wesens ist eine schöpferische zeugende Handlung, durch welche der Zeugende geistig wirkliche Dinge aus sich heraussetzt (…) Da jeder Mensch also mit seinem zeugenden Denken geistige Schöpfungen aus sich herausstellt, so muss er für seine Schöpfungen auch die Verantwortung tragen. Die

Verantwortung des Menschen beginnt also schon bei seinen Gedanken.«

Bei einem Blick in die Bibel [71] wird man ebenso fündig, der Gottessohn Jesus Christus selbst äußerte sich wie folgt:

»Was aus dem Menschen geht, das macht ihn gemein; denn von innen, aus dem Herzen der Menschen, gehen heraus böse Gedanken: Ehebruch, Hurerei, Mord, Dieberei, Geiz, Schalkheit, List, Unzucht, Schalksauge, Gotteslästerung, Hoffart, Unvernunft. Alle diese bösen Stücke gehen von innen heraus und machen den Menschen gemein.«

Es kann nicht oft genug betont werden, dass die Verantwortung bei jedem Menschen allein liegt; niemand kann einem anderen Entscheidungen abnehmen. Leider ist auch dieses »freie Denken« systematisch aus dem irdischen Alltagsleben entfernt worden. Und so dringt die innere Stimme heute häufig kaum noch durch, während sich die Menschen in früheren Zeiten durchaus noch mit eigenen Gedanken beschäftigten und auseinandersetzten.

Der innere Funke hinauf, dem Lichte zu, glimmt in jedem. Es ist die Aufgabe eines jeden Menschen, ihn zu entfachen und ihn, in seiner eigenen Befreiung, im besten Falle zu einem lodernden Feuer werden zu lassen. Folgt er den Schöpfungsurgesetzen, so ist es gleichgültig, was »die anderen Leute denken«. Er ruht in sich, er ist eins mit dem Universum. Das allein zählt. Wer sich für diesen Weg entscheidet, wird bald ein Wunder nach dem anderen erleben. Die Augen werden ihm geöffnet werden, und er wird Dinge erfahren und erkennen, die ihm bislang verschlossen geblieben waren. Er wird die Stimme der Schöpfung vernehmen, die berühmte »Sprache des Herrn« plötzlich verstehen lernen –

gesetzt den Fall, er meint es ernst und bleibt am Ball. Dazu gehört nicht minder die Bereitschaft, alte, falsche Denkmuster und Verhaltensweisen abzustreifen, der Wille zur Veränderung eben. Der erste Schritt dazu ist, das besondere Augenmerk auf seine Gedanken, die erste Entstehung einer jeden Tat, zu lenken.

Was der Mensch tut, denkt oder sagt, das sind im Ergebnis jene sogenannten Werke oder Früchte, an denen jeder, wie es in der Bibel steht, erkannt wird. Der Lebensstatus, Glück oder auch das persönliche Pech sind im Grundprinzip Anzeichen dafür, welche Früchte der Mensch bereits im Laufe seiner Erdenwanderungen hervorbrachte. Nicht selten kommen sie ein Erdenleben später, aber sie bleiben niemals aus.

Wer den Weg zu den Schöpfungsgesetzen finden will, wer aus der atemraubenden Umklammerung uralten Karmas sich endlich befreien lernen will, dem sei das dreibändige Werk *Im Lichte der Wahrheit* empfohlen.

Das Schicksal Europas wurde vor vielen Hundert Jahren bereits besiegelt. Wer heute hierher inkarniert wurde, dessen Weg führt ihn nicht zufällig durch all die Wirrnisse der Zeit. Er selbst legte ebenso den Grundstein dazu, durch seine Taten, Worte und Gedanken von einst.

Eines ist klar: Die Jahre, die vor uns liegen, werden nicht einfach werden. Es bedarf einer großen Kraft, die jeder nun in sich aktivieren kann und muss, will er die bevorstehenden Herausforderungen bewältigen. Einer Flamme gleich gilt es, diese Lebenskraft anzufachen, zu erhalten und mutig zu erneuern durch Erkennen und Einsicht, durch Selbstprüfung und Entwicklung des Geistes. Und sicher ist auch: Diese Flamme zum Guten darf nicht wieder erlöschen, wenn wir es wirklich ernst meinen.

Durchhalten ist jetzt unsere größte Herausforderung – durchzuhalten, um endlich dieser Welt Segen zu bringen und diesen zu erhalten. Hat man sich erst einmal auf diesen Weg begeben und ihn als richtig erkannt, wird die Kraft, die den beflügelnden Gedanken nährt, gleich einem wärmenden Feuer immer größer: Und wir schaffen es!

Endnoten

[1] Siehe dazu: http://kath-zdw.ch/maria/texte/12profezeiungen.html

[2] Mathis Much, *Einhards »Vita Karoli magni« – Einhards Personendarstellung von Karl dem Großen*, Studienarbeit, S. 8

[3] https://de.wikipedia.org/wiki/Geschichte_Amerikas
_und
__http://www.geschichte-in-5.de/index.php/12-nordamerika/52-die-kolonialisierung-nordamerikas

[4] https://de.wikipedia.org/wiki/Bartolom%C3%A9_de_Las_Casas

[5] https://de.wikipedia.org/wiki/Geschichte_Amerikas

[6] https://de.wikipedia.org/wiki/Bartolom%C3%A9_de_Las_Casas

[7] https://de.wikipedia.org/wiki/Geschichte_Amerikas

[8] https://de.wikipedia.org/wiki/Evo_Morales

[9] https://voxeurop.eu/de/content/news-brief/3939681-europaeische-staaten-verletzten-das-luftfahrtrecht-des-abkommens-von-1944

[10] https://www.trouw.nl/tr/nl/4496/Buitenland/article/detail/3475868/2013/07/15/Zuid-Amerika-eist-excuses-Europa.dhtml

[11] https://voxeurop.eu/de/content/news-brief/3969231-suedamerika-fordert-europa-auf-sich-zu-entschuldigen

[12] https://deutsch.rt.com/nordamerika/71884-grosste-olreserven-welt-venezuela-im-visier-usa/

[13] https://de.wikipedia.org/wiki/Aborigines

[14] https://de.wikipedia.org/wiki/Cecil_Rhodes

[15] https://www.welt.de/kultur/plus181305318/Seltsamer-Haartrend-Ist-blond-die-Haarfarbe-der-Neuen-Rechten.html

[16] https://meedia.de/2018/12/10/annegret-kramp-karrenbauer-bei-anne-will-vs-die-alten-weissen-maenner-kubicki-und-steingart-20/

[17] https://de.wikipedia.org/wiki/S%C3%BCdafrika#Vor_der_Ankunft_europ%C3%A4ischer_Siedler

[18] https://de.sputniknews.com/kommentare/20181122323059050-positive-diskriminierung-grossbritannien/

[19] https://www.bibel-online.net/buch/luther_1912/matthaeus/15/

[20] *Papsttum und päpstliche Unfehlbarkeit im Lichte des Neuen Testaments und der Geschichte*, Bundes-Verlag, 1955

[21] http://www.bibel-online.net/buch/luther_1912/johannes/1/

[22] Erich Wendland, *Wahre Hilfe in turbulenter Zeit*, Platinum-Verlag, CH-6055 Alpnach Dorf, 2009, ISBN 978-3-905914-00-9

[23] http://www.bibel-online.net/buch/luther_1912/lukas/11/

[24] https://www.welt.de/welt_print/politik/article7034681/Das-Kreuz-mit-dem-Kreuz-Warum-starb-Jesus.html

[25] https://www.welt.de/kultur/article3449058/Warum-Theologen-am-Suehnetod-Jesu-zweifeln.html

[26] http://www.kath.net/news/27170

[27] https://www.welt.de/welt_print/regionales/koeln/article8628211/Gott-will-doch-Freude.html

[28] https://www.welt.de/kultur/article3449058/Warum-Theologen-am-Suehnetod-Jesu-zweifeln.html

[29] https://www.apostel-harburg.de/16-gottesdienste/predigten/128-die-sache-mit-dem-suehnopfer-lk-13-6-9

[30] http://www.kath-info.de/suehnopfer.html

[31] https://katholisches.info/2009/05/05/suhnetod-christus-gestorben-mit-oder-fur-uns-katholische-laien-und-priester-pfeiffen-zollitsch-zuruck/

[32] https://shop-gral.com/de/buecher/verwehte-zeit-erwacht-band-3.html

[33] https://www.amazon.de/Fragenbeantwortungen-Abd-ru-shin/dp/3878601301/ref=tmm_hrd_swatch_0?_encoding=UTF8&qid=1547074296&sr=8-1

[34] https://shop-gral.com/de/im-lichte-der-wahrheit-gralsbotschaft/im-lichte-der-wahrheit-gralsbotschaft-paperback.html

[35] https://www.bibleserver.com/text/EU/Matth%C3%A4us18%2C20

[36] http://www.j-lorber.de/ke/lit-vz3.htm#34

[37] https://www.bibel-online.net/buch/luther_1912/lukas/23/

[38] https://www.bibel-online.net/buch/luther_1912/matthaeus/8/

[39] https://www.bibel-online.net/buch/luther_1912/matthaeus/17/

[40] https://www.bibel-online.net/buch/luther_1912/lukas/16/

[41] *Sacra Congregatio pro doctrina fidei, de quibusdam quaestionibus ad eschatologiam spectantibus*, 17 maggio 1979: AAS 71 (1979)

[42] https://shop-gral.com/de/im-lichte-der-wahrheit-gralsbotschaft/im-lichte-der-wahrheit-gralsbotschaft-paperback.html

[43] https://shop-gral.com/de/die-zehn-gebote-gottes.html

[44] https://de.wikipedia.org/wiki/Wochentag

[45] https://www.amazon.de/Die-Sachsen-Urban-Taschenb%C3%BCcher-Band-598/dp/3170165887/ref=sr_1_1?ie=UTF8&qid=1544988289&sr=8-1&keywords=die+sachsen+matthias+springer

[46] https://www.amazon.de/Karl-Gro%C3%9Fe-Abendlandes-Dieter-H%C3%A4germann/dp/3548602754/ref=sr_1_1?ie=UTF8&qid=1544989105&sr=8-1&keywords=karl+der+gro%C3%9Fe+Dieter+H%C3%A4germann

[47] https://www.amazon.de/Karl-Gro%C3%9Fe-Gewalt-Johannes-Fried/dp/3406652891/ref=sr_1_1?ie=UTF8&qid=1544989394&sr=8-1&keywords=Karl+der+Gro%C3%9Fe%2C+Gewalt+und+Glaube%2C

[48] https://www.amazon.de/Karl-Gro%C3%9Fe-heilige-Stefan-Weinfurter/dp/3492306128/ref=sr_1_1?ie=UTF8&qid=1544989741&sr=8-1&keywords=karl+der+gro%C3%9Fe%2C+der+heilige+barbar

[49] https://www.amazon.de/Karl-Gro%C3%9Fe-Abendlandes-Dieter-H%C3%A4germann/dp/3548602754

[50] https://www.welt.de/print/die_welt/literatur/article123528438/Karl-brachte-geistige-Erneuerung.html

[51] https://www.amazon.de/Karoli-Magni-Leben-Karls-Gro%C3%9Fen/dp/3150019966/ref=sr_1_2?ie=UTF8&qid=1544989896&sr=8-2&keywords=einhard+vita+karoli+magni%2C

[52] https://de.wikipedia.org/wiki/Leopold_von_Ranke

[53] August Brecher, *Die kirchliche Verehrung Karls des Großen*, S. 151

[54] Lars Hageneier, *Jenseits der Topik. Die Herrscherbiographie der Karolingerzeit*, Dissertation, 2003

[55] Lupus von Ferrières, Epp. 1, S. 8: »[…] venit in manus meas opus vestrum, quo memorati imperatoris clarissima gesta (liceat mihi absque suspicione adulationis dicere) clarissime litteris allegastis.« Zum Abfassungstermin des Briefes (zwischen 831 und 834) vgl. Heinz Löwe, »Die **Entstehungszeit der *Vita Karoli* Einhards**«, in: *Deutsches Archiv für Erforschung des Mittelalters*, Bd. 39 (1983), S. 85–103, hier S. 89 ff.

[56] https://www.welt.de/print/die_welt/literatur/article123528439/Karl-der-Groesste.html

[57] https://www.welt.de/print/die_welt/literatur/article123528438/Karl-brachte-geistige-Erneuerung.html

[58] https://de.wikipedia.org/wiki/Heimatbewegung

[59] https://www.amazon.de/Streit-Gro%C3%9Fen-Widukind-

Verden-NS-
Zeit/dp/3931879453/ref=sr_1_fkmr0_1?ie=UTF8&qid=1544990737&sr=8-1-fkmr0&keywords=Der+Streit+um+Karl+den+Gro%C3%9Fen+und+den+

[60] https://www.welt.de/print/die_welt/literatur/article123528438/Karl-brachte-geistige-Erneuerung.html

[61] https://www.welt.de/print/die_welt/literatur/article123528439/Karl-der-Groesste.html

[62] http://opac.regesta-imperii.de/lang_de/anzeige.php?buchbeitrag=Das+Karlsbild+in+der+Geschichtswissenschaft+vom+Humanismus+bis+heute&pk=137699

[63] https://de.wikipedia.org/wiki/Annales_regni_Francorum

[64] https://www.amazon.de/Europas-Stunde-Eintritt-Germanen-Weltgeschich-te/dp/3878290756/ref=sr_1_fkmr0_1?ie=UTF8&qid=1544991123&sr=8-1-fkmr0&keywords=auto+engler+stunde+null+europa

[65] http://www2.uni-erfurt.de/vergleichende_religionswissenschaft/Iulianus Apostatata.pdf

Zum Zeitpunkt der Drucklegung des Buches war der Link nicht mehr erreichbar.

[66] https://www.bibelwissenschaft.de/online-bibeln/luther-bibel-1984/lesen-im-bibel-text/bibel/text/lesen/stelle/50/180001/189999/ch/83b11051978c26df1666cac35a7eb55c/

[67] https://de.wikipedia.org/wiki/Bionik

[68] https://de.wikipedia.org/wiki/Hans_Driesch

[69] https://www.deutsche-biographie.de/sfz37133.html

[70] Karl Jellinek, *Das Weltgeheimnis. Vorlesungen zur harmonischen Vereinigung von Natur- und Geisteswissenschaften, Philosophie, Kunst und Religion*, F. Enke, Stuttgart 1922, S. 552

[71] https://www.bibel-online.net/buch/luther_1912/johannes/20/

Gralsbotschaft
(in 3 Bänden)
www.gralsbotschaft.org
ISBN: 978-3-8786-0650-5

Printed in Germany
by Amazon Distribution
GmbH, Leipzig

18145718R00155